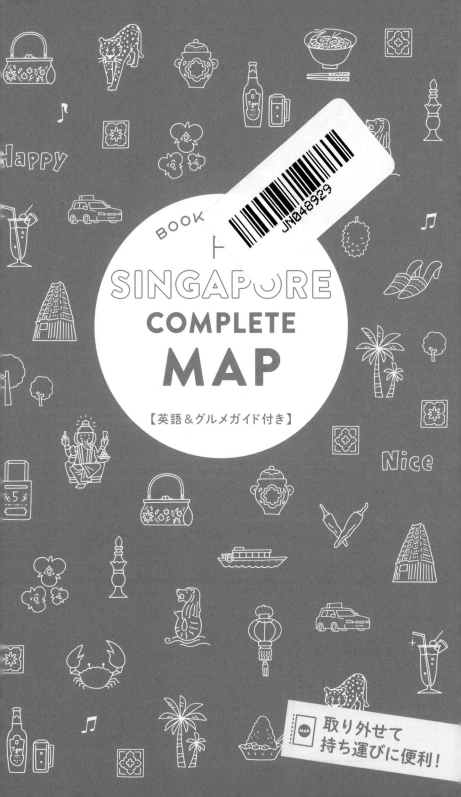

BOOK

# SINGAPORE
## COMPLETE
## MAP

【英語&グルメガイド付き】

MAP 取り外せて
持ち運びに便利！

# MRT／LRT路線図

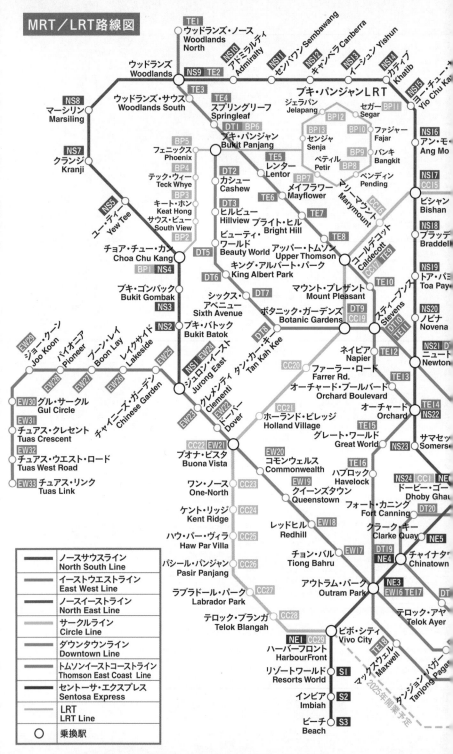

ウッドランズ・ノース
Woodlands North `TE1`

アドミラルティ
Admiralty `NS10`

センバワン Sembawang `NS11`

キャンベラ Canberra `NS12`

イーシュン Yishun `NS13`

カティブ
Khatib `NS14`

ウッドランズ
Woodlands `NS9` `TE2`

ヨー・チュー・カン
Yio Chu Kang `NS15`

ウッドランズ・サウス
Woodlands South `TE3`

ブキ・パンジャンLRT

マーシリン
Marsiling `NS8`

スプリングリーフ
Springleaf `DT1` `BP6`

ジェラパン
Jelapang `BP12`

セガー
Segar `BP11`

アン・モ
Ang Mo `NS16`

フェニックス
Phoenix `BP5`

ブキ・パンジャン
Bukit Panjang

センジャ
Senja `BP13`

ファジャー
Fajar `BP10`

クランジ
Kranji `NS7`

テック・ウィー
Teck Whye `BP4`

ブキ・パンジャン
Bukit Panjang `BP6`

ペティル
Petir `BP7`

バンキ
Bangkit `BP9`

ペンディン
Pending `NS17` `CC15`

キート・ホン
Keat Hong `BP3`

レンター
Lentor `TE5`

`DT2` カシュー
Cashew

メイフラワー
Mayflower `TE6`

マリーマウント
Marymount `CC16`

ビシャン
Bishan `NS17`

サウス・ビュー
South View `BP2`

ヒルビュー
Hillview `DT3`

ブライト・ヒル
Bright Hill `TE7`

ブラッデ
Braddel `NS18`

ユー・ティー
Yew Tee `NS5`

チョア・チュー・カン
Choa Chu Kang `BP1` `NS4`

ビューティ・ワールド
Beauty World `DT5`

アッパー・トムソン
Upper Thomson `TE8`

ゴールデコット
Caldecott `CC17` `TE9`

トア・パ
Toa Pay `NS19`

キング・アルバート・パーク
King Albert Park `DT6`

ブキ・ゴンバック
Bukit Gombak `NS3`

マウント・プレザント
Mount Pleasant `TE10`

ノビナ
Novena `NS20`

シックス・アベニュー
Sixth Avenue `DT7`

ボタニック・ガーデンズ
Botanic Gardens `DT9` `CC19`

スティーブンス
Stevens `DT10` `TE11`

ブキ・バトック
Bukit Batok `NS2`

`DT8`

ネイピア
Napier `TE12`

ニュート
Newton `NS21` `D`

ジョー・クーン
Joo Koon `EW29`

パイオニア
Pioneer `EW28`

ブーン・レイ
Boon Lay `EW27`

レイクサイド
Lakeside `EW26`

ジュロン・イースト
Jurong East `NS1` `EW24`

タン・カー・キー
Tan Kah Kee `CC20`

ファーラー・ロード
Farrer Rd. `TE13`

オーチャード・ブールバード
Orchard Boulevard

クレメンティ
Clementi `EW23`

`CC21`

ホーランド・ビレッジ
Holland Village `TE15`

オーチャード
Orchard `NS22` `TE14`

グル・サークル
Gul Circle `EW30`

チャイニーズ・ガーデン
Chinese Garden `EW25`

ドーバー
Dover `EW22`

サマセッ
Somers `NS23`

チュアス・クレセント
Tuas Crescent `EW31`

グレート・ワールド
Great World `TE15`

チュアス・ウエスト・ロード
Tuas West Road `EW32`

ブオナ・ビスタ
Buona Vista `CC22` `EW21`

コモンウェルス
Commonwealth `EW20`

ハブロック
Havelock `TE16`

ドービー・ゴー
Dhoby Ghau `NS24` `CC1` `NE`

チュアス・リンク
Tuas Link `EW33`

ワン・ノース
One-North `CC23`

クイーンズタウン
Queenstown `EW19`

フォート・カニング
Fort Canning `DT20`

ケント・リッジ
Kent Ridge `CC24`

レッドヒル
Redhill `EW18`

クラーク・キー
Clarke Quay `NE5`

ハウ・パー・ヴィラ
Haw Par Villa `CC25`

チョン・バル
Tiong Bahru `EW17`

チャイナタ
Chinatown `DT19` `NE4`

パシール・パンジャン
Pasir Panjang `CC26`

アウトラム・パーク
Outram Park `EW16` `TE17` `NE3`

`DT`

ラブラドール・パーク
Labrador Park `CC27`

テロック・アヤ
Telok Ayer `DT`

テロック・ブランガ
Telok Blangah `CC28`

ビボ・シティ
Vivo City `TE18`

ハーバーフロント
HarbourFront `NE1` `CC29`

マックスウェル
Maxwell

タンジョン パガー
Tanjong Paga

リゾートワールド
Resorts World `S1`

2025年開業予定

インビア
Imbiah `S2`

ビーチ
Beach `S3`

## 凡例

| | |
|---|---|
| ━━ | ノースサウスライン<br>North South Line |
| ━━ | イーストウエストライン<br>East West Line |
| ━━ | ノースイーストライン<br>North East Line |
| ━━ | サークルライン<br>Circle Line |
| ━━ | ダウンタウンライン<br>Downtown Line |
| ━━ | トムソンイーストコーストライン<br>Thomson East Coast Line |
| ━━ | セントーサ・エクスプレス<br>Sentosa Express |
| ━━ | LRT<br>LRT Line |
| ◯ | 乗換駅 |

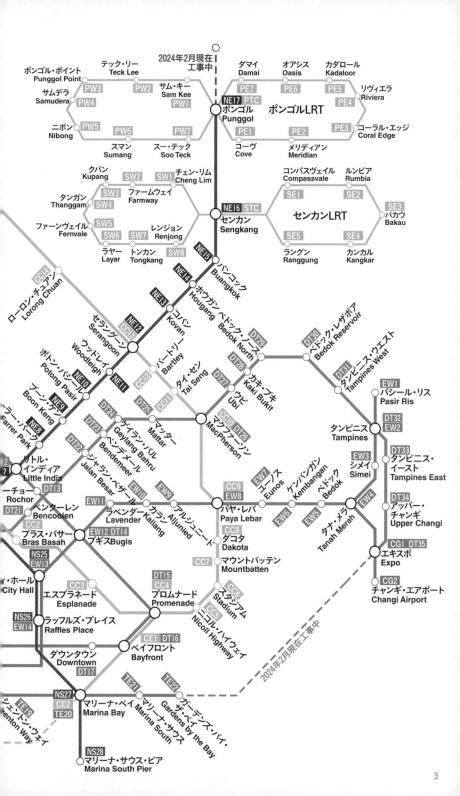

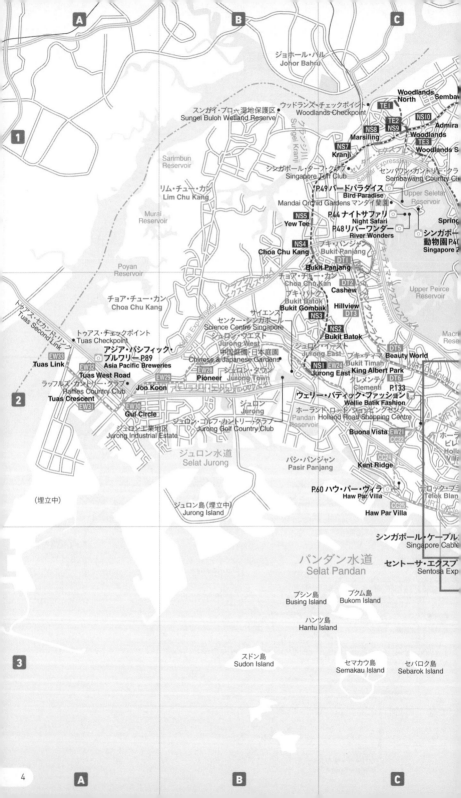

シンガポール全図

0    1.5    3km
1:179,000

N

**MALAYSIA**
マレーシア

ジョホール水道
Selat Johor

NS12 Canberra
イーシュン Yishun
NS13 Yishun
イーシュン・パーク Yishun Park
セレター空港 Seletar Airport
NS14 Khatib
オーキッド・カントリー・クラブ Orchid Country Club
セレター・カントリー・クラブ Seletar Country Club
Sungei Seletar Reservoir

NE17 Punggol
プンゴル島 Sungei Punggol

セランゴーン島（コニー・アイランド）Serangoon Island (Coney Island)

ウビン島 Pulau Ubin

セランゴーン湾 Serangoon Harbour

NE16 Sengkang
センカン Sengkang

TE5 Lentor
o Chu Kang
アン・モ・キオ Ang Mo Kio
NS15
NS16 Upper Thomson
P.161
アラムサ・ザ・ガーデン・スパ Aramsa-The Garden Spa
スカイ・ハビタット P.59 Sky Habitat
TE8 Bishan
NS17
ymount CC16
CC15
TE9
decott CC17

NE15 Buangkok
ホウガン Hougang
NE14 Hougang

セランゴーン Serangoon

NE12 CC13 Serangoon
ビシャン公立図書館 P.59 Bishan Public Library
NE11 CC12 Bartley
Woodleigh
Tai seng

P.35 HSBCライト＆サウンド・ショー HSBC Light & Sound Show
EW1 Pasir Ris
チャンギ Changi

チャンギ・ポイント・フェリーターミナル Changi Point Ferry Terminal

ジュエル・チャンギ・エアポート P.196 Jewel Changi Airport
チャンギ国際空港 P.194 Changi International Airport
チャンギ・エアポート Changi Airport
CG2

タンピニス Tampines
DT33
DT32 EW2 Tampines
Tampines East
EW3 Simei
DT31 Tampines West
DT34 Upper Changi
CG1 DT35 Expo

Bedok North Reservoir
Bedok North
DT29 DT30

シンガポール・エキスポ Singapore Expo

ベドック Bedok
EW4 Tanah Merah
EW5 Bedok
EW6 Kembangan
リトル・インディア Little India
カトン Katong
East Coast Parkway
MRT イースト・ウエスト・ライン MRT East West Line
MRT ノース・イースト・ライン MRT North East Line
MRT ノース・サウス MRT North South

タナ・メラ・フェリーターミナル (TMFT) Tanah Merah Ferry Terminal

オーチャード Orchard
DT14
アラブ・ストリート Arab Street
DT15 CC4 Promenade
DT19
CE2 Marina
NS27 Marina Bay
TE20 TE22 Gardens by the Bay
NE3 EW16
Outram Park
Marina South Pier
NS28

MRT トムソンイーストコーストライン MRT Thomson East Coast Line

チャイナタウン Chinatown

arbourFront
ブラニ島 ulau Brani

セントーサ島 ntosa Island
セントーサ島

P.6 シンガポール中心部

シンガポール海峡 Straits of Singapore

ビンタン島

クス島 Kusu Island
セント・ジョンズ島 St. John's Island

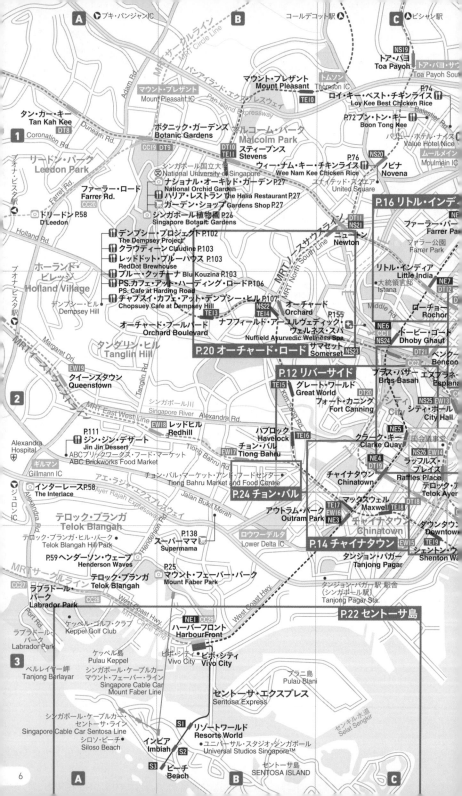

**D** **ポンゴル駅**

**E** **セラングーン駅**

**F** DT28 **カキ・ブキ Kaki Bukit**

ワンポア
Whampoa IC

P.132
**ヤオママ・バティック YeoMama Batik**

**ケンバンガン Kembangan**

NE10 **ポトン・パシール Potong Pasir**

ウッズビル
Woodsville IC

DT25

DT26 CC10

MRTダウンタウンライン MRT Downtown Line

DT27 **ウビ Ubi**

ユーノス
Eunos IC

MRTノースイーストライン MRT North East Line

DT24

**マッター Mattar**

**マクファーソン MacPherson**

パンアイランド・エクスプレスウェイ Pan Island Expressway

MRTイースト・ウエストライン MRT East West Line

**1**

セントラル・クロスエクスプレスウェイ Central Expressway

NE9 **ブーン・ケン Boon Keng**

**ゲイラン・バル Geylang Bahru**

パヤ・レバ
Paya Lebar IC

**パヤ・レバ Paya Lebar**

シンガポール
中央郵便局

**ユーノス Eunos** EW7

チャンギ
Changi Rd.

タナ・メラ駅

EW9 **アルジュニード Aljunied**

MRTイーストウエストライン

EW8 CC9 **マレー・ビレッジ Malay Village**

藍山寺

DT23 **カラン Kallang**
**ベンデメール Bendemeer**

**ゲイラン Geylang**

Sims Ave.

Geylang Rd.

Guillemard Rd.

Dunman Rd.

CC8 **ダコタ Dakota**

Joo Chiat Place

Koon Seng Rd.

**P.24 カトン**

**カトン Katong**

EW11 **ラベンダー Lavender**

ラン・ベザール
an Besar

ブギス
Bugis

EW10

MRTサークルライン

CC7 **マウントバッテン Mountbatten**

Wilkinson Rd.

Joo Chiat Rd.

East Coast Rd.

**カトン・ショッピング・センター Katong Shopping Centre**

**マリン・パレード Marine Parade IC**

T22

T14 **ブギス Bugis**

CC5

**国立競技場 National Stadium**

**スタジアム Stadium** CC6

**シンガポール・インドア・スタジアム Singapore Indoor Stadium**

Geylang River

Mountbatten Rd.

East Coast Parkway

チャンギ
国際空港 IC

チャンギ

TI5 CC4

**アラブ・ストリート**

ムナード
omenade

**ニコル・ハイウェイ Nicoll Highway**

Nicoll Highway

Tanjong Rhu Rd.

イースト・コースト・パークウェイ

オフィア
Ophir IC

**マリーナ・イースト Marina East**

**タンジョン・ルー Tanjong Rhu IC**

**タンジョン・カトン Tanjong Katong IC**

P.107

**PS.カフェ・ジプシー・アット・パークランド・グリーン PS. Cafe Jypsy at Parkland Green**

**2**

リーナ
Marina

リーナ湾
rina Bay

**シンガポール・フライヤー Singapore Flyer**

**マリーナ・ベイ・ゴルフ・コース Marina Bay Golf Couse**

P.10 シティ

リーナ・
サンズ
Marina
Sands

DT16 CE1

**ベイフロント Bayfront**

**ガーデンズ・バイ・ザ・ベイ Gardens by the Bay**

TE22 **ガーデンズ・バイ・ザ・ベイ Gardens by the Bay**

**マリーナ・バラージ Marina Barrage**

**MRTトムソンイーストコーストライン MRT Thomson East Coast Line**

P.8 マリーナ

ーナ・ベイ
arina Bay

TE21 **マリーナ・サウス Marina South**

ーナ・サウス
arina South

**マリーナ・サウス・ピア Marina South Pier**

NS28 **インターナショナル・クルーズ・ターミナル International Cruise Terminal**

**シンガポール海峡 Straits of Singapore**

**3**

N

**シンガポール中心部**

0     0.5     1km

1:43,000

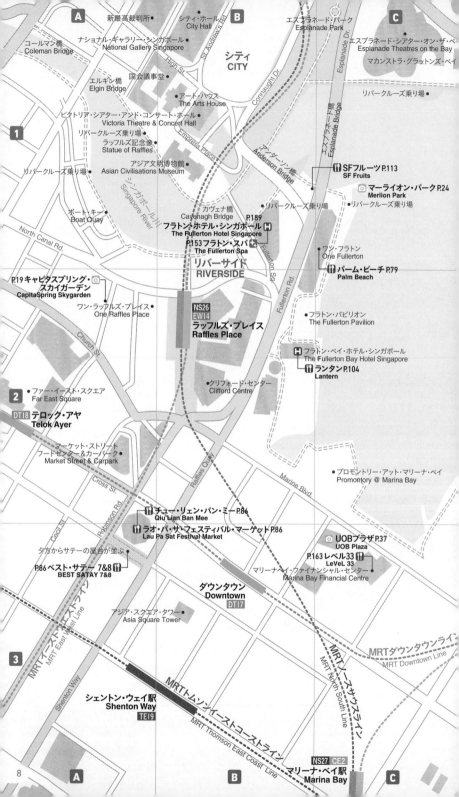

新最高裁判所 ●
**A** ●シティ・ホール
City Hall **B**
エスプラネード・パーク
Esplanade Park **C**

ナショナル・ギャラリー・シンガポール
National Gallery Singapore

シティ
CITY

コールマン橋
Coleman Bridge

エスプラネード・シアター・オン・ザ・ベ
Esplanade Theatres on the Bay

エルギン橋
Elgin Bridge

国会議事堂 ●

マカンストラ・グラットンズ・ベイ

●アート・ハウス
The Arts House

リバークルーズ乗り場 ●

ビクトリア・シアター・アンド・コンサート・ホール
Victoria Theatre & Concert Hall

**1**
リバークルーズ乗り場 ●

ラッフルズ記念像 ●
Statue of Raffles

アジア文明博物館 ●
Asian Civilisations Museum

**H** SFフルーツ P.113
SF Fruits

マーライオン・パーク P.24
Merlion Park

カヴェナ橋
Cavenagh Bridge P.189

●リバークルーズ乗り場

●リバークルーズ乗り場

ボート・キー ●
Boat Quay

フラトン・ホテル・シンガポール
The Fullerton Hotel Singapore **H**

North Canal Rd.

P.153 フラトン・スパ
The Fullerton Spa **H**

●ワン・フラトン
One Fullerton

リバーサイド
RIVERSIDE

**H** パーム・ビーチ P.79
Palm Beach

P.19 キャピタスプリング・
スカイガーデン
CapitaSpring Skygarden

ワン・ラッフルズ・プレイス ●
One Raffles Place

●フラトン・パビリオン
The Fullerton Pavilion

Church St.

**NS26**
**EW14**

ラッフルズ・プレイス
Raffles Place

**H** フラトン・ベイ・ホテル・シンガポール
The Fullerton Bay Hotel Singapore

**H** ランタン P.104
Lantern

**2**
●ファー・イースト・スクエア
Far East Square

●クリフォード・センター
Clifford Centre

**DT18** テロック・アヤ
Telok Ayer

マーケット・ストリート
フードセンター＆カーパーク
Market Street & Carpark

●プロモントリー・アット・マリーナ・ベイ
Promontory @ Marina Bay

Marine Blvd.

**H** チュー・リェン・バン・ミー P.86
Qiu Lian Ban Mee

**H** ラオ・パ・サ・フェスティバル・マーケット P.86
Lau Pa Sat Festival Market

UOBプラザ P.37
UOB Plaza

タガからサテーの屋台が並ぶ

P.163 レベル33 **H**
LeVeL 33

P.86 ベスト・サテー 7&8 **H**
BEST SATAY 7&8

マリーナベイ・ファイナンシャル・センター ●
Marina Bay Financial Centre

ダウンタウン
Downtown
**DT17**

アジア・スクエア・タワー ●
Asia Square Tower

MRTダウンタウンライン
MRT Downtown Line

**3**

シェントン・ウェイ駅
Shenton Way
**TE19**

MRTトムソンイーストコーストライン

マリーナ・ベイ駅
**NS27** **CE2** Marina Bay

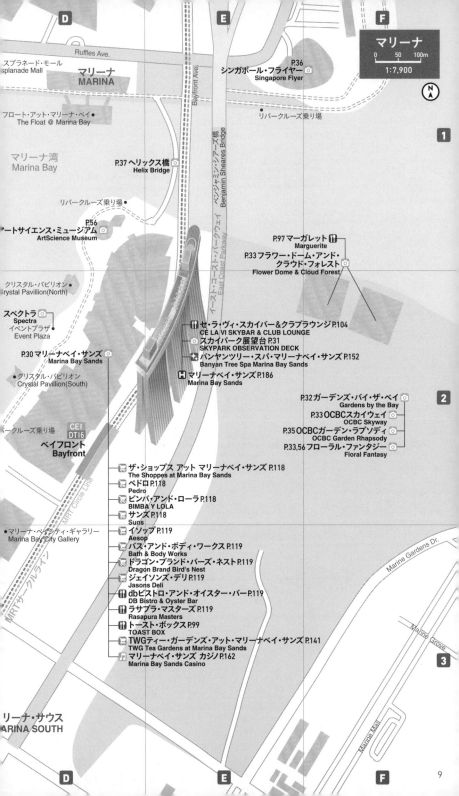

マリーナ

0　　50　　100m

1:7,900

N

Ruffles Ave.

スプラネード・モール
Esplanade Mall

マリーナ
MARINA

P.36
シンガポール・フライヤー
Singapore Flyer

フロート・アット・マリーナ・ベイ
The Float @ Marina Bay

リバークルーズ乗り場

マリーナ湾
Marina Bay

P.37 ヘリックス橋
Helix Bridge

ベンジャミン・シアーズ・ブリッジ
Benjamin Shears Bridge

リバークルーズ乗り場

アートサイエンス・ミュージアム　P.56
ArtScience Museum

イーストコースト・パークウェイ
East Coast Parkway

P.97 マーガレット
Marguerite

P.33 フラワー・ドーム・アンド・
クラウド・フォレスト
Flower Dome & Cloud Forest

クリスタル・パビリオン
Crystal Pavillion(North)

スペクトラ
Spectra
イベントプラザ
Event Plaza

セ・ラ・ヴィ・スカイバー＆クラブラウンジ　P.104
CÉ LA VI SKYBAR & CLUB LOUNGE

スカイパーク展望台　P.31
SKYPARK OBSERVATION DECK

P.30 マリーナベイ・サンズ
Marina Bay Sands

バンヤンツリー・スパ・マリーナベイ・サンズ　P.152
Banyan Tree Spa Marina Bay Sands

クリスタル・パビリオン
Crystal Pavillion(South)

マリーナベイ・サンズ　P.186
Marina Bay Sands

P.32 ガーデンズ・バイ・ザ・ベイ
Gardens by the Bay

リバークルーズ乗り場

CE1
DT16

ベイフロント
Bayfront

P.33 OCBCスカイウェイ
OCBC Skyway

P.35 OCBCガーデン・ラプソディ
OCBC Garden Rhapsody

P.33,56 フローラル・ファンタジー
Floral Fantasy

ザ・ショップス アット マリーナベイ・サンズ　P.118
The Shoppes at Marina Bay Sands

マリーナ・ベイシティ・ギャラリー
Marina Bay City Gallery

ペドロ　P.118
Pedro

ビンバ・アンド・ローラ　P.118
BIMBA Y LOLA

サンズ　P.118
Suns

イソップ　P.119
Aesop

バス・アンド・ボディ・ワークス　P.119
Bath & Body Works

ドラゴン・ブランド・バーズ・ネスト　P.119
Dragon Brand Bird's Nest

ジェイソンズ・デリ　P.119
Jasons Deli

dbビストロ・アンド・オイスター・バー　P.119
DB Bistro & Oyster Bar

ラサプラ・マスターズ　P.119
Rasapura Masters

トースト・ボックス　P.99
TOAST BOX

TWGティー・ガーデンズ・アット・マリーナベイ・サンズ　P.141
TWG Tea Gardens at Marina Bay Sands

マリーナベイ・サンズ カジノ　P.162
Marina Bay Sands Casino

Marine Gardens Dr.

Marine Grove

Marine Mall

マリーナ・サウス
MARINA SOUTH

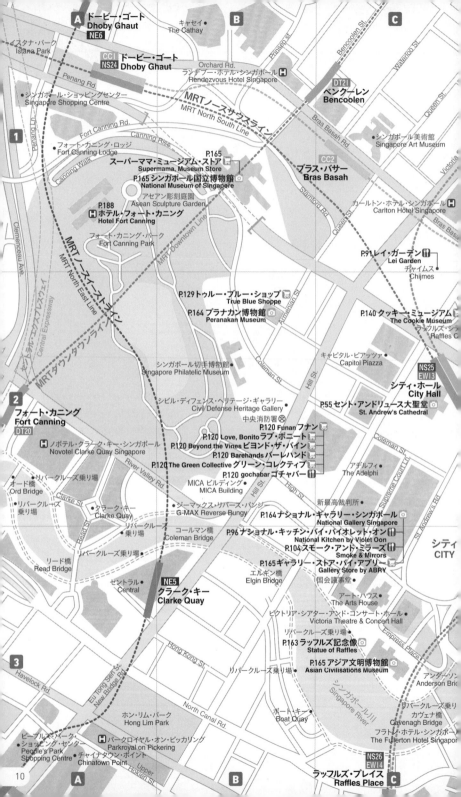

**A** ドービー・ゴート
**Dhoby Ghaut**
`NE6`

キャセイ●
The Cathay

**B**

**C**

ＣＣＩ
ＮＳ２４
ドービー・ゴート
**Dhoby Ghaut**

●イスタナ・パーク
Istana Park

Orchard Rd.
ランデブー・ホテル・シンガポール `H`
Rendezvous Hotel Singapore

Penang Rd.

Bencoolen St.

`DT2I`
ベンクーレン
**Bencoolen**

●シンガポール・ショッピングセンター
Singapore Shopping Centre

MRTノースサウスライン
MRT North South Line

Queen St.

Bras Basah Rd.

Waterloo St.

**1**

Fort Canning Rd.

Canning Rise

●シンガポール美術館
Singapore Art Museum

●フォート・カニング・ロッジ
Fort Canning Lodge

Canning Walk

P.165
スーパーママ・ミュージアム・ストア
Supermama, Museum Store

ＣＣ２
ブラス・バサー
**Bras Basah**

Victoria St.

P.165 シンガポール国立博物館
National Museum of Singapore

アセアン彫刻庭園
Asean Sculpture Garden

Stamford Rd.

●カールトン・ホテル・シンガポール
Carlton Hotel Singapore

P.188
`H` ホテル・フォート・カニング
Hotel Fort Canning

Bras Basa

MRT Downtown Line

Queen St.

フォート・カニング・パーク
Fort Canning Park

P.91 レイ・ガーデン `||`
Lei Garden

チャイムス●
Chijmes

MRT ノースイーストライン
MRT North East Line

Clemenceau Ave.

P.129 トゥルー・ブルー・ショップ 🛍
True Blue Shoppe

Armenian St.

P.164 プラナカン博物館
Peranakan Museum

P.140 クッキー・ミュージアム
The Cookie Museum

ラッフルズ・シ
Raffles C

セントラル・エクスプレスウェイ

●シンガポール切手博物館
Singapore Philatelic Museum

Coleman St.

キャピタル・ピアッツァ●
Capitol Piazza

Hill St.

ＮＳ２５
ＥＷ１３

**2**
フォート・カニング
**Fort Canning**
`DT20`

シビル・ディフェンス・ヘリテージ・ギャラリー●
Civil Defense Heritage Gallery

シティ・ホール
**City Hall**

中央消防署 ⊗

P.55 セント・アンドリュース大聖堂
St. Andrew's Cathedral

`H` ノボテル・クラーク・キー・シンガポール
Novotel Clarke Quay Singapore

P.120 Funan フナン 🛍

River Valley Rd.

P.120 Love, Bonito ラブ・ボニート 🛍
P.120 Beyond the Vines ビヨンド・ザ・バイン 🛍
P.120 Barehands バーレハンド 🛍
P.120 The Green Collective グリーン・コレクティブ 🛍
P.120 gochabar ゴチャバー `||`

Coleman St.

オード橋●
Ord Bridge

●リバークルーズ乗り場

クラーク・キー
Clarke Quay

ジーマックス・リバース・バンジー
G-MAX Reverse Bungy

アデルフィ●
The Adelphi

●リバークルーズ
乗り場

MICA ビルディング●
MICA Building

High St.

新最高裁判所●

P.164 ナショナル・ギャラリー・シンガポール
National Gallery Singapore

St. Andrew's Rd.

コールマン橋
Coleman Bridge

シティ
**CITY**

リード橋
Read Bridge

リバークル

リバークルーズ乗り場●

P.96 ナショナル・キッチン・バイ・バイオレット・オン `||`
National Kitchen by Violet Oon

P.104 スモーク・アンド・ミラーズ `||`
Smoke & Mirrors

`NE5`
クラーク・キー
**Clarke Quay**

エルギン橋
Elgin Bridge

P.165 ギャラリー・ストア・バイ・アブリー
Gallery Store by ABRY

国会議事堂●

Supreme Court Rd.

アート・ハウス●
The Arts House

ビクトリア・シアター・アンド・コンサート・ホール●
Victoria Theatre & Concert Hall

Empress Place

**3**

Havelock Rd.

Hong Kong St.

リバークルーズ乗り場●

P.163 ラッフルズ記念像
Statue of Raffles

P.165 アジア文明博物館
Asian Civilisations Museum

アンダーソン
Anderson Bri

Eu Tong Sen St.
New Bridge Rd.

North Canal Rd.

●リバークルーズ乗り場

ボート・キー●
Boat Quay

シンガポール川
Singapore River

リバークルーズ乗り
カヴェナ橋
Cavenagh Bridge

ホン・リム・パーク
Hong Lim Park

フラトン・ホテル・シンガポール●
The Fullerton Hotel Singapor

ピープルズ・パーク・
ショッピング・センター
People's Park
Shopping Centre

`H` パークロイヤル・オン・ピッカリング
Parkroyal on Pickering

●チャイナタウン・ポイント
Chinatown Point

Upper Hokien St.

ラッフルズ・プレイス
**Raffles Place**
ＮＳ２６
ＥＷ１４

**A**

**B**

**C**

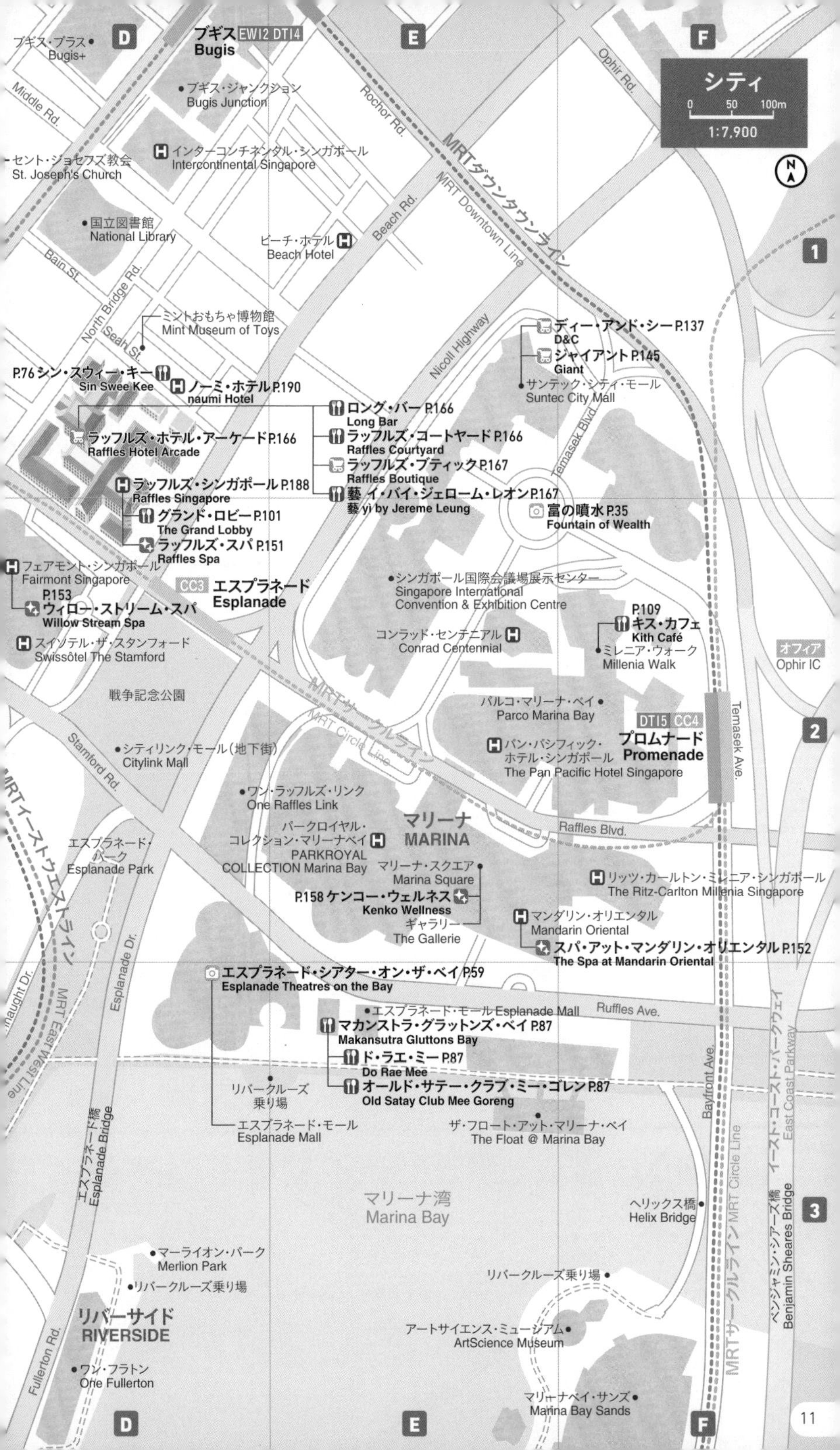
シティ
0 50 100m
1:7,900
D
E
F
1
2
3
ブギス EW12 DT14
Bugis
ブギス・プラス
Bugis+
ブギス・ジャンクション
Bugis Junction
Middle Rd.
Rochor Rd.
Ophir Rd.
セント・ジョセフズ教会
St. Joseph's Church
インターコンチネンタル・シンガポール
Intercontinental Singapore
MRTダウンタウンライン
MRT Downtown Line
国立図書館
National Library
ビーチ・ホテル
Beach Hotel
Beach Rd.
Bain St.
North Bridge Rd.
Seah St.
ミントおもちゃ博物館
Mint Museum of Toys
Nicoll Highway
ディー・アンド・シー P.137
D&C
ジャイアント P.145
Giant
サンテック・シティ・モール
Suntec City Mall
P.76 シン・スウィー・キー
Sin Swee Kee
ノーミ・ホテル P.190
naumi Hotel
ロング・バー P.166
Long Bar
ラッフルズ・コートヤード P.166
Raffles Courtyard
ラッフルズ・ブティック P.167
Raffles Boutique
藝 イ・バイ・ジェローム・レオン P.167
藝 yì by Jereme Leung
ラッフルズ・ホテル・アーケード P.166
Raffles Hotel Arcade
ラッフルズ・シンガポール P.188
Raffles Singapore
グランド・ロビー P.101
The Grand Lobby
ラッフルズ・スパ P.151
Raffles Spa
Temasek Blvd.
富の噴水 P.35
Fountain of Wealth
フェアモント・シンガポール
Fairmont Singapore
P.153
ウィロー・ストリーム・スパ
Willow Stream Spa
CC3 エスプラネード
Esplanade
シンガポール国際会議場展示センター
Singapore International Convention & Exhibition Centre
P.109
キス・カフェ
Kith Café
ミレニア・ウォーク
Millenia Walk
コンラッド・センテニアル
Conrad Centennial
オフィア
Ophir IC
スイソテル・ザ・スタンフォード
Swissôtel The Stamford
戦争記念公園
MRTサークルライン
MRT Circle Line
パルコ・マリーナ・ベイ
Parco Marina Bay
DT15 CC4
プロムナード
Promenade
Temasek Ave.
Stamford Rd.
シティリンク・モール（地下街）
Citylink Mall
パン・パシフィック・ホテル・シンガポール
The Pan Pacific Hotel Singapore
MRTイーストウエストライン
MRT East West Line
ワン・ラッフルズ・リンク
One Raffles Link
マリーナ
MARINA
Raffles Blvd.
エスプラネード・パーク
Esplanade Park
パークロイヤル・コレクション・マリーナベイ
PARKROYAL COLLECTION Marina Bay
マリーナ・スクエア
Marina Square
リッツ・カールトン・ミレニア・シンガポール
The Ritz-Carlton Millenia Singapore
P.158 ケンコー・ウェルネス
Kenko Wellness
ギャラリー
The Gallerie
マンダリン・オリエンタル
Mandarin Oriental
スパ・アット・マンダリン・オリエンタル P.152
The Spa at Mandarin Oriental
Esplanade Dr.
Connaught Dr.
エスプラネード・シアター・オン・ザ・ベイ P.59
Esplanade Theatres on the Bay
エスプラネード・モール Esplanade Mall
Ruffles Ave.
マカンストラ・グラットンズ・ベイ P.87
Makansutra Gluttons Bay
ド・ラエ・ミー P.87
Do Rae Mee
オールド・サテー・クラブ・ミー・ゴレン P.87
Old Satay Club Mee Goreng
リバークルーズ乗り場
エスプラネード・モール
Esplanade Mall
ザ・フロート・アット・マリーナ・ベイ
The Float @ Marina Bay
Bayfront Ave.
イースト・コースト・パークウェイ
East Coast Parkway
エスプラネード橋
Esplanade Bridge
マリーナ湾
Marina Bay
ヘリックス橋
Helix Bridge
MRTサークルライン MRT Circle Line
ベンジャミン・シアーズ橋
Benjamin Sheares Bridge
マーライオン・パーク
Merlion Park
リバークルーズ乗り場
リバークルーズ乗り場
リバーサイド
RIVERSIDE
アートサイエンス・ミュージアム
ArtScience Museum
Fullerton Rd.
ワン・フラトン
One Fullerton
マリーナベイ・サンズ
Marina Bay Sands

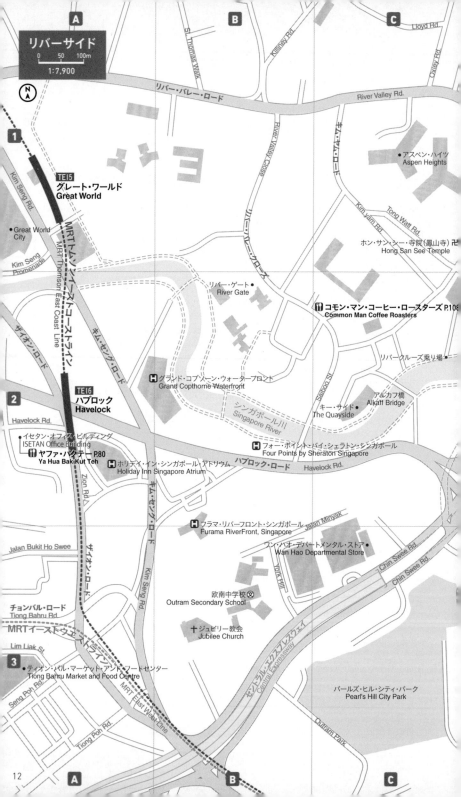

**A** **B** **C**

Lloyd Rd.

# リバーサイド

0    50    100m
1:7,900

N
A

リバー・バレー・ロード
River Valley Rd.

**1**

・アスペン・ハイツ
Aspen Heights

TE15
グレート・ワールド
**Great World**

・Great World
City

Kim Seng
Promenade

ホン・サン・シー・寺院（鳳山寺）卍
Hong San See Temple

リバー・ゲート・
River Gate

コモン・マン・コーヒー・ロースターズ P.108
**Common Man Coffee Roasters**

リバークルーズ乗り場・

**2**

グランド・コプソーン・ウォーターフロント
Grand Copthorne Waterfront

アルカフ橋
Alkaff Bridge

TE16
ハブロック
**Havelock**

キー・サイド・
The Quayside

シンガポール川
Singapore River

Havelock Rd.

イセタン・オフィス・ビルディング
ISETAN Office Building

フォー・ポイント・バイ・シェラトン・シンガポール
Four Points by Sheraton Singapore

ヤファ・バクテー P80
**Ya Hua Bak Kut Teh**

ホリデイ・イン・シンガポール・アトリウム
Holiday Inn Singapore Atrium

ハブロック・ロード
Havelock Rd.

フラマ・リバーフロント・シンガポール
Furama RiverFront, Singapore

ワン・ハオ・デパートメンタル・ストア・
Wan Hao Departmental Store

Jalan Bukit Ho Swee

York Hill

Chin Swee Rd.

欧南中学校⊗
Outram Secondary School

チョンバル・ロード
Tiong Bahru Rd.

✝ジュビリー教会
Jubilee Church

MRTイーストウエストライン

Lim Liak St.

パールズ・ヒル・シティ・パーク
Pearl's Hill City Park

**3**

ティオン・バル・マーケット・アンド・フードセンター
Tiong Bahru Market and Food Centre

Outram Park

**A** **B** **C**

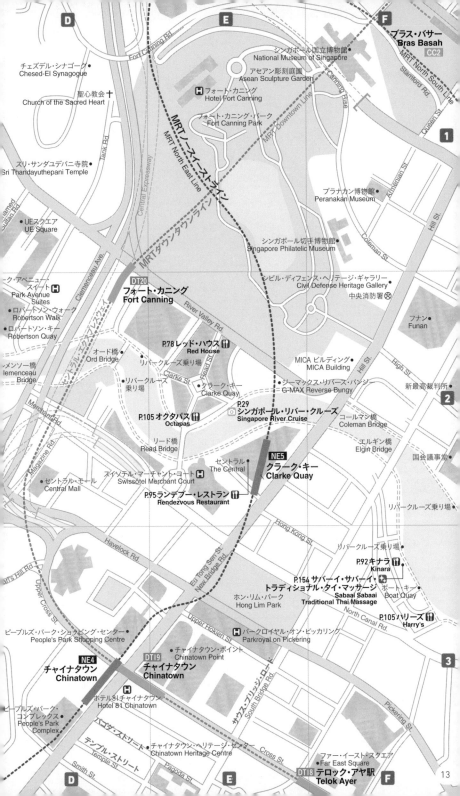

D    E    F

プラス・バサー
Bras Basah
CC2

チェズデル・シナゴーグ •
Chesed-EI Synagogue

シンガポール国立博物館 •
National Museum of Singapore

聖心教会 ✝
Church of the Sacred Heart

アセアン彫刻庭園
Asean Sculpture Garden

H フォート・カニング
Hotel Fort Canning

フォート・カニング・パーク
Fort Canning Park

MRT ノース・イースト・ライン

MRT North East Line

スリ・サンダユテパニ寺院 •
Sri Thandayuthepani Temple

プラナカン博物館 •
Peranakan Museum

• UEスクエア
UE Square

シンガポール切手博物館 •
Singapore Philatelic Museum

シビル・ディフェンス・ヘリテージ・ギャラリー •
Civil Defense Heritage Gallery

中央消防署 ⊗

ク・アベニュー・
スイート H
Park Avenue
Suites

DT20
フォート・カニング
Fort Canning

MRT タウンタウン・ライン

フナン •
Funan

• ロバートソン・ウォーク
Robertson Walk

• ロバートソン・キー
Robertson Quay

MICA ビルディング •
MICA Building

High St.

新最高裁判所

P.78 レッド・ハウス H
Red House

オード橋 •
Ord Bridge

リバークルーズ乗り場
Clarke Quay

ジーマックス・リバース・バンジー
G-MAX Reverse Bungy

メンソー橋
lemenceau
Bridge

リバークルーズ
乗り場

• クラーク・キー
Clarke Quay

コールマン橋
Coleman Bridge

P.29
シンガポール・リバー・クルーズ
Singapore River Cruise

P.105 オクタパス H
Octapas

エルギン橋
Elgin Bridge

リード橋
Read Bridge

国会議事堂

• セントラル・モール
Central Mall

セントラル
The Central

NE5
クラーク・キー
Clarke Quay

スイソテル・マーチャント・コート H
Swissôtel Merchant Court

リバークルーズ乗り場

P.95 ランデブー・レストラン H
Rendezvous Restaurant

リバークルーズ乗り場

P.92 キナラ H
Kinara

Havelock Rd.

P.154 サバーイ・サバーイ・
トラディショナル・タイ・マッサージ
Sabaai Sabaai
Traditional Thai Massage

ボート・キー
Boat Quay

ホン・リム・パーク
Hong Lim Park

North Canal Rd.

P.105 ハリーズ H
Harry's

ピープルズ・パーク・ショッピング・センター •
People's Park Shopping Centre

パークロイヤル・オン・ピッカリング H
Parkroyal on Pickering

NE4
チャイナタウン
Chinatown

DT19
チャイナタウン
Chinatown

• チャイナタウン・ポイント
Chinatown Point

ピープルズ・パーク・
コンプレックス •
People's Park
Complex

ホテル81チャイナタウン H
Hotel 81 Chinatown

テンプル・ストリート
Temple Street

• チャイナタウン・ヘリテージ・センター
Chinatown Heritage Centre

Cross St.

ファー・イースト・スクエア
• Far East Square

DT18 テロック・アヤ駅
Telok Ayer

パゴダ・ストリート
Pagoda St.

Smith St.

D    E    F

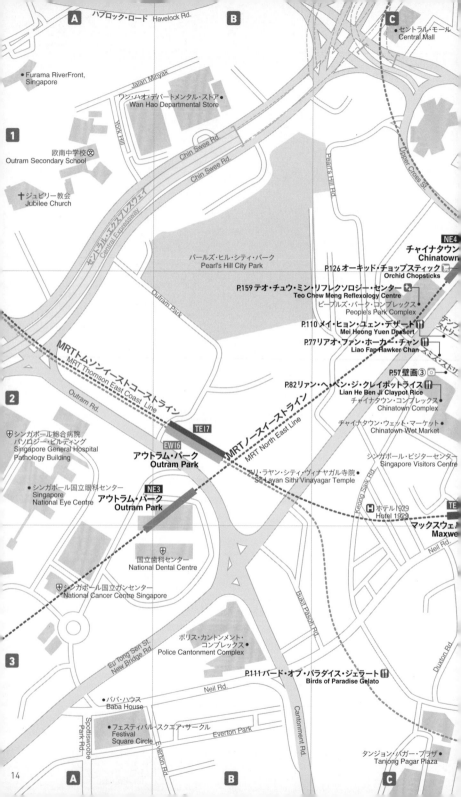

● Furama RiverFront,
Singapore

ワン・ハオ・デパートメンタル・ストア ●
Wan Hao Departmental Store

ジャラン・ミニャク　Jalan Minyak

チン・スイー・ロード　Chin Swee Rd.
Chin Swee Rd.

ヨーク・ヒル　York Hill

**1**

欧南中学校 ⊗
Outram Secondary School

✝ ジュビリー教会
Jubilee Church

パールズ・ヒル・シティ・パーク
Pearl's Hill City Park

アッパー・クロス・ストリート　Upper Cross St.

パールズ・ヒル・ロード　Pearl's Hill Rd.

NE4
チャイナタウン
Chinatown

P.126 オーキッド・チョップスティック
Orchid Chopsticks

アウトラム・パーク　Outram Park

P.159 テオ・チュウ・ミン・リフレクソロジー・センター 🔁
Teo Chew Meng Reflexology Centre

ピープルズ・パーク・コンプレックス ●
People's Park Complex

P.110 メイ・ヒョン・ユェン・デザート 🍴
Mei Heong Yuen Dessert

P.77 リアオ・ファン・ホーカー・チャン 🍴
Liao Fan Hawker Chan

P.57 壁画③ 📷

**2**

セントラル・エクスプレスウェイ　Central Expressway

MRTトムソンイーストコーストライン
MRT Thomson East Coast Line

MRTノースイーストライン
MRT North East Line

P.82 リアン・ヘ・ベン・ジ・クレイポットライス 🍴
Lian He Ben Ji Claypot Rice

チャイナタウン・コンプレックス ●
Chinatown Complex

チャイナタウン・ウェット・マーケット ●
Chinatown Wet Market

シンガポール・ビジターセンター ●
Singapore Visitors Centre

⊕ シンガポール総合病院
パソロジー・ビルディング
Singapore General Hospital
Pathology Building

TE17

EW16

アウトラム・パーク
Outram Park

スリ・ラヤン・シティ・ヴィナヤガル寺院 ●
Sri Layan Sithi Vinayagar Temple

ℍ ホテル1929
Hotel 1929

TE
マックスウェ
Maxwe

● シンガポール国立眼科センター
Singapore
National Eye Centre

NE3

アウトラム・パーク
Outram Park

アウトラム・ロード　Outram Rd.

キオン・サイク・ロード　Keong Saik Rd.

ニール・ロード　Neil Rd.

⊕
国立歯科センター
National Dental Centre

⊕ シンガポール国立ガンセンター
National Cancer Centre Singapore

ブキ・パソー・ロード　Bukit Pasoh Rd.

ダクストン・ロード　Duxton Rd.

**3**

ユー・トン・セン・ストリート　Eu Tong Sen St.
ニュー・ブリッジ・ロード　New Bridge Rd.

ポリス・カントンメント・
コンプレックス ●
Police Cantonment Complex

P.111 バード・オブ・パラダイス・ジェラート 🍴
Birds of Paradise Gelato

● ババ・ハウス
Baba House

● フェスティバル・スクエア・サークル
Festival
Square Circle

ニール・ロード　Neil Rd.

エバートン・パーク　Everton Park

スポティスウッド・パーク・ロード　Spottiswoode Park Rd.

エバートン・ロード　Everton Rd.

カントンメント・ロード　Cantonment Rd.

タンジョン・パガー・プラザ ●
Tanjong Pagar Plaza

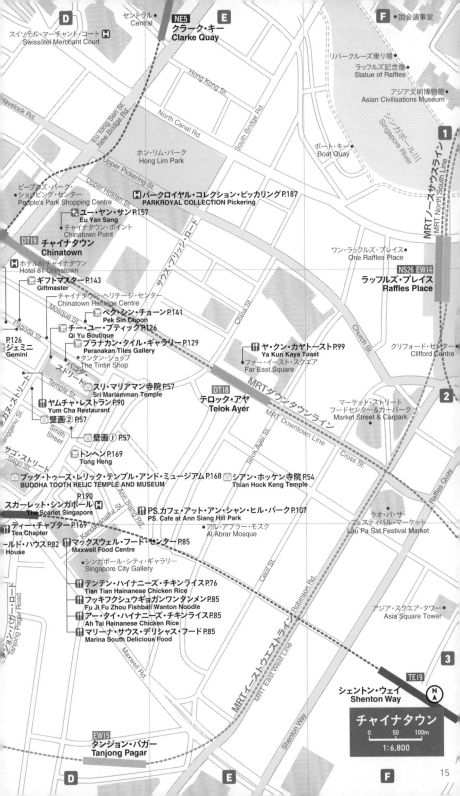

D セントラル・ Central

NE5 クラーク・キー
Clarke Quay

E

F 国会議事堂

スイソテル・マーチャント・コート H
Swissôtel Merchant Court

リバークルーズ乗り場
ラッフルズ記念像
Statue of Raffles

アジア文明博物館
Asian Civilisations Museum

Havelock Rd.

North Canal Rd.

South Bridge Rd.

Eu Tong Sen St.
New Bridge Rd.

Hong Kong St.

ホン・リム・パーク
Hong Lim Park

Upper Pickering St.

Upper Hokien St.

ボート・キー
Boat Quay

1

ワン・ラッフルズ・プレイス
One Raffles Place

ピープルズ・パーク・
ショッピング・センター
People's Park Shopping Centre

H パークロイヤル・コレクション・ピッカリング P.187
PARKROYAL COLLECTION Pickering

ユー・ヤン・サン P.157
Eu Yan Sang

チャイナタウン・ポイント
Chinatown Point

Mosque St.

NS26 EW14
ラッフルズ・プレイス
Raffles Place

DT19 チャイナタウン
Chinatown

H ホテル81チャイナタウン
Hotel 81 Chinatown

ギフトマスター P.143
Giftmaster

チャイナタウン・ヘリテージ・センター
Chinatown Heritage Centre

ペク・シン・チョーン P.141
Pek Sin Choon

China St.

Church St.

クリフォード・センター
Clifford Centre

P.126
ジェミニ
Gemini

Pagoda St.

チー・ユー・ブティック P.126
Qi Yu Boutique

プラナカン・タイル・ギャラリー P.129
Peranakan Tiles Gallery

タンタン・ショップ
The Tintin Shop

ヤ・クン・カヤトースト P.99
Ya Kun Kaya Toast

ファー・イースト・スクエア
Far East Square

Temple St.

Trengganu St.

スリ・マリアマン寺院 P.57
Sri Mariamman Temple

DT18
テロック・アヤ
Telok Ayer

MRTダウンタウンライン

ヤムチャ・レストラン P.90
Yum Cha Restaurant

壁画② P.57

Smith Street

壁画① P.57

MRT Downtown Line

Telok Ayer St.

Cross St.

マーケット・ストリート
フードセンター＆カーパーク
Market Street & Carpark

2

Sago St.

トンヘン P.169
Tong Heng

ブッダ・トゥース・レリック・テンプル・アンド・ミュージアム P.168
BUDDHA TOOTH RELIC TEMPLE AND MUSEUM

シアン・ホッケン寺院 P.54
Thian Hock Keng Temple

P.190

スカーレット・シンガポール H
The Scarlet Singapore

Ann Siang Rd.

PS.カフェ・アット・アン・シャン・ヒル・パーク P.107
PS. Cafe at Ann Siang Hill Park

Raffles Quay

ティー・チャプター P.169
Tea Chapter

アル・アブラー・モスク
Al Abrar Mosque

ラオ・パ・サ・
フェスティバル・マーケット
Lau Pa Sat Festival Market

ールド・ハウス P.82
House

マックスウェル・フード・センター P.85
Maxwell Food Centre

Kadayanallur St.

シンガポール・シティ・ギャラリー
Singapore City Gallery

Cecil St.

Robinson Rd.

アジア・スクエア・タワー
Asia Square Tower

テンテン・ハイナニーズ・チキンライス P.76
Tian Tian Hainanese Chicken Rice

フッキフクシュウギョガンワンタンメン P.85
Fu Ji Fu Zhou Fishball Wanton Noodle

アー・タイ・ハイナニーズ・チキンライス P.85
Ah Tai Hainanese Chicken Rice

マリーナ・サウス・デリシャス・フード P.85
Marina South Delicious Food

Tanjong Pagar Road

Maxwell Rd.

MRTイーストウエストライン
MRT East West Line

Shenton Way

3

TE19
シェントン・ウェイ
Shenton Way

N

チャイナタウン

0    50    100m

1:6,800

EW15
タンジョン・パガー
Tanjong Pagar

D

E

F

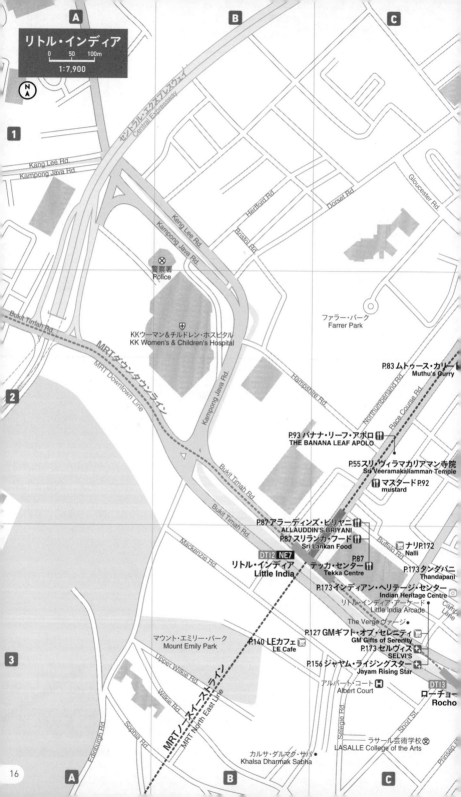

リトル・インディア

0 50 100m
1:7,900

N

Kang Lee Rd.
Kampong Java Rd.

セントラル・エクスプレスウェイ
Central Expressway

Keng Lee Rd.

Kampong Java Rd.

Hertford Rd.

Bristol Rd.

Dorset Rd.

Gloucester Rd.

旧警察署
Police ⊗

KKウーマン&チルドレン・ホスピタル
KK Women's & Children's Hospital

Bukit Timah Rd.

MRTダウンタウンライン
MRT Downtown Line

Hampshire Rd.

Northumberland Rd.

Race Course Rd.

ファラー・パーク
Farrer Park

P.83 ムトゥース・カリー
Muthu's Curry

P.93 バナナ・リーフ・アポロ
THE BANANA LEAF APOLO

P.55 スリ・ヴィラマカリアマン寺院
Sri Veeramakaliamman Temple

マスタード P.92
mustard

Bukit Timah Rd.

Bukit Timah Rd.

Mackenzie Rd.

P.87 アラーディンズ・ビリヤニ
ALLAUDDIN'S BRIYANI

P.87 スリランカ・フード
Sri Lankan Food

DT12 NE7
リトル・インディア
Little India

P.87 テッカ・センター
Tekka Centre

Buffalo Rd.

ナリ P.172
Nalli

P.87

P.173 タンダパニ
Thandapani

P.173 インディアン・ヘリテージ・センター
Indian Heritage Centre

リトル・インディア・アーケード
Little India Arcade

Campbell Lane

The Verge ヴァージ

マウント・エミリー・パーク
Mount Emily Park

Upper Wilkie Rd.

P.140 LEカフェ
LE Cafe

P.127 GMギフト・オブ・セレニティ
GM Gifts of Serenity

P.173 セルヴィス
SELVI'S

P.156 ジャヤム・ライジングスター
Jayam Rising Star

アルバート・コート
Albert Court

DT13
ローチョー
Rocho

MRTノースイーストライン
MRT North East Line

Wilkie Rd.

Sophia Rd.

Selegie Rd.

Short St.

ラサール芸術学校
LASALLE College of the Arts

カルサ・ダルマグ・サバ
Khalsa Dharmak Sabha

16

D　　　　E　　　　F

P.156 オム・アーユルヴェーダ 卍
Om Ayurveda 龍山寺
Leong San See

MRTノースイーストライン
Race Course Rd. MRT North East Line

スリ・スリニバサ・ペルマル寺院
Sri Srinivasa Perumal Temple

1

NE8
ファーラー・パーク
Farrer Park

P.191 メルキュール・シンガポール・ティアウィット
Mercure Singapore Tyrwhitt

ワン・ヤン P.159
Wan Yang
フェア・プライス P.145
Fair Price
シティ・スクエア・モール
City Square Mall

P.191
ホテル・ヤン
Hotel YAN

フォーチュナ・ホテル
Fortuna Hotel

パークロイヤル・オン・キッチナー・ロード
Parkroyal on Kitchener Road

ムスタファ・センター P.124
Mustafa Centre

ヒルマン・レストラン P.83
Hillman Restaurant

ジャラン・ベサール・スタジアム
Jalan Besar Stadium

2

P.93 アナンダ・バワン・レストラン
Ananda Bhavan Restaurant

ロイヤル・インディア・ホテル
Royal India Hotel

ジャラン・ベサール・プラザ
Jalan Besar Plaza

警察署
Police

MRTダウンタウンライン
MRT Downtown Line

Dept. of STD Central

ビクトリア橋
Victoria Bridge

サイード・アルウィ橋
Syed Alwi Bridge

DT22
ジャラン・ベサール
Jalan Besar

オールド・マレイ墓地
Old Malay Cemetery
マラバー・モスク
Malabar Mosque

ビスミラー・ビリヤニ・レストラン P.82
Bismillah Biryani Restaurant

3

ビジター・
センター
Visitor
Center

マスジッド・
アブドゥル・ガフール
asjid Abdul Gafoor

81ローチョー
Hotel 81 Rochor

シム・リム・タワー
Sim Lim Tower

テキスタイル・センター
Textile Center

サルタン・プラザ
Sultan Plaza

シム・リム・スクエア
Sim Lim Square

スルタン・モスク
Sultan Mosque

17

D　　　　E　　　　F

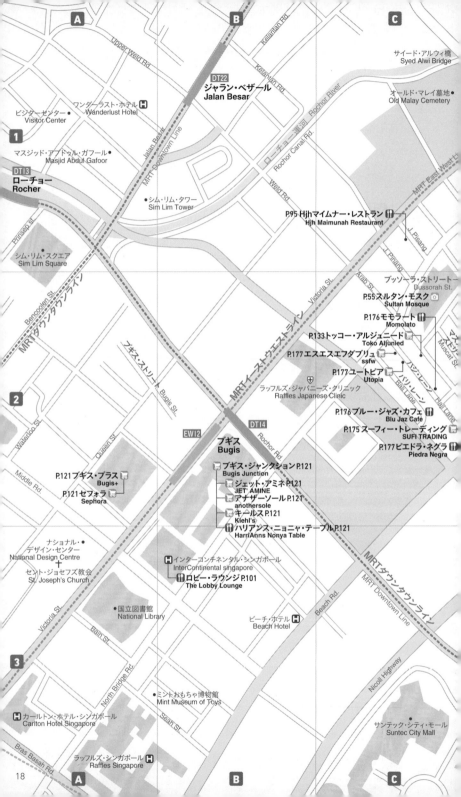

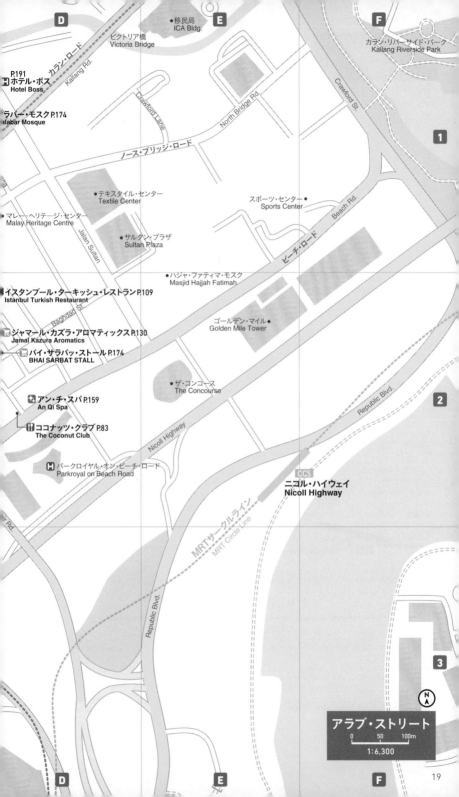

D

E　　移民局
　　ICA Bldg.

F

ビクトリア橋
Victoria Bridge

カラン・リバーサイド・パーク
Kallang Riverside Park

カラン・ロード
Kallang Rd.

Crawford Lane

Crawford St.

1

P.191
ホテル・ボス
Hotel Boss

ラバー・モスク P.174
lalabar Mosque

North Bridge Rd.

ノース・ブリッジ・ロード

テキスタイル・センター
Textile Center

スポーツ・センター ●
Sports Center

Beach Rd.

マレー・ヘリテージ・センター
Malay Heritage Centre

Jalan Sultan

サルタン・プラザ
Sultan Plaza

ビーチ・ロード

イスタンブール・ターキッシュ・レストラン P.109
Istanbul Turkish Restaurant

ハジャ・ファティマ・モスク
Masjid Hajjah Fatimah

Baghdad St.

ジャマール・カズラ・アロマティックス P.130
Jamal Kazura Aromatics

ゴールデン・マイル ●
Golden Mile Tower

バイ・サラバッ・ストール P.174
BHAI SARBAT STALL

ザ・コンコース
The Concourse

アン・チ・スパ P.159
An Qi Spa

Republic Blvd.

2

ココナッツ・クラブ P.83
The Coconut Club

Nicoll Highway

パークロイヤル・オン・ビーチ・ロード
Parkroyal on Beach Road

CC5

ニコル・ハイウェイ
Nicoll Highway

Rd.

MRTサークルライン
MRT Circle Line

Republic Blvd.

3

アラブ・ストリート

0　　50　　100m

1:6,300

N

D

E

F

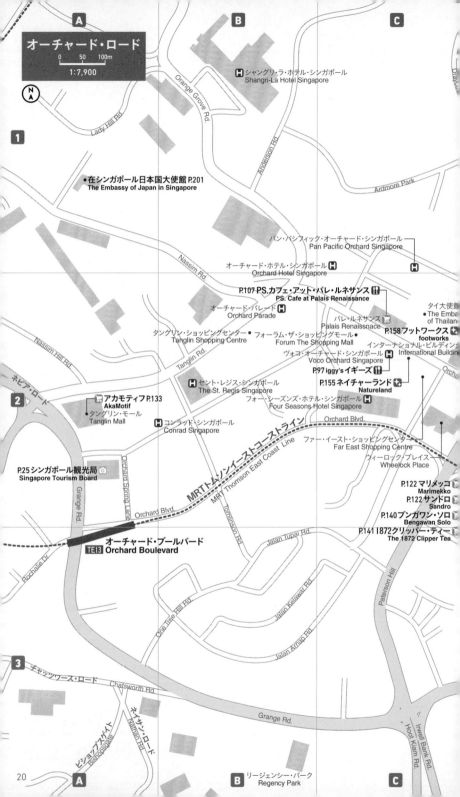

# オーチャード・ロード

0 50 100m
1:7,900

N

**1**

シャングリ・ラ・ホテル・シンガポール
Shangri-La Hotel Singapore

• 在シンガポール日本国大使館 P.201
The Embassy of Japan in Singapore

パン・パシフィック・オーチャード・シンガポール
Pan Pacific Orchard Singapore

オーチャード・ホテル・シンガポール
Orchard Hotel Singapore

P.107 PS.カフェ・アット・パレ・ルネサンス
PS. Cafe at Palais Renaissance

オーチャード・パレード
Orchard Parade

タイ大使館
• The Emba
of Thailand

バレ・ルネサンス
Palais Renaissnace

P.158 フットワークス
footworks

タングリン・ショッピングセンター
Tanglin Shopping Centre

フォーラム・ザ・ショッピングモール
Forum The Shopping Mall

インターナショナル・ビルディン
International Building

ヴォコ・オーチャード・シンガポール
Voco Orchard Singapore

P.97 iggy's イギーズ

セント・レジス・シンガポール
The St. Regis Singapore

P.155 ネイチャーランド
Natureland

**2**
ネピア・ロード

アカモティフ P.133
AkaMotif

• タングリン・モール
Tanglin Mall

フォー・シーズンズ・ホテル・シンガポール
Four Seasons Hotel Singapore

コンラッド・シンガポール
Conrad Singapore

Orchard Blvd.

ファー・イースト・ショッピングセンター
Far East Shopping Centre

P.25 シンガポール観光局
Singapore Tourism Board

ウィーロック・プレイス
Wheelock Place

MRTトムソンイーストコーストライン
MRT Thomson East Coast Line

P.122 マリメッコ
Marimekko

P.122 サンドロ
Sandro

Orchard Blvd.

P.140 ブンガワン・ソロ
Bengawan Solo

オーチャード・ブールバード
TE13 Orchard Boulevard

P.141 I872クリッパー・ティー
The 1872 Clipper Tea

**3**
チャッツワース・ロード
Chatsworth Rd.

ネイザン・ロード
Nathan Rd.

One Tree Hill Rd.

Jalan Tupai Rd.

Jalan Kelawar Rd.

Jalan Arnap Rd.

Paterson Hill

Grange Rd.

Inwell Bank Rd.

Hoot Kiam Rd.

ビショップスゲイト
Bishopsgate

リージェンシー・パーク
Regency Park

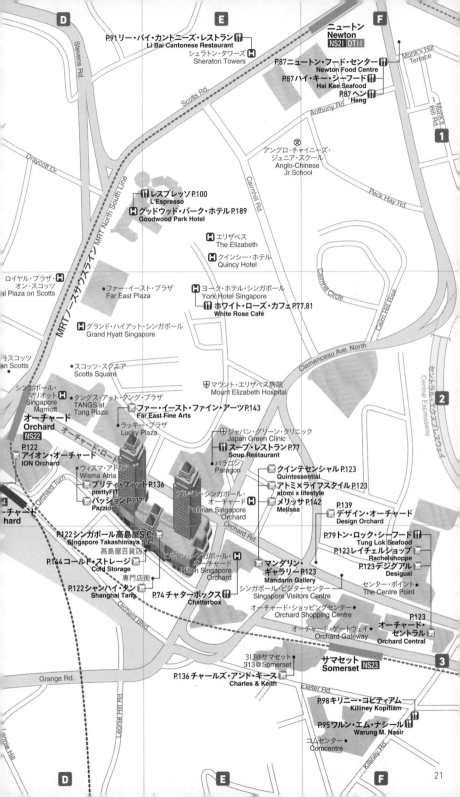

P.91 リー・バイ・カントニーズ・レストラン
Li Bai Cantonese Restaurant

ニュートン
Newton
NS21 DT11

シェラトン・タワーズ
Sheraton Towers

P.87 ニュートン・フード・センター
Newton Food Centre

P.87 ハイ・キー・シーフード
Hai Kee Seafood

P.87 ヘン
Heng

アングロ・チャイニーズ・
ジュニア・スクール
Anglo-Chinese
Jr.School

1

P.100 レスプレッソ
L'Espresso

グッドウッド・パーク・ホテル P.189
Goodwood Park Hotel

エリザベス
The Elizabeth

クインシー・ホテル
Quincy Hotel

ロイヤル・プラザ・
オン・スコッツ
al Plaza on Scotts

ファー・イースト・プラザ
Far East Plaza

ヨーク・ホテル・シンガポール
York Hotel Singapore

ホワイト・ローズ・カフェ P.77,81
White Rose Café

グランド・ハイアット・シンガポール
Grand Hyatt Singapore

ン・スコッツ
an Scotts

スコッツ・スクエア
Scotts Square

マウント・エリザベス病院
Mount Elizabeth Hospital

2

シンガポール・
マリオット
Singapore
Marriott

オーチャード
Orchard
NS22

タングス・アット・タング・プラザ
TANGS at
Tang Plaza

ファー・イースト・ファイン・アーツ P.143
Far East Fine Arts

ジャパン・グリーン・クリニック
Japan Green Clinic

ラッキー・プラザ
Lucky Plaza

スープ・レストラン P.77
Soup Restaurant

パラゴン
Paragon

P.122
アイオン・オーチャード
ION Orchard

ウィスマ・アトリア
Wisma Atria

プリティ・フィット P.136
prettyFIT

パッション P.137
Pazzion

プルマン・シンガポール・
オーチャード
Pullman Singapore
Orchard

クインテセンシャル P.123
Quintessential

アトミ×ライフスタイル P.123
atomi x lifestyle

メリッサ P.142
Melissa

P.139
デザイン・オーチャード
Design Orchard

P.79 トン・ロック・シーフード
Tung Lok Seafood

P.123 レイチェルショップ
Rachelshoppe

P.123 デジグアル
Desigual

P.122 シンガポール高島屋S.C.
Singapore Takashimaya S.C.

高島屋百貨店
専門店街

P.144 コールド・ストレージ
Cold Storage

ヒルトン・シンガポール・
オーチャード
Hilton Singapore
Orchard

マンダリン・
ギャラリー P.123
Mandarin Gallery

センター・ポイント
The Centre Point

P.123
オーチャード・
セントラル
Orchard Central

P.122 シャンハイ・タン
Shanghai Tang

P.74 チャターボックス
Chatterbox

シンガポール・ビジター・センター
Singapore Visitors Centre

オーチャード・ショッピング・センター
Orchard Shopping Centre

オーチャード・ゲートウェイ
Orchard Gateway

3

313@サマセット
313@Somerset

サマセット
Somerset NS23

P.136 チャールズ・アンド・キース
Charles & Keith

P.98 キリニー・コピティアム
Killiney Kopitiam

P.95 ワルン・エム・ナシール
Warung M. Nasir

コムセンター
Comcentre

Stevens Rd.

Scotts Rd.

Draycott Dr.

Monk's Hill Terrace

Anthony Rd.

Monk's Hill Rd.

Peck Hay Rd.

Cairnhill Rd.

Cairnhill Circle

Cairn Hill Rise

Clemenceau Ave. North

Central Expressway

セントラル・エクスプレスウェイ

MRTノース・サウスライン
MRT North South Line

オーチャード・ロード
Orchard Rd.

Orchard Turn

Orchard Rd.

Orchard Blvd.

Grange Rd.

Exeter Rd.

Leonie Hill Rd.

Killiney Rd.

Leonie Hill

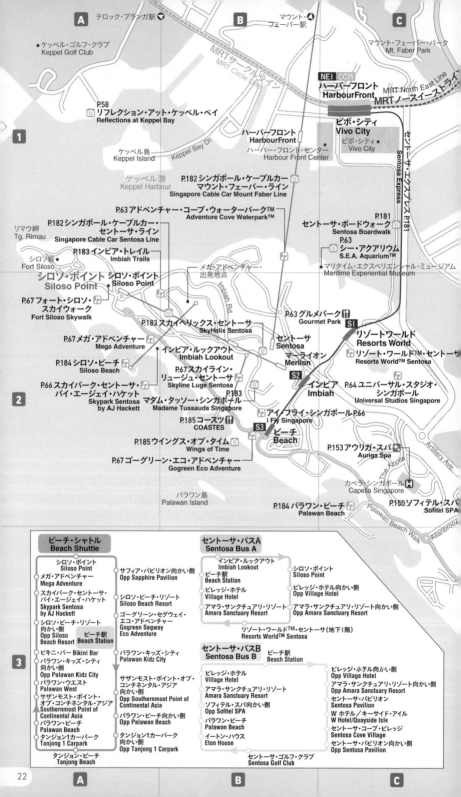

テロック・ブランガ駅

ケッペル・ゴルフ・クラブ
Keppel Golf Club

マウント・◯
フェーバー駅

マウント・フェーバー・パーク
Mt. Faber Park

MRTサークル・ライン
MRT Circle Line

NEI CC29 MRT North East Line
ハーバーフロント
HarbourFront
MRTノースイースト・ライン

P.58
リフレクション・アット・ケッペル・ベイ
Reflections at Keppel Bay

ハーバーフロント
HarbourFront

ビボ・シティ
Vivo City
ビボ・シティ
Vivo City

ケッペル島
Keppel Island

Keppel Bay Dr.

ハーバー・フロント・センター
Harbour Front Center

ケッペル港
Keppel Harbour

P.182 シンガポール・ケーブルカー・
マウント・フェーバー・ライン
Singapore Cable Car Mount Faber Line

セントーサ・エクスプレス P.181

P.181
セントーサ・ボードウォーク
Sentosa Boardwalk

P.63 アドベンチャー・コーブ・ウォーターパーク™
Adventure Cove Waterpark™

P.63
シー・アクアリウム
S.E.A. Aquarium™

P.182 シンガポール・ケーブルカー・
セントーサ・ライン
Singapore Cable Car Sentosa Line

リマウ岬
Tg. Rimau

P.183 インビア・トレイル
Imbiah Trails

メガ・アドベンチャー・
出発地点

マリタイム・エクスペリエンシャル・ミュージアム
Maritime Experiential Museum

シロソ砦
Fort Siloso

シロソ・ポイント
Siloso Point

シロソ・ポイント
Siloso Point

Imbiah Rd.

P.63 グルメパーク
Gourmet Park

SI
リゾートワールド
Resorts World

P.67 フォート・シロソ・
スカイウォーク
Fort Siloso Skywalk

P.183 スカイヘリックス・セントーサ
SkyHelix Sentosa

セントーサ
Sentosa

リゾート・ワールド™・セントーサ
Resorts World™ Sentosa

P.67 メガ・アドベンチャー
Mega Adventure

インビア・ルックアウト
Imbiah Lookout

セントーサ
マーライオン
Merlion

S2

インビア
Imbiah

P.64 ユニバーサル・スタジオ・
シンガポール
Universal Studios Singapore

P.184 シロソ・ビーチ
Siloso Beach

P.67 スカイライン・
リュージュ・セントーサ
Skyline Luge Sentosa

P.66 スカイパーク・セントーサ・
バイ・エージェイ・ハケット
Skypark Sentosa
by AJ Hackett

マダム・タッソー・シンガポール
Madame Tussauds Singapore

アイ・フライ・シンガポール P.66
i Fly Singapore

P.185 コースツ
COASTES

S3
ビーチ駅
Beach

P.153 アウリガ・スパ
Auriga Spa

P.185 ウイングス・オブ・タイム
Wings of Time

The Knolls

Artillery Ave.

P.67 ゴーグリーン・エコ・アドベンチャー
Gogreen Eco Adventure

カペラ・シンガポール
Capella Singapore

パラワン島
Palawan Island

P.184 パラワン・ビーチ
Palawan Beach

P.150 ソフィテル・スパ
Sofitel SPA

Palawan Beach Walk    Allanbrook

A          B          C

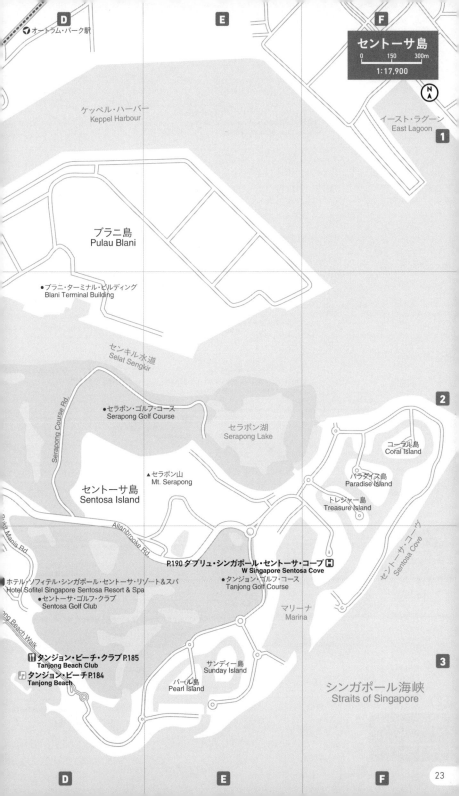

↰オートラム・パーク駅

セントーサ島

0    150    300m
1:17,900

N

ケッペル・ハーバー
Keppel Harbour

イースト・ラグーン
East Lagoon

1

ブラニ島
Pulau Blani

●ブラニ・ターミナル・ビルディング
Blani Terminal Building

センキル水道
Selat Sengkir

●セラポン・ゴルフ・コース
Serapong Golf Course

セラポン湖
Serapong Lake

2

コーラル島
Coral Island

パラダイス島
Paradise Island

▲セラポン山
Mt. Serapong

トレジャー島
Treasure Island

セントーサ島
Sentosa Island

Serapong Course Rd.

Pulai Manis Rd.

Allanbrooke Rd.

セントーサ・コーブ
Sentosa Cove

P.190 ダブリュ・シンガポール・セントーサ・コーブ H
W Singapore Sentosa Cove

ホテル・ソフィテル・シンガポール・セントーサ・リゾート＆スパ
Hotel Sofitel Singapore Sentosa Resort & Spa

●タンジョン・ゴルフ・コース
Tanjong Golf Course

●セントーサ・ゴルフ・クラブ
Sentosa Golf Club

マリーナ
Marina

Tanjong Beach Walk

🍴タンジョン・ビーチ・クラブ P.185
Tanjong Beach Club

🎵タンジョン・ビーチ P.184
Tanjong Beach

サンディー島
Sunday Island

3

パール島
Pearl Island

シンガポール海峡
Straits of Singapore

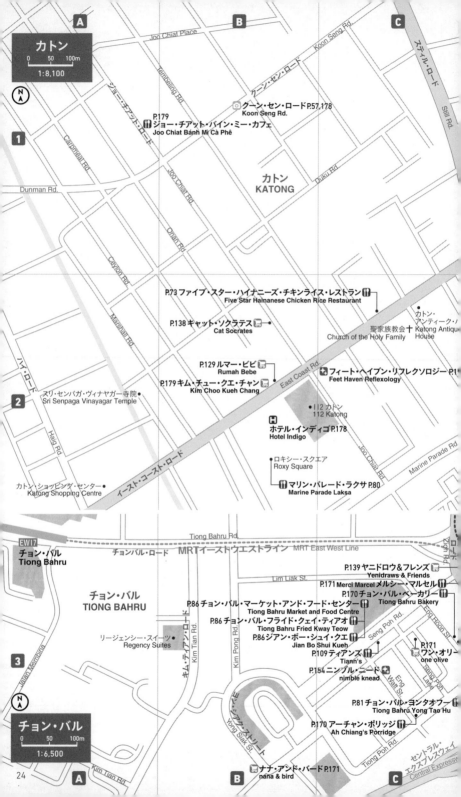

0　50　100m
1:8,100

N

**A** **B** **C**

Joo Chiat Place

Koon Seng Rd.

グーン・セン・ロード P.57,178
Koon Seng Rd.

P.179
ジョー・チアット・バイン・ミー・カフェ
Joo Chiat Bánh Mì Cà Phê

**1**

Tembeling Rd.

ジョー・チアット・ロード

Dunman Rd.

Carpmael Rd.

Joo Chiat Rd.

Onan Rd.

Duku Rd.

Still Rd.

スティル・ロード

カトン
KATONG

P.73 ファイブ・スター・ハイナニーズ・チキンライス・レストラン
Five Star Hainanese Chicken Rice Restaurant

P.138 キャット・ソクラテス
Cat Socrates

聖家族教会
Church of the Holy Family

カトン・アンティーク・ハウス
Katong Antique House

P.129 ルマー・ビビ
Rumah Bebe

P.179 キム・チュー・クエ・チャン
Kim Choo Kueh Chang

East Coast Rd.

フィート・ヘイブン・リフレクソロジー P.1
Feet Haven Reflexology

スリ・センバガ・ヴィナヤガー寺院
Sri Senpaga Vinayagar Temple

Ceylon Rd.

Marshall Rd.

Haig Rd.

ハイ・ロード

112 カトン
112 Katong

ホテル・インディゴ P.178
Hotel Indigo

ロキシー・スクエア
Roxy Square

Joo Chiat Rd.

Marine Parade Rd.

**2**

カトン・ショッピング・センター
Katong Shopping Centre

イースト・コースト・ロード

マリン・パレード・ラクサ P.80
Marine Parade Laksa

---

Tiong Bahru Rd.

EW17
チョン・バル
Tiong Bahru

チョンバル・ロード　MRTイーストウエストライン　MRT East West Line

チョン・バル
TIONG BAHRU

Lim Liak St.

P.139 ヤニドロウ＆フレンズ
Yenidraws & Friends

P.171 Merci Marcel メルシー・マルセル

P.170 チョン・バル・ベーカリー
Tiong Bahru Bakery

P.86 チョン・バル・マーケット・アンド・フード・センター
Tiong Bahru Market and Food Centre

P.86 チョン・バル・フライド・クェイ・ティアオ
Tiong Bahru Fried Kway Teow

P.86 ジアン・ボー・シュイ・クエ
Jian Bo Shui Kueh

リージェンシー・スイーツ
Regency Suites

P.109 ティアンズ
Tiann's

P.171
ワン・オリーブ
one olive

P.154 ニンブル・ニード
nimble knead

キム・チアン・ロード

Kim Pong Rd.

Seng Poh Rd.

Eng Hoon St.

Eng Watt St.

Seng Poh Lane

Eng Hoon St.

P.81 チョン・バル・ヨンタオフー
Tiong Bahru Yong Tao Hu

P.170 アーチャン・ポリッジ
Ah Chiang's Porridge

Jalan Membina

Kim Tian Rd.

Yong Siak St.

Tiong Poh Rd.

セントラル・
エクスプレスウェイ
Central Expressway

**3**

N

0　50　100m
1:6,500

ナナ・アンド・バード P.171
nana & bird

**A** **B** **C**

伝わる！使える！シーン別

# トラベル英会話ガイド

基本の英語を覚えて使いこなそう！
シーン別に役立つフレーズをご紹介。
英語を話せるようになれば、旅がもっと楽しくなるはず！

## 基本編

**こんにちは**
Hello
ハロー

**ありがとう**
Thank you
センキュー

**さようなら**
Goodbye
グッドバイ

**はい**
Yes
イェス

**いいえ**
No
ノー

**ごめんなさい。**
I'm sorry.
アイム ソーリー

**すみません／恐れ入ります**
Excuse me
エクスキューズ ミー

**どういたしまして。**
You're welcome.
ユア ウェルカム

**私は日本人です。**
I'm Japanese.
アイム ジャパニーズ

**英語は話せません。**
I can't speak English.
アイ キャント スピーク イングリッシュ

**おはよう**
Good morning
グッド モーニング

**こんばんは**
Good evening
グッド イブニング

**気にしません（構いません）。**
I don't mind.
アイ ドント マインド

**○○はありますか？**
Is there 〜？
イズ ゼア

**これ／それ／あれ**
This ／ It ／ That
ディス／イット／ザット

**ここ／そこ／あそこ**
Here ／ There ／ Over there
ヒア／ゼアー／オーバー ゼア

**なに？**
What?
ホワット

**いつ？**
When?
ウェン

**何時？**
What time is it?
ホワット タイム イズ イット

**いくつ（個数）？**
How many ?
ハウ メニー

## 買う編

**ワンピースはどこにありますか？**
Where can I find
a maxi dress?
ウェアー キャナイ ファインド
ア マキシ ドレス

**試着してもいいですか？**
Can I try it on?
キャナイ トライ イット オン？

**何色がいちばん人気ですか？**
Which color is the most
popular?
ウィッチ カラー イズ ザ モスト ポピュラー

**他の型はありますか？**
Do you have any other
models?
ドゥー ユー ハブ エニー アザー モデルズ

**もっと小さい（大きい）サイズは
ありますか？**
Do you have this in a
smaller (larger) size?
ドゥー ユー ハブ ディス イン ア スモーラー
（ラージャー）サイズ

**これはおいくらですか？**
How much is this?
ハウ マッチ イズ ディス

**これを買います。**
I'll take this.
アイル テイク ディス

**このクレジットカードは
使えますか？**
Do you accept
this credit card?
ドゥーユー アクセプト
ディス クレジットカード

🐪 レストランのメニューでよく見かける「signature シグネチャー」とは店のおすすめ料理という意味。

何時まで開いていますか？
How late are you open?
ハウ レイト アー ユー オープン

いちばん品物がそろっている
店はどこですか？
Which shop has the best
range of goods?
ウィッチ ショップ ハズ ザ ベスト
レンジ オブ グッズ

食べる編

予約はしていませんが、
入れますか？
We don't have a
reservation. Do you have
a table for us?
ウィードント ハブ ア リザベーション ドゥー
ユー ハブ ア テーボー フォー アス

今夜7時に2名で予約をしたい
のですが。
Can I make a reservation
for 2 at 7 o'clock tonight?
キャナイ メイク ア リザベーション フォー
トゥー アット セブン オクロック トゥナイト

注文をお願いします。
May I order?
メイ アイ オーダー

注文した物が
まだ来ていないのですが。
My order hasn't come yet.
マイ オーダー ハズント カム イェット

おすすめは何ですか？
What do you recommend?
ホワット ドゥ ユー リコメンド

これはどんな料理ですか？
What kind of
dish is this?
ホワット カインド オブ
ディッシュ イズ ディス

みんなで分けて
食べたいのですが。
We are going to share the
dish.
ウィーアー ゴーイング トゥー シェアー ザ
ディッシュ

夜景の見える席はありますか？
Do you have a table where
we can enjoy night views?
ドゥー ユー ハブ ア テーボー ウェア
ウィーキャン エンジョイ ナイト ビューズ

お会計をお願いします。
May I have the check,
please?
メイ アイ ハブ ザ チェック プリーズ

持ち帰り用の入れ物を
もらえますか？
Can I have a doggy bag,
please?
キャナイ ハブ ア ドギー バッグ プリーズ

交通編

タクシー乗り場はどこですか？
Where is the taxi stand?
ウェア イズ ザ タクシー スタンド

この場所に行ってください。
（地図や住所を渡しながら）
Take me to this place
please.
テイク ミー トゥー ディス プレイス プリーズ

切符はどこで買えますか？
Where can I buy a ticket?
ウェアー キャナイ バイ ア チケット

マリーナベイ・サンズへはどの
駅で降りればいいですか？
What station do I get off at
for Marina Bay Sands?
ホワット ステーション ドゥー アイ ゲット
オフ アット フォー マリーナ ベイ サンズ

デンプシー・ヒルに行く
バスはありますか？
Is there a bus that goes
into Dempsey Hill?
イズ ゼアー ア バス ザット ゴーズ
イントゥー デンプシー ヒル

このバスはブン・トン・キーに
行きますか？
Does this bus go to Boon
Tong Kee?
ダズ ディス バス ゴー トゥー ブントンキー

リトル・インディアへは
どのバス線に乗ればいいですか？
Which bus line should I
take to Little India?
ウィッチ バス ライン シュッドゥ アイ
テイク トゥー リトル インディア

乗り換えが必要ですか？
Do I need to change train?
ドゥー アイ ニードゥ トゥー チェンジ トレイン

ここから歩いて行けますか？
Can I walk there from
here?
キャナイ ウォーク ゼアー フロム ヒア

セントーサ島へはどうやって
行けばいいですか？
How do I get to
Sentosa Island?
ハウ ドゥー アイ ゲット トゥー
セントーサ アイランド

ここからチャイナタウンまでど
のくらい時間がかかりますか？
How long does it take
from here to Chinatown?
ハウ ロング ダズ イット テイク
フロム ヒア トゥー チャイナタウン

ホテル編

予約している佐藤です。
I have a reservation.
My name is Satou.
アイ ハブ ア リザベーション
マイ ネーム イズ サトウ

部屋に鍵を置いたまま
閉めてしまいました。
I locked myself out.
アイ ロックド マイセルフ アウト

シャワーの調子が
おかしいのですが。
There's something wrong
with my shower.
ゼアーズ サムシング ウロング
ウィズ マイ シャワー

エアコンがききません。
**The air conditioner doesn't work.**
ジ エアー コンディショナー
ダズント ワーク

インターネットを
接続したいのですが。
**Can I use an internet connection with my mobile PC?**
キャナイ ユーズ アン インターネット
コネクション ウィズ マイ モバイル ピーシー

Wi-Fiのパスワードを
教えてもらえますか？
**Could you tell me the Wi-Fi password?**
クジュー テルミー
ザ ワイファイ パスワード

タクシーを呼んでください。
**Please call a taxi for me.**
プリーズ コール ア タクシー フォー ミー

チェックアウトをお願いします。
**I would like to check out.**
アイ ウドゥ ライク トゥー チェック アウト

---

### トラブル編

具合が悪いです。
病院に連れて行ってください。
**I feel sick. Please take me to the hospital.**
アイ フィール シック プリーズ テイクミー
トゥー ザ ホスピタル

保険用に診断書と
領収書をください。
**May I have a medical certificate and receipt for my insurance?**
メイ アイ ハブ ア メディカル
サティフィケイト アンド レシート フォー
マイ インシュアランス

この辺りでいちばん近い
薬局はどこですか？
**Where is the nearest pharmacy?**
ウェアー イズ ザ ニアレスト ファーマシー

パスポートをなくしました。
**I lost my passport.**
アイ ロスト マイ パスポート

---

道に迷いました。この地図の
どこに私はいますか？
**I'm lost.**
**Where am I on this map？**
アイム ロスト
ウェアー アム アイ オン ディス マップ

### 便利フレーズ

写真を撮っていただけますか？
**Would you take my picture？**
ウドゥ ユー テイク マイ ピクチャー

トイレはどこですか？
**Where is the bathroom？**
ウェアー イズ ザ バスルーム

日本語が話せる人はいますか？
**Is there anyone who can speak Japanese？**
イズ ゼアー エニィワン フー キャン
スピーク ジャパニーズ

両替はどこでできますか？
**Where can I exchange money？**
ウェアー キャナイ
エクスチェンジ マニー

---

＼ もっとシンガポーリアンに近づける！？ ／

# シングリッシュってなに？

シングリッシュとは、英語、中国語、マレー語、タミル語が混ざってできたシンガポール独自の英語。語順が
ばらばら、動詞が変化しない、語尾にラーlahがつくなどの特徴がある。シンガポーリアンは外国人と話す
ときや会社ではきれいな英語を話すが、地元の人同士で会話するときはシングリッシュを使う。

いいよ、いいよ！
Can, can！（キャン キャン）

できません
Can not lah（キャノッ ラー）

ごはんに行こう！
Go makan！（ゴー マカン）

あらまぁ！
Alamak！（アラマー）

いりますか？ いりませんか？
Need or no need？（ニー オア ノーニー）

マーライオン・パークへ行きましたか？
You go to Merlion Park ma？
（ユー ゴー トゥー マーライオン パーク マー）

👉 注文もこれでOK

# グルメ指さしカタログ

シンガポールで絶対食べたいパワーフードを総ざらい。
便利な指さしでオーダーもカンタン。さあ、どれから食べる?

## シンガポール ローカル

地元っ子に愛されるソウルフード。
いろいろなところで味わえるが
おすすめはホーカースか専門店。

### Chicken Rice
チキンライス
(海南鶏飯)

ボイルしたチキン
と鶏だしで炊いた
ライスを合わせ
た、シンガポール
の国民食。

### Bak kut teh
バクテー
(肉骨茶)

ポークリブの入っ
たボリューミーな
スープ。薬膳たっ
ぷりのスープがた
まらない。

### Yong Tau Foo
ヨンタオフー
(醸豆腐)

中国の客家から伝
わった料理で、シ
ンガポール版おで
ん。あっさりでおい
しい。

### Chicken in Paper Bag
ペーパーチキン

紙に包んで揚げ
ることで、旨みを
閉じ込めたチキ
ン。噛めば肉汁あ
ふれる。

### Thunder Tea Rice
サンダーティーライス

野菜をたっぷりの
せたライスにハー
ブを効かせたお茶
をかけて食べる。

### Claypot Rice
クレイポットライス

チキンなど具材
たっぷりの土鍋ご
飯。できあがるの
に時間がかかる。

### Carrot Cake
キャロットケーキ

大根餅を入れて
かきまぜたオム
レツ。キャロット
とは広東語で「大
根」のこと。

### Kaya Toast
カヤトースト

ココナッツミルク
と卵、砂糖で作る
カヤジャムを挟ん
だトースト。朝食
の定番。

## 麺料理

小麦の中華麺からビーフン、
米の麺まで種類いろいろ!
スープタイプと、
タレだけのドライタイプがある。

### Laksa
ラクサ
(叻沙)

マレー半島を代
表する麺料理。コ
コナッツミルクと
エビだしのピリ辛
スープ。

### Hokkien Mee
ホッケンミー
(福建麺)

エビのだしを効か
せた海鮮焼きそ
ば。太・細2種類の
麺を使うことが
多い。

### Fish Ball Mee
フィッシュボールミー
(魚圓面)

白身魚のすり身
を丸くしたフィッ
シュボールが具と
して入る。スープ
が定番。

### Bak chor Mee
バクチョーミー
(肉脞麺)

味付けしたミンチ
肉が入る麺料理。
ドライで食べるの
がおすすめ。

### Ban Mian
バンミェン(板麺)

きしめんのような
幅広い麺を使った
もの。スープはあっ
さりした味わい。

### Prawn Mee
プロウンミー
(蝦面)

大きなエビがたっ
ぷり入った一杯。
エビだしと醤油
スープが相性よし。

### Wantan Mee
ワンタンミー
(雲呑麺)

プリプリのエビが
入ったワンタンが
たっぷり! 安いの
に食べ応えもあり。

### Char Kway Teow
チャークイティオ

米の麺ともやしな
どの具を黒ソー
スで炒めたもの。
こってり濃厚。

# マレー系

お隣の国マレーシア。
同じ名前なのに
違う様式になっているなど、
よく似た料理がたくさん。

### Hokkien Mee
ホッケンミー
(福建麺)

マレー版のホッケンミーは2種類。黒ソースに極太麺が最も一般的。

### Hokkien Mee
ホッケンミー(汁)
(福建麺)

ペナン島の郷土料理。エビだしが効いたスープは、日本人の口に合う。

### Nasi Lemak
ナシレマ

ココナッツミルクで炊いたご飯に、数種のおかずを盛り合わせた料理。

### Satay
サテー

マレーシア風焼き鳥。ピーナッツベースの甘辛だれにつけて食べる。

### Beef Rendang
ビーフ・レンダン

牛肉、ココナッツ、スパイスをじっくり煮込んで作る。パダン料理の代表。

### Prawn Sambal
エビ・サンバル

サンバルという辛み調味料で炒めたエビ。けっこう辛いので量に注意。

### Sayur Lodeh
サユーロデー

薄めのココナッツミルクで野菜を煮たスープ。ちょっぴりスパイシー。

### Roti Prata
ロティプラタ

少し甘いクレープ生地をカリーソースにつけて食べる。軽食の定番。

# インド系

インドといえば、やっぱりカリー!
マイルドな北インド
スパイシーな南インド
あなたのお好みはどっち?

### Fish Head Curry
フィッシュヘッドカリー

魚の頭が入ったインドカリー。意外とあっさりでぺろりと食べられる。

### Biryani
ビリヤニ

米を数種類のスパイスと一緒に炊き上げた、インド式炊き込みご飯。

### Butter Chicken Curry
バターチキンカリー

ヨーグルトやミルクたっぷりのマイルド系カリーで、日本人人気No.1!

### Saag Paneer
サグパニール

北インドの定番、ホウレンソウのカリー。チーズ入りでこってり濃厚。

### Dal Makhani
ダルマカニ

インドではポピュラーな豆のカリー。ベジタリアンであっさりした味。

### Dosa
ドーサ

インド版のクレープで、カリーにつけて食べる。サクッと軽い口あたり。

### Kulcha
クルチャ

ナンと同じく、小麦粉で作るパンの一種。中に具材が入っている場合も。

### Tandoori Chicken
タンドリーチキン

スパイスに漬けたチキンを、タンドールという焼き窯で焼いたもの。

# シーフード

四方が海だけあって、実は隠れたシーフード大国！人気のチリクラブ以外にもバリエ豊富な魚介を堪能して！

## Chilli Crab
チリクラブ

カニ一匹を使い、チリソースをかけた贅沢なひと皿。ソースは各店オリジナル。

## Pepper Crab
ペッパークラブ

胡椒を効かせた、ピリ辛のカニ料理。ブラックとホワイトの2種類がある。

## Creamy Crab
クリーミークラブ

ちょっと珍しい、クリームソースで煮込んだカニ料理。子ども連れにもぴったり。

## Laksa Crab
ラクサクラブ

ラクサとカニのコラボ。ちょっとすっぱいスープがカニの身とよく合う。

## Deep-fried Prawns with Crispy Oats
エビとオーツ麦のフライ

カリカリに揚げたエビに、香ばしいオーツ麦をトッピング。食感が楽しい。

## Crispy-fried Baby Squid
ホタルイカとイイダコのクリスピーフライ

ホタルイカとイイダコを揚げた一品。甘辛くてビールとの相性ばっちり。

## Sambal Clams
アサリのサンバル炒め

アサリ、タマネギ、ネギをサンバルで炒める。ニンニクが効いている。

## Garlic Prawn
ガーリックプラウン

大きなエビを塩焼きにし、たっぷりのガーリックバターをオン！屋台の定番。

## Grilled Stingray
スティングレーの炒め物

スティングレーとはエイのこと。白身魚のような淡泊な味で、チリソースと相性よし。

## Steamed Clam with garlic
マテ貝のガーリック蒸し

春雨とガーリックがトッピングされている。醤油を垂らして食べよう。

## Catch of the Day
近海魚の揚げ物

水槽からその日にとれた魚を出して調理。ソースや調理法も選べる。

# プラナカン料理

ニョニャと呼ばれる女性が生み出したプラナカン料理。中国と東南アジアの料理が合わさったフュージョン料理だ。

## Sambal Udang
サンバルウダン

サンバルの効いたチリソースで食べる、ニョニャ風エビチリ。写真は創作。

## Kuih Pie Tee
クエ・パイティー

歯触りのいいバリバリ生地の中に野菜を詰め、上にエビをのせた料理。

---

## シンガポールの調味料＆付け合わせ

ホーカース（屋台街）や食堂では、調味料で味をカスタムするのが普通。付け合わせの野菜もぜひ。

### サンバル

トウガラシとニンニク、タマネギなどで作る辛み調味料で、東南アジアの料理には欠かせない。ホーカースなどでは最初から器に盛られていたり、ストール（屋台）の隣やテーブルに置いてあったりする。

### 青トウガラシのピクルス

青トウガラシの酢漬け。ホーカースではストールに必ず置いてある、料理の名脇役。一見相当に辛そうだが、ピクルスなのでそれほどでもない。ぜひチャレンジを。おみやげとしても人気がある。

### 青菜

シンガポール人は、チキンライスでもバクテーでも、メインを頼むときは必ずと言っていいほどサイドに野菜を頼む。人気があるのは青野菜の塩炒めやもやしなど。一皿を数人でシェアするのもよい。

# スイーツ

とにかく暑い国だけに、かき氷の人気は不動。南国フルーツたっぷりのスイーツもぜひ試してみて。

## Ice Kachang
アイスカチャン

シンガポールのかき氷。フルーツのシロップやピーナッツなどたっぷり。

## Mango Shaved Ice
マンゴーかき氷

マンゴーたっぷりのスノーアイス。口あたりはふわっとやわらかい。

## Chendol
チェンドル

ココナッツミルクに氷を入れ、パンダンリーフで着色した餅を入れたスイーツ。

## Kueh Lapis
クエ・ラピス

プラナカンの伝統菓子。甘いココナッツ風味の餅を何層にも重ねたもの。

## Onde Onde
オンデオンデ

パンダンリーフで着色した餅に、ココナッツフレークをまぶして作る。

## Kueh Dadar
クエ・ダダー

黒糖とココナッツの餡をパンダンリーフで着色したクレープで巻いたもの。

## Durian Pengat
ドリアンペンガット

ドリアンのムース。濃厚で甘いドリアンを存分に楽しめる。臭いは強烈。

## Banana Fritter
バナナフリッター

バナナに衣を付けて揚げたスイーツ。外はサクッと、中はとろっとしている。

## Egg Tarte
エッグタルト

ポルトガルやマカオの有名スイーツで、チャイナタウンでよく売られている。

## Mango Sago
マンゴーサゴ

サゴとはタピオカのこと。マンゴーの果肉とミルクにたっぷりのタピオカを。

## Milk Pudding
ミルクプリン

シンプルな牛乳プリン。上にナッツやフルーツをのせて食べるのが普通。

# ドリンク

暑い国では、水分補給が重要。体に癒やしと活力を与えるローカル色満点のドリンクはこちら！

## Kopi
コピ

シンガポールのコーヒー。練乳入りで甘い。甘さ控えめのコピ・オーもある。

## Teh Tarik
テ・タリ

ほんのりスパイスが効いた、アラブ式のミルクティー。練乳入りで甘い。

## Barley
バーリー

白く濁った大麦のジュース。ほんのりと甘く、シンガポール人には大人気。

## Calamansi Juice
カラマンシージュース

カラマンシーが入ったさっぱりジュース。暑いシンガポールにぴったり。

## Plum Juice
プラムジュース

プラム(梅)のジュース。酸味と甘みのバランスがよく、疲れがよくとれそう。

## Mango Lassi
マンゴーラッシー

インドカリーのあとにはこれ！店によっては生のマンゴーから作るので濃厚。

## 100PLUS
ハンドレッドプラス

地元企業のF＆N社が製造するドリンク。微炭酸のアイソトニック飲料。

## Tiger Beer
タイガービール

シンガポール生まれのビール。ラガー製法で造られたキレのある味。

ホーカースでは、スイーツとドリンクはそれ専用のストールで注文すること。

# 旅が最高のハレになる

# シンガポール

## SINGAPORE

## 本書をご利用になる前に

**【データの見方】**

- ♠ 住所　☎ 電話番号
- ⊗ 営業時間（オープンからクローズまでを表記しています。ラストオーダーや入館締切時間は異なります。店の都合により閉店が早くなることもあります）
- ⊛ 定休日
- ¥ 入場料、施設利用料、宿泊料金
- ⊗ 交通手段や拠点となる場所からの所要時間
- ▶MAP　別冊地図上の位置を表記

**【ご注意】**

本書に掲載したデータは2023年12月〜2024年1月現在のものです。内容が変更される場合がありますので、事前にご確認ください。祝日や年末年始の場合は、営業時間や休み等の紹介内容が大きく異なる場合がありますのでご注意ください。本書に掲載された内容による損害等は弊社では補償しかねますので、あらかじめご了承ください。

**IN** チェックイン時間
**OUT** チェックアウト時間
㊅ 室数

**日本語OK**
日本語対応可能なスタッフがいる場合に表記。いつも対応可能なスタッフがいるとは限らないのでご注意ください

**日本語メニュー有**
日本語メニューがある場合に表記

**カード不可**
支払いの際にクレジットカードが使えない物件

# CONTENTS
# シンガポールでしたい**104**のこと

やったこ
chec

# BEAUTY

# TOWN

# STAY

# シンガポールのハレ旅へようこそ！

## ◎ TOURISM

# 見る・遊ぶ

見どころ大充実のシンガポール。ド派手なショーに
緑のガーデン、動物園まで、とことん遊びつくそう！

## ❖ EAT

# 食べる

シンガポーリアンは、あんまり家でごはんを食べな
い。それだけに、外食文化は実に多彩で、おいしい！

ライトアップショー

チキンライス

 夜景とド派手なレーザーに感激！

## ライトアップショー

最旬スポットが目白押しのマリーナ・エリアの夜を彩るのは、
マリーナベイ・サンズのレーザー＆ライトアップショー。毎日
2回開催されて、しかも無料で楽しめるなんて！
スペクトラ→P.34

 シンガポーリアンのソウルフード

## チキンライス

最近は日本でも人気を呼んでいるチキンライスだが、ぜひ現
地で味わって！ プリプリ＆ジューシーなお肉にライス、スー
プ、ぜーんぶチキンがベース。合わないわけがない！
リアオ・ファン・ホーカー・チャン→P.77

マリーナベイ・サンズをはじめ観光やグルメ、ショッピングまで
盛りだくさんのシンガポール。
緑と高層ビルからなる近未来都市の空は、どこまでも快晴です。

 **SHOPPING**

# 買う

世界中からモノが集まるシンガポール。アジアと西
洋がミックスしたアイテムは、この国ならでは。

🏢 **STAY**

# 泊まる

斬新デザインの最新ホテルから伝統のコロニアルホ
テルまで、一度は泊まりたい夢のホテルがたくさん。

プラナカン陶器

セレブホテル

 パステルカラーに心惹かれて

## プラナカン陶器

カラフル＆ぽってりフォルムの器は、プラナカンの陶器。中国
とマレーシアに西洋のセンスを合わせた、とっておきのアイテ
ム。少し値は張るものの、ぜひ手に入れたい逸品だ。
**ルマー・ビビ→P.129**

 非日常を過ごすリゾート

## セレブホテル

1887年創業のラッフルズ・シンガポールは、アジアを代表す
る最高級リゾート。バーでシンガポールスリングを飲んだり、
アフタヌーンティーを堪能したりと、宿泊しなくても楽しめる。
**ラッフルズ・シンガポール→P.188**

どこで何ができるの？
# 夢を叶えるエリアをリサーチ

東京23区ほどの面積のシンガポール。小さいながらもさまざまな国の文化がエリアごとにぎゅっと詰まっている。まずはエリアの特徴を知って、行きたい場所を絞ろう。

マリーナから
🚕 タクシー15分
🚉 MRT14分

### オーチャード・ロード

デンプシー・ヒル＆
ロチェスター・パーク

マリーナから
🚕 タクシー20分

大型ショッピングセンターがずらり
## オーチャード・ロード
Orchard Road >>>P.122

買い物するならここ！ 大通りに沿ってショッピングセンターが立ち並ぶ。週末になると大勢の買い物客でごった返す。

大人なナイトスポットが点在する
## デンプシー・ヒル＆
## ロチェスター・パーク
Dempsey Hill &
Rochester Park >>>P.102

かつて英国軍の兵舎があった場所。現在は緑豊かな自然を生かしたカフェやレストランが集まり、地元で大人気！

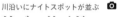

川沿いにナイトスポットが並ぶ
## リバーサイド
Riverside >>>P.105

シンガポール人の定番ナイトスポット。川沿いにナイトバーやパブなどの飲食店が軒を連ね毎晩遅くまでにぎわう。

CHECK!
セントーサ島へ行くにはモノレールに乗り換える

マリーナから
🚕 タクシー25分
🚉 MRT＋セントーサ・エクスプレス20分

### セントーサ島

### タウン別バロメータ

これを見れば何がイチオシか早分かり！

遊びが詰まったエンタメアイランド
## セントーサ島
Sentosa Island >>>P.180

シンガポールの離島は、エンターテインメント施設やアクティビティなどが盛りだくさん。朝から夜まで遊びつくそう！

🎵 遊ぶ
🛒 買う
🍴 食べる
✨ 磨く
📷 観光する

**知っ得**
シンガポールの
基礎知識

| ✈ 東京(成田)から | 7〜8時間 | 🚗 主な交通手段 | MRT、タクシー(→P.199) |
|---|---|---|---|
| 🕐 時差 | −1時間 | 🍶 お酒&タバコ | 18歳からOK |
| 📖 ビザ | 30日以内の観光は不要 | 🚽 トイレ | 水洗。紙は流してOK |
| 💬 言語 | 英語、マレー語、中国語、タミル語 | 💰 レート | S$1≒112円 |

(2024年2月現在)

**リトル・インディア**

マリーナから
🚗 タクシー15分
🚆 MRT7分

ショッピングが楽しいアラブの街 📷

# アラブ・ストリート
Arab Street >>>P.174

黄金のモスクが目印の、異国情緒が漂うエリア。絨毯や香水瓶を売る店やイスラムタイルが華麗な飲食店が立ち並ぶ。

**カトン**

マリーナから
🚗 タクシー5分
🚇 MRT11分

マリーナから
🚗 タクシー10分
🚇 MRT3分

**シティ**

マリーナから
🚗 タクシー20分

プラナカン文化が今も残る 📷

# カトン
Katong >>>P.178

プラナカン文化が色濃く残るエリア。カラフルなショップハウスや老舗のプラナカンショップにときめきが止まらない!

**リバーサイド**

**マリーナ**

マリーナから
🚗 タクシー5分
🚇 MRT12分

**チャイナタウン**

マリーナから
🚗 タクシー3分
🎵 MRT5分

スパイス香るインド人街 📷

# リトル・インディア
Little India >>>P.172

独特なスパイスの香りが漂う街を多彩なサリーを着たインド人たちが行き交う。インドにいるような気分が味わえる。

ココが中心地! 📷

# マリーナ
Marina>>>P.162

マーライオンなど必見スポットがたくさん。有名ホテルや飲食店、夜景の名所も多く、朝から夜まで観光客が絶えない。

昼も夜もにぎわうオフィス街 📷

# シティ
City >>>P.162

オフィスがひしめくシンガポールの中心地。シンガポール国立博物館やラッフルズ記念像などの観光スポットが集中。

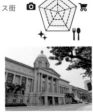

シンガポールのグルメタウン 📷

# チャイナタウン
Chinatown >>>P.168

中華系の移民たちが開いたエリア。4大エスニックタウンの中では最も広く、2階建ての古いショップハウスが連続する。

🗺 チャイナタウン、リトル・インディア、アラブ・ストリート、カトンは「4大エスニックタウン」と呼ばれている。

ベストな時間にベストなコト

# 24時間ハッピー計画

せっかくのシンガポール旅行は、24時間楽しみたい！
ここではジャンル別に、各スポットのベストタイムを紹介。
朝から夜までハッピーになれる計画を立てよう。

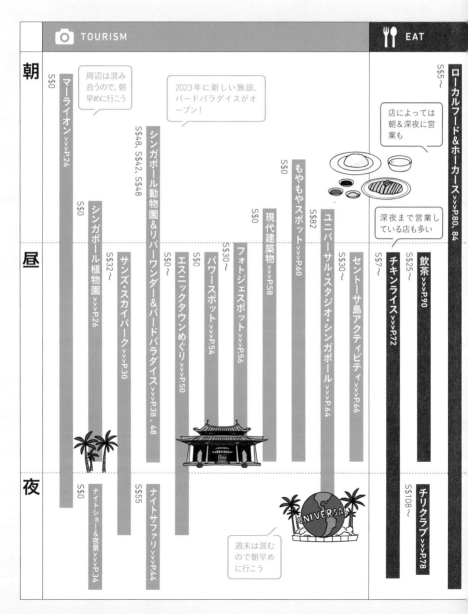

**TOURISM**

**朝**

S$0 マーライオン>>>P.24

周辺は混み合うので、朝早めに行こう

2023年に新しい施設、バードパラダイスがオープン！

S$48, S$42, S$48 シンガポール動物園&リバーワンダー&バードパラダイス>>>P.38，48

S$0 もやもやスポット>>>P.60

**昼**

S$0 シンガポール植物園>>>P.26

S$32~ サンズ・スカイパーク>>>P.30

S$0~ エスニックタウンめぐり>>>P.50

S$30~ パワースポット>>>P.54

S$0 フォトジェスポット>>>P.56

S$0 現代建築物>>>P.58

S$82 ユニバーサル・スタジオ・シンガポール>>>P.64

S$30~ セントーサ島アクティビティ>>>P.66

**夜**

S$0 ナイトショー&夜景>>>P.34

S$55 ナイトサファリ>>>P.44

週末は混むので朝早めに行こう

**EAT**

S$5~ ローカルフード&ホーカーズ>>>P.80，84

店によっては朝&深夜に営業も

深夜まで営業している店も多い

S$7~ チキンライス>>>P.72

S$25~ 飲茶>>>P.90

S$108~ チリクラブ>>>P.78

**2024年祝祭日**

国や宗教によって違う祝祭日があり、エリアごとに店休日が異なる。右記以外の祝祭日はたいていの店が営業。

| | | | |
|---|---|---|---|
| 1月1日 | 元日 | 5月22日 | ベサク・デー |
| 2月10日〜11日 | 旧正月 | 6月17日 | ハリ・ラヤ・ハジ |
| 3月29日 | 聖金曜日 | 8月9日 | ナショナル・デー（建国記念日） |
| 4月10日 | ハリ・ラヤ・プラサ | 10月31日 | ディーパバリ |
| 5月1日 | レイバー・デー（労働者の日） | 12月25日 | クリスマス |

◎ 中国系の店は旧正月
チャイニーズ・ニューイヤーと言われる旧正月には、中国系の店がほとんどクローズ。日数は店により異なるが、だいたい1〜3日間。

◎ マレー・インドネシア系は
ハリ・ラヤ・プラサとハリ・ラヤ・ハジ
イスラム系の祝祭日は、断食明けのハリ・ラヤ・プラサと、犠牲祭ともいわれるハリ・ラヤ・ハジ。アラブ・ストリートの店はほとんどが休みとなる。

◎ ヒンドゥー系の店はディーパバリ
ヒンドゥー教の祝祭日は、リトル・インディアの店が休み。一日中お祭りが行われておりにぎやか。

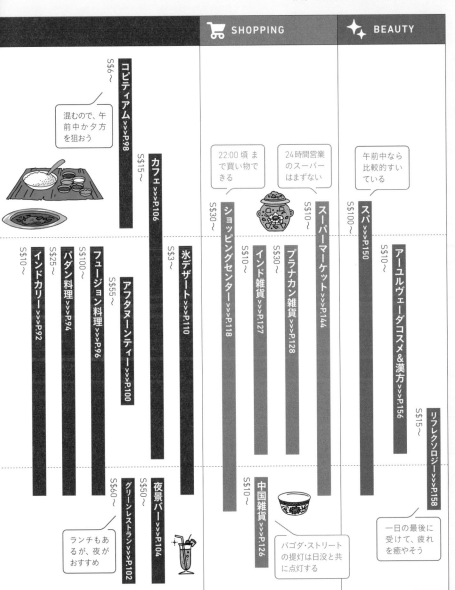

SHOPPING　BEAUTY

コピティアム >>> P.98　S$6〜
混むので、午前中か夕方を狙おう

カフェ >>> P.106　S$15〜

22:00頃まで買い物できる

24時間営業のスーパーはまずない

午前中なら比較的すいている

ショッピングセンター >>> P.118　S$30〜

スーパーマーケット >>> P.144　S$10〜

スパ >>> P.150　S$100〜

氷デザート >>> P.110　S$3〜

インドカリー >>> P.92　S$10〜
パダン料理 >>> P.94　S$25〜
フュージョン料理 >>> P.96　S$100〜
アフタヌーンティー >>> P.100　S$55〜

インド雑貨 >>> P.127　S$10〜
プラナカン雑貨 >>> P.128　S$30〜

アーユルヴェーダコスメ＆漢方 >>> P.156　S$10〜
リフレクソロジー >>> P.158　S$15〜

中国雑貨 >>> P.126　S$10〜

グリーンレストラン >>> P.102　S$50〜
夜景バー >>> P.104　S$60〜
ランチもあるが、夜がおすすめ

パゴダ・ストリートの提灯は日没と共に点灯する

一日の最後に受けて、疲れを癒やそう

ビジネスアワーは日本とほぼ同じ。オーチャード・ロードなどのショッピングセンターは22:00くらいまで営業している。

王道3泊5日モデルコースで

# シンガポールを200%楽しむ

## 1日目

まずはマリーナ!
世界一の夜景を満喫☆

午後にシンガポールに到着したら、話題のマリーナへ直行! 初日は移動を少なめにして、マリーナ・エリアを回ろう。

**PM**

15:20 チャンギ
　　　 国際空港
🚕 タクシー20分

16:00 マリーナ
＜所要約5時間＞

— ①マリーナ
　　ベイ・サンズ
　　→P.30、P.186

— ②シンガポール・
　　フライヤー
　　→P.36

— ③パーム・ビーチ
　　→P.79

— ④セ・ラ・ヴィ・
　　スカイバー
　　→P.104

### STAY

#### ①ホテルにチェックイン 憧れの天空プールへ

宿泊先は、憧れのマリーナベイ・サンズ(MBS)。チェックイン後、さっそく屋上のプールへ行ってひと泳ぎ。

建築物としても見応えあり

プールからマリーナ＆シティ・エリアを一望!

**POINT**

マリーナは徒歩で一周できる。距離はあるので、歩きやすい靴で。

### SIGHTSEEING

#### ②世界最大級の観覧車からマリーナの夜景一望

ホテルを出たら、マリーナ沿いを歩いてシンガポール・フライヤーへ。MBSを見下ろすグレートな眺めを楽しんで。

日没後に訪れるようにしよう

観覧車もライトアップ

カニは大きいので数人でシェアして食べよう

**DINNER**

#### ③夜景を見ながらチリクラブ

マリーナ沿いを移動して、マーライオンのそばにあるチリクラブの名店「パーム・ビーチ」へ。カニ＆シーフードに大満足!

カニ、タベ
イコウ～♪

種類豊富な海鮮を堪能

### NIGHT

#### ④マリーナベイ・サンズの屋上バーで乾杯!

ホテルに戻ったら、サンズ・スカイパークのバー「セ・ラ・ヴィ・スカイバー」でシンガポールスリングを。夜景を見ながらクールダウン。

**POINT**

光のショー、スペクトラも必見。時間をチェックしておこう。

テラス席をキープしたい

シンガポール生まれのカクテル

おつまみにぴったりなメニューがそろっている

東京23区とほぼ同じ広さしかない狭い国土のシンガポール。
それだけに、見どころがぎゅっと詰まっているのがいいところ。
MRTやタクシーを上手に利用すれば、濃密スケジュールも実現可能！
3泊5日でやりたいことを全て実現する、究極プランはこちら！

# 1日丸々セントーサ！
# アクティブに遊ぶ

2日目は、セントーサ島で一日を過ごす。朝イチでマー様詣でしたら、いざセントーサへ。思う存分遊びつくそう！

## SIGHTSEEING

### ①朝一番！
### マーライオンにご挨拶

マリーナをぶらぶら朝さんぽして、マーライオンへ。定番のおもしろ写真を撮ったら、セントーサ島へ移動しよう。

### POINT

朝食はホテルでとろう。一番人気はビュッフェレストランの「ライズ」。

マーライオンと一緒に記念撮影！

## LUNCH

### ③世界の
### ローカル料理をぱくり

ランチはリゾート・ワールド™・セントーサ内のフードコートへ。世界各国料理を扱う屋台がずらり。

## SIGHTSEEING ♪ ♪ ♪

### ②子どもも大人も楽しい
### 世界的人気テーマパーク

セントーサ島に渡ったら、ユニバーサル・スタジオ・シンガポール™へまっしぐら！朝ならまだ混雑も少ないはず。

> ミニオンズに会いに来て

### POINT

土・日曜は地元の人でとても混雑するので、平日がおすすめ。

アジアの料理もある

人気キャラのアトラクションがいっぱい！

シーフード・プラッター

グラスがパインのかわいいカクテル

## SIGHTSEEING

### ④セントーサ島で
### アクティビティ三昧！

島中央に移動して、アクティビティを楽しもう。一番人気は、ケーブルを使って山から一気に下りるメガジップ！

爽快感満点のメガ・アドベンチャー

## DINNER

### ⑤ビーチバーで
### カクテル＆ディナー

ビーチ・エリアに移動。おしゃれなビーチバー「タンジョン・ビーチ・クラブ」でディナー。南国カクテルと一緒にどうぞ。

## SIGHTSEEING

### ⑥ビーチで行われる
### ライトショーに大興奮！

アクティブな一日の締めくくりは、光と水のショーで。ショーのクライマックスには花火も上がって、興奮間違いなし！

光の造形も美しい

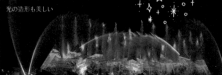

## 2日目

### AM

9:00　マリーナ
＜所要約30分＞

└ ①マーライオン・パーク
　→P.24

🚉 MRT12分、
　セントーサ・
　エクスプレス
　5分

10:00　セントーサ島
＜所要約11時間＞

└ ②ユニバーサル・
　スタジオ・シンガポール™
　→P.64

### PM

├ ③グルメパーク
　→P.63

├ ④メガ・
　アドベンチャー
　→P.67

├ ⑤タンジョン・ビーチ・
　クラブ
　→P.185

└ ⑥ウイングス・
　オブ・タイム
　→P.185

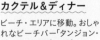 マリーナベイ・サンズにはほかにもさまざまなレストランがある。節約派ならベーカリー利用がおすすめ。　11

**AM**

**9:00　リバーサイド**
＜所要約30分＞
└ ①コモン・マン・
　コーヒー・ロースターズ
　→P.108

　タクシー20分

**10:00　カトン**
＜所要約1時間30分＞
├ ②ルマー・ビビ
│　→P.129
└ ②クーン・セン・
　ロード
　→P.178

　タクシー20分

**PM**

**12:00**
**オーチャード・**
**ロード**
＜所要約2時間30分＞
├ ③チャター
│　ボックス
│　→P.74
└ ④大型ショッピング
　センター
　→P.122

　タクシー30分

**15:00**
**シンガポール**
**動物園**
＜所要約8時間＞
├ ⑤リバーワンダー
│　→P.48
└ ⑥ナイトサファリ
　→P.44

# オーチャードと動物園
# 深夜までみっちり遊ぶ

シンガポールの最新と伝統にふれられる
刺激的な一日を。午後からは郊外に移動
して、2つの人気動物園をはしご！

**MORNING** →

### ①サードウェーブカフェで
### おしゃれに朝食

シンガポールでも人気急上昇中の
サードウェーブコーヒー。先駆けでも
あるコモン・マン・コーヒー・ロースター
ズで朝の一杯を楽しんで。

エッグベネディクトなど朝食も豊富

**LUNCH**

### ③ここが最高峰！
### チキンライスランチ

タクシーでオーチャード・
ロードへ。チキンライス四
天王の店で念願のチキ
ンライスをいただく。上品
な味に大感激！

シンガポール最高峰の味を
召し上がれ

**SIGHTSEEING**

### ⑥闇夜の動物園で
### ジャングル探検！

夜行性の動物たちは、昼間よ
りも元気！トラムやトレイルを駆
使して園内を回ろう。ショーも
忘れずチェック。

**SIGHTSEEING & SHOPPING**

### ②華麗なる
### プラナカン文化

タクシーでカトンへ移動し、優
雅なプラナカン文化にふれよう。
街並みを見学したあとは、陶器
などの雑貨を購入。

パステルカラーがかわ
いいプラナカン陶器

キュートなスプーン

クーン・セン・ロードでプラナカ
ン建築を見学

**SHOPPING**

### ④シンガポール随一の
### ショッピングストリート

ショッピングセンターが並ぶ
オーチャード・ロード。ファッショ
ンからスーパーまでそろうので、
おみやげはここで。

おみやげはここでゲットしよう

**SIGHTSEEING**

### ⑤世界の大河を回り
### パンダにごあいさつ！

買い物のあとは、郊外の動
物園へGO！まずはリバーワ
ンダーへ。愛らしいパンダに
も会える。

ジャイアントパンダの森は大人気

英語ガイドを聞きながら、トラムで一周！

トラなどが闇夜に浮かび上がる

**POINT**

動物園にはロッカーもあるので、
買い物した商品を預けておこう。

12

# 最終日はエスニックタウン
# 最後までたっぷり観光！

アジア各国からの移民が住むシンガポール。各国の文化を感じられる、エキゾチックな一日を過ごそう。

## MORNING

### ①コピティアムでローカル朝食

朝食はチャイナタウンにあるコピティアムで。カヤジャムを挟んだカヤトーストとコピでしゃきっとウェイクアップ！

温泉卵をつけて食べるのが地元流

## SIGHTSEEING

### ②中国寺院にお参り運気を上げる

中国寺院へ徒歩移動して、お参り。シアン・ホッケン寺院はシンガポール最古の中国寺院で、御利益も高いとのウワサ。

作法に則ってお参りを

## LUNCH

### ③リトル・インディアでカリーランチ

お次はリトル・インディアへ。ランチはもちろんカリーで決まり！ 南と北、どっちがお好み？

本場の味を楽しんで

魚の頭が入ったフィッシュヘッドカリー

## SHOPPING

### ④アラブ・ストリートで雑貨ハント

アラブ・ストリートは、ムスリムたちの街！ 実はたくさんの雑貨店があるショッピングエリアでもあるのだ。

雑貨店が並ぶハジ・レーン

トルコ雑貨店で見つけたキャンドルスタンド

アラビアンな刺繍が素敵なポーチ

## SIGHTSEEING

### ⑤未来型植物園に思わず感嘆！

マリーナへ戻ったら、最後はMBSの背後にある未来派植物園へ。人工ツリーに驚き、南国の花々に癒やされよう。

空中遊歩道もある

## DINNER

### ⑥盛り付けもキレイなフュージョン料理

ラストディナーは、ガーデンズ・バイ・ザ・ベイ内のレストラン。緑の中で繊細なフュージョン料理を堪能しよう。

緑に囲まれて食事を

## SIGHTSEEING

### ⑦旅の締めくくりはライトショーで

旅の最後は、スーパーツリーのライトアップ！ 帰国は夜便なので、ホテルに戻って荷物を受け取り空港へ向かう。

音楽に合わせてライトアップされる

### ✛半日あるなら…？

半日あるなら行ってみたいスポット。癒やし重視のラインアップ。

**シンガポール植物園へ**

シンガポール唯一の世界遺産である植物園。のどかな園内には南国の花々が咲き乱れ、地元の人の憩いの場となっている。

**ガーデンスパへ**

緑に囲まれたガーデンスパで、リラックスタイムを過ごしてはいかが？ 郊外にある物件が多いので、移動はタクシーを利用しよう。

---

## 4 日目

**AM**

**9:00 チャイナタウン**
＜所要約3時間＞
├─ ①ヤ・クン・カヤトースト
│　 →P.99
└─ ②シアン・ホッケン寺院
　　 →P.54

🚈 MRT6分

**PM**

**12:00 リトル・インディア**
＜所要約2時間＞
└─ ③ムトゥース・カリー
　　 →P.83

🚕 タクシー10分

**14:00 アラブ・ストリート**
＜所要約1時間＞
├─ ④スーフィー・トレーディング
│　 →P.175
└─ ④ユートピア
　　 →P.177

🚕 タクシー10分

**15:00 マリーナ**
＜所要約5時間＞
├─ ⑤ガーデンズ・バイ・ザ・ベイ
│　 →P.32
├─ ⑥マーガレット
│　 →P.97
└─ ⑦OCBCガーデン・ラプソディ
　　 →P.35

🚕 タクシー25分

**22:45 チャンギ国際空港**

そのほか、アフタヌーンティーやラッフルズ・シンガポールも人気のスポット。プランにうまく組み込んで。　13

これがあったら便利＆スマート

# ハレ旅のお供を準備する

半分は空にして、現地戦利品に備える！

## 3泊5日用のスーツケース

3泊5日なら、中〜大型のスーツケースを用意して。一年中半袖で過ごせるので、荷物は意外とかさばらずにすむ。機内預け荷物はサイズと重量制限があるので注意。

## Fashion

四季がなく、乾季（2〜10月）と雨季（11〜1月）に分かれる。雨季でも一日中雨が降るということはほぼなく、数度のスコールが降る。屋外が非常に暑い半面、室内はクーラーが利いて寒い。

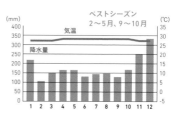

シンガポールの月別平均気温・降水量

ベストシーズン
2〜5月、9〜10月

気象庁平年値データ

3SCENE コーデNAVI

## Cosmetics

高級ホテルならアメニティはあるが、何も置いていない施設もある。事前に確認しておこう。

\ 100ml以上の液体は機内に /
持ち込めないので注意しよう！

**シャンプー＆リンス**

**クレンジング**

**日焼け止め**

**メイク用品**

**基礎化粧品**

いざとなったら現地のドラッグストアを利用。日系ブランドも多い

### 屋外

一年を通して半袖でOK！ 長ズボンの場合はリネンなど素材に工夫を

街なかを歩き回ることも考慮して、ビーサンなどはやめてスポーツサンダルを。帽子も必携だ

### 屋内

屋内はエアコンが利いていて寒い。1枚上に羽織って体温調節しよう

男性はシャツを持っていれば、少しかしこまったレストランに行くときなどにも使えるので便利

### スコール時

スコールはまさにどしゃぶり！ 傘だけだと荷物が守れないので、カッパがあると安心

やっぱり折りたたみが便利！

カッパはかさばらないものを。少しの雨なら、ナイロン素材のパーカーなどで代用してもOK

**パジャマ**

ホテルにガウンやナイティがないことが多いので、パジャマは持参するのが安心だ

**水着**

高級ホテルにはたいていプールがある。マリーナベイ・サンズに泊まる人は必携

出発日が決まったら、さっそく旅の準備スタート！
現地で慌てることのないよう、持っていくものはここでしっかり確認しよう。
あれもこれも持っていきたくなるけれど、現地調達も可能なのがシンガポールのいいところ。
最低限の必須アイテムを持ってハレ旅へGO！

## Money

お財布の中には、現金とクレジットカードを用意しておこう。両替は現地の空港でするのがベター。

予算は滞在日数
×
2.5万円

**現地で使うサブバッグ**

サブバッグには、パスポートや貴重品、ガイドブックなどを入れる。治安はいいが、チャイナタウンのパゴダ・ストリートやリトル・インディアなど人混みではスリに注意して、荷物を前にして持とう。

### クレジットカード
シンガポールは日本以上にクレジットカードが普及している。ホーカースや小さな商店以外ならたいてい使える。

### 現金
単位はS$（シンガポールドル）。現金は必要最低限の額を両替して持つのがベター。ホーカースやタクシーでは小額紙幣や小銭を用意しておこう。

**財布**

---

**3泊5日の平均予算　約25万円**

価格帯には幅があるので、あくまでも目安。

◎ **事前の出費**
航空券 … 7万～12万円
ホテル … 2万～（1日）

◎ **現地での出費**
🍴 … 5万円
🛒 … 2万円
🎵 … 1万5000円
📷 … 1万円
✨ … 2万円

## ...etc.

お金以外にも、パスポートや予約書類関係、旅をより快適にするアイテムを入れて持ち歩こう。

### パスポート
なくさないようしっかりと管理を。万が一のため、コピーも1部持参

### 航空券 or eチケット控え
eチケットは事前にプリントアウトして空港のカウンターで提示する

### 雨具
特に雨季は突然の雨（スコール）が多いので、折りたたみ傘を持ち歩こう

**カメラ**

**ハレ旅**

## ホテルに あるモノ・ないモノ

たいてい

**あるもの**

**バスタオル　　シャンプー**

**ドライヤー**

ほか、スリッパはホテルによってはある場合も

**ないもの**

### 浴衣・ナイティ
格安ホテルではまず置いていない。パジャマを忘れずに

### 歯ブラシ
衛生面やコスト面から置いていないことが多い

### リンス
シンガポールでは、リンスは置いていないことがある

**エコバッグ**
買い物袋は基本的に有料。エコバッグを持参して

**ウェットティッシュ**
ホーカースで食べるときやチリクラブには必須。ホーカースの席取りにも使える

---

🐜 シンガポールには、チューインガムは一切持ち込めない。持ち込んだのが見つかるとS$1万の罰金となるので気を付けて。

これがあればハレ旅の証！
# お宝戦利品を披露

---

**WEAR** 気軽に羽織れて見た目もかわいい

## ☐ ITEM 01 パシュミナ

インドの伝統手織り、パシュミナもシンガポールでゲットできる。一度身につけたら手離せなくなるほど、良質な肌触りが魅力。鮮やかな色使いや柄もかわいい！

価格帯：S$58〜

**🏠 この店へGO!**

GMギフト・オブ・セレニティ
→P.127

---

**WEAR** 南国らしさたっぷり

## ☐ ITEM 02 バティックワンピ

バティックをアレンジして販売する店も多く、値段もお手頃。繊細な柄を生かした洋服は、1枚で主役になる。たくさん種類があるので、誰とかぶる心配もなし！

価格帯：S$100〜

**🏠 この店へGO!**

トッコー・アルジュニード→P.133
ウェリー・バティック・ファッション→P.133

---

**GOODS** 大人気のキャラをお持ち帰り

## ☐ ITEM 03 動物園グッズ

シンガポール動物園の売店には、オリジナルアイテムがたくさん！オランウータンのぬいぐるみは、一番人気の品。帽子やTシャツは旅の思い出にもぴったり。

価格帯：S$29〜

**🏠 この店へGO!**

シンガポール動物園
→P.38

---

**GOODS** カラフルイラストにひと目惚れ！

## ☐ ITEM 04 ドローイングプレート

地元デザイナーがシンガポールの生活シーンを描いたプレート。小さなお皿にニョニャ・クエ（プラナカン菓子）が描かれていて、ローカルの食文化を感じられる。

価格帯：S$30〜

**🏠 この店へGO!**

ヤニドロウ＆フレンズ→P.139

---

**GOODS** とびきりラブリーな器

## ☐ ITEM 05 プラナカン陶器

多彩なパステルカラーが華やかなプラナカン陶器。値段は少し高めだけれど、あまりのかわいさに魅了される人続出！インテリアとして飾っておくのもおすすめ。

価格帯：S$40〜

**🏠 この店へGO!**

ルマー・ビビ→P.129
トゥルー・ブルー・ショップ→P.129

---

**GOODS** 繊細なアートガラスにぞっこん！

## ☐ ITEM 06 香水瓶

キラキラ輝くガラス製の香水瓶は、見ているだけでときめく。定番から動物モチーフまで種類もたくさん。かなり割れやすいので、持ち帰るときは細心の注意を！

価格帯：S$15〜

**🏠 この店へGO!**

ジャマール・カズラ・アロマティックス
→P.130

---

**GOODS** 願いを込めて、神様ひとつ

## ☐ ITEM 07 ガネーシャ

リトル・インディアの店でよく目にする、学問や商売の神様として有名なガネーシャの像。リトル・インディアのショップは、お手頃でかわいい神様グッズがたくさん。

価格帯：S$25〜

**🏠 この店へGO!**

GMギフト・オブ・セレニティ→P.127
セルヴィス→P.173

---

**GOODS** 定番にひとひねりを

## ☐ ITEM 08 マーライオンの箸置き

和食器と相性バツグンの、マーライオンの箸置き。置物だけに限らず、文房具やバッグ、チョコレートなど、さまざまな姿にアレンジされたマーライオングッズが豊富。

価格帯：S$5〜

**🏠 この店へGO!**

メリッサ→P.142
ファー・イースト・ファイン・アーツ→P.143

多民族国家のシンガポールらしい、ディープな品ぞろえが魅力。
それぞれの国へ行かずして、バティックやガネーシャ像など本場のアイテムがゲットできる。
紹介する16個の商品もインド、マレーシア、アラブ、中国などさまざま！

---

**FOODS** シンガポーリアンのソウルフード

☐ **ITEM 09 チキンライス**

おうちで簡単にチキンライスが作れる素も人気！チリクラブやビリヤニの素などもあり、恋しくなったらいつでもローカルフードの味を再現できる。手頃な値段も魅力！

価格帯：S$8〜

🏠 **この店へGO!**

ムスタファ・センター→P.124
コールド・ストレージ→P.144

---

**FOODS** ローカル味の即席ラーメン

☐ **ITEM 10 カップヌードル**

ご当地カップヌードルのシンガポールバージョン。チリクラブ（上）とペッパークラブ（下）。どちらもピリッと辛く、濃厚な味！ちなみに、カニは入っていない。

Nice

価格帯：S$2〜

🏠 **この店へGO!**

コールド・ストレージ→P.144
フェア・プライス→P.145

---

**FOODS** スリランカの定番紅茶

☐ **ITEM 11 ディルマ紅茶**

スリランカでポピュラーなディルマ紅茶は、格安で手に入る。定番のセイロンのほか、フレーバーティーなどバリエーション豊富。こちらはハーブ入りのティーバッグ。

価格帯：S$10〜

🏠 **この店へGO!**

コールド・ストレージ→P.144
フェア・プライス→P.145

---

**FOODS** ヤミツキになる人続出中！

☐ **ITEM 12 ソルテッドエッグ・フレーバーチップス**

ソルテッドエッグ（アヒルの卵の塩漬け）味のチップス。ベーシックなポテトチップスのほか、白身魚の皮を揚げたフィッシュ・スキン、キャッサバの3種類がある。

価格帯：S$10〜

🏠 **この店へGO!**

コールド・ストレージ→P.144
フェア・プライス→P.145

---

**FOODS** パックなら持ち帰りも楽々！

☐ **ITEM 13 漢方スープ**

体をデトックスしてくれる、本格的な漢方スープが作れるセット。おみやげにちょうどいいサイズなのもうれしい！パッケージに効能が表示され分かりやすい。

価格帯：S$11〜

🏠 **この店へGO!**

ユー・ヤン・サン→P.157

---

**FOODS** 美肌に効く最強ドリンク

☐ **ITEM 14 ツバメの巣ジュース**

飲み切りサイズの、ツバメの巣ドリンクは全5種類。同じ種類を6本まとめて買うと値引きサービスもある。肌のほか、胃や肺にもよいとされ、男女問わず人気。

価格帯：S$5.40〜

🏠 **この店へGO!**

ドラゴン・ブランド・バーズ・ネスト
→P.119

---

**SHOES** 安くてかわいい！

☐ **ITEM 15 ぺたんこサンダル**

一年中常夏のシンガポールは、サンダルが手放せない。地元女子行きつけの、おしゃれでリーズナブルなサンダルを買える店がたくさん！フラットタイプが多い。

価格帯：S$50〜

🏠 **この店へGO!**

チャールズ・アンド・キース→P.136
プリティ・フィット→P.136

---

**COSMETIC** バラマキにも使える安さ！

☐ **ITEM 16 アーユルヴェーダ石けん**

インドの伝統医学である、アーユルヴェーダの石けん。ナチュラルな素材を使っているので肌に優しく、女性へのおみやげに喜ばれる。バラマキみやげにおすすめ。

価格帯：S$1.50〜

🏠 **この店へGO!**

オム・アーユルヴェーダ→P.156
ジャヤム・ライジングスター→P.156

---

ムスタファ・センター（→P.124）にも石けんをはじめとするアーユルヴェーダコスメがバラエティ豊かにそろう。

# HARETABI NEWSPAPER

海外旅行先としてますます人気が高まっているシンガポール。現地の流行やリニューアル情報など、旬のニュースを出発前にチェック！

HARETABI NEWS

## シンガポール動物園そばに 新しいパークがお目見え！

TOURISM

**鳥たちの楽園、バードパラダイスがトレンド**

シンガポール動物園、ナイトサファリ、リバーワンダーとテーマの違う3つの動物園に、バードパラダイスが仲間入り。一躍人気スポットに。

鳥へのエサやりもできる

**2023年 11月 OPEN**

世界の鳥たちに出会える

### バードパラダイス
**Bird Paradise**

約3500羽もの鳥たちを飼育するバードパーク。世界中の鳥類を8つのエリアで放し飼い展示。ブリッジを歩きながら、鳥たちに接近できる。

>>>P.49

**進化は今後も止まらない！**

シンガポール動物園、ナイトサファリ、リバーワンダー、バードパラダイスを運営するマンダイ・ワイルドライフ・リザーブでは、今後も新たなパークの開園やホテル開業も予定している。

鳥についての生態を知るプレゼンテーションも

レストランもあり、ゆっくり過ごせる

## ますますパワーアップする ユニバーサル・スタジオ・シンガポール

TOURISM

セントーサ島内のテーマパーク

### ユニバーサル・スタジオ・シンガポール
**Universal Studios Singapore**

ミニオン・ランドには、ユニバーサル・スタジオ・シンガポール限定のオリジナルアトラクションが登場するほか、ファンに大人気の没入型モーション・シミュレーターライド「ミニオン・ハチャメチャ・ライド」や、ミニオンをテーマにしたおみやげ店や飲食店も登場予定。

>>>P.64

**OPEN 予定**

「イルミネーションのミニオン・ランド」がニューオープン予定

映画『怪盗グルーの月泥棒』がテーマのミニオンエリアがシンガポールに初登場！ミニオンたちと触れ合ったり、アトラクションで盛り上がろう！

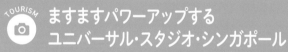

ILLUMINATION'S

Credit: Universal Parks & Resorts

## シンガポール一高いビルの展望台が無料開放！

**リバーサイドの高層ビルから マリーナエリアを見渡す**

シティ・エリアにそびえる高さ約280mの高層ビル、キャピタスプリング。2021年に完成し、上部の空中庭園と屋上展望台が開放された。

空中庭園を散歩しよう

緑に覆われた都会のオアシス
### キャピタスプリング・スカイガーデン
**CapitaSpring Skygarden**

一般開放されているのは、17〜20階の空中庭園、グリーン・オアシスと51階の展望台。無料で利用できるので、ぜひ寄ってみて。

モダンなデザインにも注目して

🌳88 Market St. ☎なし ⏰8:30〜10:30、14:30〜18:00
㊡土・日曜 ㊫無料 🚇MRTラッフルズ・プレイス駅から徒歩3分
シティ ▶MAP 別P.8 A-2

### ビル内のホーカース
キャピタスプリングの下層2〜3階はホーカースになっている。安くておいしいローカルフードが味わえ、ほかのホーカースに比べて清潔なのもうれしい。

## 生搾りオレンジの自販機が大ブームに！

**おいしくってリーズナブル 本格オレンジジュースを お手軽に**

シンガポールでは今、「ユニーク自動販売機」が大ブーム。特に人気でよく見かけるのが、生搾りオレンジジュース。お金を入れれば作動して、4個分のオレンジを搾り紙コップで出てくる。料金は場所によって変わり、S$2〜。

---

### アフターコロナのシンガポールを知る

#### 入国カードがオンライン化
シンガポールでは今まで紙の出入国カードを係員に提出していたが、オンライン登録の「SGアライバルカード」に変更。日本出国前に登録しておけば、スムーズに入国できる。

>>>P.193

#### キャッシュレス化が進む
コロナ以降、シンガポール国内ではキャッシュレス化が急速に進み、リゾート・ワールド™・セントーサなど一部ではカード支払いのみの場合も。旅行の際は必ず持っていくこと。

>>>P.201

#### ホーカースの食器返却が義務に
ホーカースやフードコートでは食べたあとの食器はテーブルにそのまま置いておけばOKだったが、2021年から返却が義務化。食器やゴミは指定の場所へ。従わなければ罰金刑も。

>>>P.85

#### スマートデバイスは必須！
レストランの中にはQRコードを読み込みオーダーするなど、非接触型の店舗が急増。タクシーもアプリで呼ぶのが主流。スマートフォンなどの端末を使えるように準備しておこう。

>>>P.197

未来型植物園で"運命の出会い！"の巻

# TOURISM

# シンガポール「観光」事件簿

観光を安全＆快適に楽しむうえで知っておきたい、ローカルの交通ルールやマナーをご紹介。

## 事件ファイル 1

### たった5分乗っただけなのに、タクシー料金がS$20も!? ボラれたかな…？

マリーナベイ・サンズからオーチャードへ。タクシーのメーター表示では直前までS$10となっていたのに、いざ請求になったらS$20にアップ！S$10の差額はどこからきたの？

### 解決！

#### 乗る場所や通る道、時間により料金が加算される場合も

タクシーには、乗降する場所によって料金が加算されるロケーションチャージがある。また、オーチャードに行くにはERPという通行料金自動課金所を通過する。オーチャードへはそのERPを数カ所通るので、S$10の差額が出るというワケ。

#### 🔭 ロケーションチャージ一覧

| | |
|---|---|
| シティ・エリア | S$3 (17:00～23:59のみ) |
| リゾート・ワールド ™・セントーサ | S$3 |
| チャンギ国際空港 | S$6～8 |
| ガーデンズ・バイ・ザ・ベイ | S$3 |
| シンガポール動物園 | S$3 |
| タナ・メラ・フェリーターミナル | S$3 |
| マリーナベイ・サンズ | S$3 (日曜、祝日の6:00～16:59のみ) |
| シンガポール・エキスポ | S$2 |
| マリーナベイ・クルーズ・センター | S$3～5 |
| ERPチャージ | S$1～3 |

---

### 知っておきたいルールとマナー

#### ☑ タクシーの表示灯について

タクシーの屋根の上に付いている電光掲示板には、今タクシーがどのような状態であるかが表示されている。主なものは以下の5つ。

| 表示 | 状態 |
|---|---|
| TAXI (緑) | 乗車OK |
| HIRED (赤) | ほかの客が乗車中 |
| BUSY (赤) | 事情により乗車不可 |
| SHIFT CHANGE (赤) | 仕事のシフトチェンジ中。場所によっては乗車OK |
| ON CALL (赤) | 呼び出され中 |

#### ☑ シートベルトは必ず締めよう

助手席はもちろん、後部座席でもシートベルトを締めなくてはならない。シンガポールではシートベルトを締めるか否かは自己責任。

ベルトを忘れずに

## 🔍 事件ファイル**2**

### Tシャツ、ショートパンツで
### 寺院に入ろうとしたら「No」と言われた

リトル・インディアにあるヒンドゥー寺院に入ろうとしたところ、大声で「No！」と制止された！ ほかにも観光客がいて、普通に内部見学しているのに、私だけどうしてなの？

### 解決！

#### 露出の多い服の場合は、
#### 入り口でショールを借りよう

日本では普通の格好でも、特にヒンドゥー寺院とモスクでは露出の多い服と見なされる。寺院は神聖な場所なので、そういった格好での見学はNG。入り口そばでショールを借り、身につければ入場可。

---

#### 知っておきたいルールとマナー

#### ☑ 寺院内は土足禁止

ヒンドゥー寺院とモスクの場合、建物内部は全て土足禁止となっている。寺院の外にシューズラックがあるので、そこで靴を脱いで裸足になってから内部へ入ること。日差しに照らされた場所は床がかなり熱くなっているので、ヤケドしないように注意して。

#### ☑ 内部では静粛に。写真はOK

その宗教の信者にとって、寺院はとても神聖な場所。たいていの寺院は見学できるが、内部では静粛にすること。入場料は無料がほとんどだが、神聖な場所にお邪魔させてもらっているくらいの気持ちで寄付を。写真撮影は、注意書きがない限り問題ない。

#### ☑ 見学場所は男女別の場合も

特にイスラム教の寺院であるモスクは、信者であっても男女の礼拝所が分かれている。観光客が見学できる場所も男女で違う場合が多い。モスクによっては女性は中に入れない場合も。最も有名なスルタン・モスクは男女とも同じ場所が見学できる。

---

## 🔍 事件ファイル**3**

### 地下鉄で水を飲んだら
### 罰金を請求された！

シンガポールは、最高気温30℃オーバーの灼熱の地！ 少し歩いただけで喉はカラカラ。涼しいMRTに乗ってほっとひと息、ペットボトルの水を飲もうとしたら、なんだかすごい騒ぎに！

### 解決！

#### シンガポールでは、
#### 公共交通機関での飲食は厳禁

MRTの車内では、一切の飲食が禁止されている。違反し見つかるとS$500〜の罰金が請求される。車内だけでなく駅の構内も全エリア飲食禁止となっているので、くれぐれも気を付けて。

---

#### 知っておきたいルールとマナー

#### ☑ 街なかでのゴミ捨てはNG

よく知られていることだが、シンガポールでは街なかでのゴミ捨ては禁止で、最高S$1000の罰金となる。道路に唾や痰を吐く行為も罰金となる。チューインガムは噛むことすら許されておらず、販売もされていない。国内持ち込みも禁止されている。

#### ☑ 公共エリアはすべて禁煙

シンガポールでは、公共の場所はすべて禁煙。ホテルの部屋やレストランなどもすべて禁煙なので気を付けて。また、タバコを海外から持ち込む場合、紙タバコ1本から課税対象となる。入国時に申告しなかった場合は、最高S$5000の罰金となる。

---

🚕 タクシーではS$50以上の高額紙幣で支払う場合、まれにお釣りが出せない場合も。あらかじめ小額の紙幣や小銭を用意しておくと安心。

シンガポール政府公認！

# 4匹のマーライオンに会いたい！

シンガポールのシンボルといったら、もちろんマーライオン。実は、シンガポールにはマーライオンが4匹もいる。全匹制覇で、目指せマーライオンマスター！

*Merlion*

頭はライオン、体はサカナ
不思議な動物、マーライオン

ライオンの頭
たてがみがたくましい雄のライオン。
口からは水を噴射している

胴体は魚
作ったのは地元彫刻家のリム・ナン・セン。鱗や尻尾まで仕事が細かい！

台座は海
海の色や波を、ブルーグラデーションのタイルで表現している

ここから見る！

**Merlion 1匹目**

## マーライオン・パークのマーライオン

最も有名なマーライオン。港を挟んだ対岸のマリーナベイ・サンズと並び、シンガポールのシンボル的存在。

---

[ 🔭 360度マーライオンWATCH！ ] 前から横から後ろから、マーライオンをウォッチング！

**Front** 実は最もレアショット！

リバークルーズ（→P.29）でしか見られない

船は水しぶきがかかりそうなほど近くに接近

**Side** 顔をじっくり見るならこの角度

像の背後にそびえる高層ビルもよく見える

反り返り丸まった尻尾の形がとてもキュート！

**Back** キュートなうなじに注目♡

対岸にはあのマリーナベイ・サンズが望める

流行のショートボブがとってもお似合い！

---

シンガポールのシンボル的存在

## マーライオン・パーク
Merlion Park

2匹のマーライオンが立つ港沿いの一帯のエリア。公園と名が付いているものの、芝生や広場、遊具などはない。マーライオンのすぐ横に桟橋が架けられており、そこから撮影するのがベスト。

**🦁 Merlion DATA**

高さ：8.6m
アクセスの容易さ：★★★
マニアック度：★

🏠 One Fullerton
🕐 24時間
㊡ 無休
💴 無料
Ⓜ MRT ラッフルズ・プレイス駅から徒歩9分

マリーナ ▶ MAP 別 P.8 C-1

**What is**

## マーライオン

マーライオンとは何なのか、素朴な疑問を解決！

**マーライオンって何？**
上半身がライオン、下半身が魚の空想上の動物。建国の伝説にあるライオンと「Mer＝海」を表す魚を合わせた。

**マーライオンの伝説**
マレーシアの王が現在のシンガポールの地を目指し航海に出るが海が荒れてしまう。王冠を海に投げると静まり目的地へ到着。王の前にライオンが現れ、その地を治めることを許した。

マウント・フェーバー・パークにはマーライオン伝説を描いたパネルがある

### Merlion 2匹目

## マーライオン・パークのミニマーライオン

元祖マーライオンのすぐ後ろで、小さなマーライオンを発見！元祖と同じリム・ナン・センにより作られたもので、親子みたいなかわいらしさ。

**後ろに親マーライオン**
マーライオンのすぐ後ろ、背中合わせの形になっている

**小さくても ディテール良**
同じ彫刻家が作っただけあって、その細かさは元祖にそっくり！

**Merlion DATA**
高さ：2m
アクセスの容易さ：★★★
マニアック度：★

---

**セントーサ島がよく見えるよ〜**

**優しい顔のイケメン**
ほかよりも優しい目をしており、体もこぢんまりしている。

**土台も真っ白**
着色されておらず、うねる波を表現した海の部分も白い

**麓からはハイキングで約20分**

### Merlion 3匹目

## マウント・フェーバー・パークのマーライオン

3匹目はマウント・フェーバーというセントーサ島を望む山の上で捕獲！マーライオンに触れられるのは、ここだけのレア体験。

市民憩いの山の公園
## マウント・フェーバー・パーク
Mount Faber Park

海抜100mの丘の上に広がる公園。展望台のほか、マーライオン伝説から近代まで、シンガポールの歴史を振り返るパネルもある。

🕐 24時間 🈺 無休
💰 無料
🚇 MRTハーバーフロント駅から徒歩20分
郊外 ▶ MAP 別 P.6 B-3

**マーライオンと肩組んで記念撮影☆**

**Merlion DATA**
高さ：3m
アクセスの容易さ：★
マニアック度：★★

---

### Merlion 4匹目

## シンガポール観光局のマーライオン

最後の1匹はシンガポール観光局で発見！その姿はかなりマーライオン離れしている。

シンガポール観光のことはおまかせ！
## シンガポール観光局
Singapore Tourism Board

シンガポールの観光を担う政府施設。敷地内の内庭にあるマーライオンは見学自由。内部にはビジターインフォメーションはあるが、観光案内所はない。

🏠 1 Orchard Spring Lane
☎ 6736-6622
🕐 24時間
🈺 無休
💰 無料
🚇 MRTオーチャード・ブールバード駅から徒歩1分
www.stb.gov.sg
オーチャード・ロード ▶ MAP 別 P.20 A-2

**Merlion DATA**
高さ：3m
アクセスの容易さ：★★
マニアック度：★★★

敷地内は自由に入れる

ライオンというよりは猫っぽい。鱗はあるが、尻尾は確認できず

TOURISM

マーライオン

ガーデン＆植物園

マリーナベイ・サンズ

夜景＆ショー

動物園

エスニックタウン

パワスポ

フォトジェスポット

現代建築

もやもやスポット

セントーサ島

祝☆シンガポール初の世界遺産登録

# シンガポール植物園でまったり

2015年、シンガポール初の世界遺産が誕生。それが、シンガポール植物園。
ここは、昔も今もローカル憩いの場。一緒にのんびり過ごしてみて。

緑と花に囲まれる
都会派ガーデンで
とことんまったり

Singapore
Botanic Gardens

南国の花々が咲き誇る

## シンガポール植物園
Singapore Botanic Gardens

1859年に開園した広大な植物園。園内にはいく
つものテーマ別ガーデンのほか、3つの湖や広
場、森の中を進むトレイルがある。レストランや
カフェも点在し、1日ゆっくりと過ごせる。

⌂1 Cluny Rd. ☎1800-471-7300
⏰5:00~24:00 無休 無料
🚃MRTボタニック・ガーデンズ駅から徒歩1分
www.nparks.gov.sg/sbg
郊外 ▶MAP 別P.6 A-1

ナショナル・オーキッド・ガーデンにあるランの花のア
ーチ。生い茂る緑の中を歩いてリフレッシュしよう!

のんびり
おさんぽ。

入り口の門も
ボタニカル柄

## 園内MAP

ナショナル・オーキッド・ガーデン
ジンジャー・ガーデン
シンフォニー・レイク
ブキ・ティマ・ゲート
Bukit Timah Gate
MRTボタニック・ガーデンズ駅
ハーブ&スパイス・ガーデン
ハリア・レストラン
サン・ガーデン
ビジターセンター(ガーデン・ショップ)
タングリン・ゲート
Tanglin Gate
ヒーリング・ガーデン
エヴォリューション・ガーデン
エコ・レイク

❓…インフォメーション　🚻…トイレ　🏠…休憩所

園内MAP

Evolution Garden

## Model Route

園内を1日でくまなく回る
のは難しい。行く場所を
絞って観光しよう。

Start!

MRTボタニック・ガーデンズ駅
→徒歩8分→ ヒーリング・ガーデン
→徒歩15分→ ナショナル・オーキッド・ガーデン
→徒歩5分→ ハリア・レストラン
→徒歩1分→ ジンジャー・ガーデン
→徒歩1分→ ビジターセンター(ガーデン・ショップ)
→徒歩24分→ MRTボタニック・ガーデンズ駅

Goal!

📷

TOURISM

マーライオン

ガーデン＆植物園

マリーナ・ベイ・サンズ夜景＆ショー

動物園

エスニックタウン

パワスポ

フォトジェスポット

現代建築スポット

もやもやスポット

セントーサ島

ジンジャー・ガーデン

# まったりプラン in シンガポール植物園

いくつかのテーマ別ガーデンを回り、あとはひたすらのーんびり。
植物園を楽しむのに、忙しいプランは必要なし。

たくさん写真を撮ってね☆

## テーマ別 ガーデン を回る

園内には、最も有名なナショナル・オーキッド・ガーデンのほか7種類のガーデンがある。ぜひ訪れたい個性派ガーデンはこちら。

### 世界の蘭の花が一堂に！
### ナショナル・オーキッド・ガーデン
### National Orchid Garden

シンガポールの国花であるオーキッド（ラン）のガーデン。園内には1000の原種、2000の交配種が咲き、ラン園としては世界最大級の規模。

🕐8:30〜19:00（最終入場18:00）
🈚 無休　🈺 大人 S$15、学生・シニア S$3、子どもは無料

ハリア・レストランの目の前にジンジャー・ガーデンが広がる

ヒーリング効果のあるハーブなどが生い茂る

GO GO!!

ナショナル・オーキッド・ガーデン
ランで彩られた入り口。別途入場料がかかる

ヒーリング・ガーデン

ガーデンの見えるテラス席がおすすめ

### シンガポール人の
### 日常を観察してみる

シンガポール人は、自然の中で過ごすのが大好き！週末にはファミリーから若者、おじいちゃん、おばあちゃんまでたくさんのローカルが集まり、思い思いの休日を過ごしている。

①

### 緑の中のカフェで
### リラックス

シンガポールで1日屋外にいるのはかなりきつい。そんなときはレストランやカフェに逃げ込もう。どこも自然に囲まれた絶好のロケーション。

ダイ・ダイ・マスト・ハブ・チョコレート
S$12

ガーデン見ながらカフェタイム
### ハリア・レストラン
### The Halia Restaurant

豊かな木々に囲まれた場所に立つ、ガーデンレストラン。テラス席から見えるジンジャー・ガーデンよりインスパイアされたメニューがユニーク。

☎ 8444-1148　🕐12:00〜14:45LO、18:00〜20:30LO
🈚 無休　thehalia.com

②

持ち込みもOKよ！
③

### 植物園の限定グッズを
### お持ち帰り！

園内に数カ所あるギフトショップでは、さまざまなおみやげを販売している。狙い目は、植物をモチーフにしたオリジナルのグッズやポストカードなど。

S$30.90
オリジナルのハーブティ

S$23.90
ブックマーク

おみやげはここで購入！
### ガーデン・ショップ
### Gardens Shop

ビジターセンター併設のギフトショップ。オリジナルから植物図鑑、写真集まで豊富な品ぞろえ。

☎ 6467-0380　🕐8:30〜19:00　🈚 無休

①ハイキングしている人もたくさん！　②シンフォニー・レイクに浮かぶ屋外ステージではコンサートが開かれる　③ピクニックやパーティーをする人たちでにぎやか

🌿 エヴォリューション・ガーデンでは、地球の誕生から現代まで、植物の進化の過程を学べる。時間があればぜひ。

歴史漂うシンガポール川から近未来のマリーナへ！

# リバークルーズでタイムトリップ

レトロな木の船に乗って、のんびりとクルーズ。過去から未来へと、建物が移り変わるのがおもしろい

**START**
🔵 clarke quay

夜になると飲食店の明かりが灯りロマンチック

### クラーク・キー
### Clarke Quay

昔の建物をリノベーションしたパブやバー、レストランが密集した、にぎやかなエリア。19世紀後半から商業の中心として親しまれてきた。

クラーク・キー

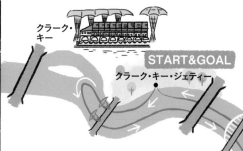

クラーク・キー

**START&GOAL**
クラーク・キー・ジェティー

 **What is**

## シンガポール川

マリーナ湾に向けて流れる川。飲食店が集まるリバーサイドを通り中心部まで続く。かつては交易の中心であり、シンガポール発展の歴史が詰まっている。

### クルーズの種類

#### デイクルーズ
昼間に運航する。カラフルな屋根、行き交う人々などリアルなシンガポールの風景を楽しめる。

#### ナイトクルーズ
夜は高層ビルや建物の明かりが灯り幻想的な雰囲気に。マーライオンもライトアップされる。

#### レーザーショーを見る
マリーナベイ・サンズのレーザーショー、スペクトラ（→P.34）を船の上から見るなら、クラーク・キー・ジェティー発19:30や20:30のクルーズに乗るとよい。

ショップハウスを利用したバーやレストランがずらり

ボート・キー

### ボート・キー
### Boat Quay

かつて貿易の中心地として栄えていた。上階が住居になった店舗、ショップハウスを利用した飲食店が立ち並ぶ。

レトロな船がかわいい！

ボート・キーの反対側にはラッフルズ記念像（→P.163）やアジア文明博物館（→P.165）が見える

人気観光名所が点在するマリーナ。歴史ある建物と現代の建物が入り交じり、シンガポールの過去と現在を垣間見ることができる。地上とはひと味違う景色を船上から楽しもう！

## マーライオン・パーク
### Merlion Park

シンガポールといったら、やっぱりコレ！地上からは見られないレアな角度のマーライオンが撮影できる。(→P.24)

口から噴出される水しぶきを間近に感じよう

橋をくぐるときは、渡っている人に手を振ってあいさつしてみよう！

レトロな船で川を回る

## シンガポール・リバー・クルーズ
### Singapore River Cruise

木製のボートに乗り、クラーク・キーからマリーナまでをめぐるクルーズ。定番の観光名所やアイコンが点在する場所を、英語のガイドを聞きながら行く。進行方向に向かって右側の席のほうが景色がいい！

☎ 6336-6111　⑨13:00～21:00（金～日曜は10:00～）、1時間に1～2便運航　⑧無休　㉠大人S$28、子どもS$18　⑳MRTクラーク・キー駅から徒歩6分
rivercruise.com.sg
リバーサイド ▶ MAP 別P.13 E-2

スタート地点はクラーク・キー・ジェティー

### エスプラネード・シアター・オン・ザ・ベイ
### Esplanade Theatres on the Bay

大きなドーム型の屋根が個性的なシアター。形が似ていることから、ドリアンの名で親しまれている。(→P.59)

### エスプラネード・シアター・オン・ザ・ベイ

マーライオン

● フラトン・ホテル・シンガポール

シンガポール川に架かる橋の中で最も古いカヴェナ橋。1868年の建造

マリーナベイ・サンズ

ドリアンと呼ばれているおもしろい形の建物

## フラトン・ホテル・シンガポール
### The Fullerton Hotel Singapore

老舗ホテルも必見！コロニアル調の美しい建物は、ライトアップされるとさらに豪華さが増す。(→P.189)

堂々とそびえ立つ荘厳な老舗ホテル

## マリーナベイ・サンズ
### Marina Bay Sands

マリーナベイ・サンズの全貌を撮影できる、絶好ポイント。200mもの高さの迫力満点の建物に圧倒される！(→P.30・186)

水上から迫りくる建物の大きさを体感！

シンガポールの歴史が詰まった川をのんびりクルーズ！

クルーズ船はチャーターすることも可能。料金は30分S$600。船は45人乗り。

TOURISM

マーライオン

ガーデン＆植物園

マリーナベイ・サンズ

夜景＆ショー

動物園

エスニックタウン

パワスポ

フォトジェスポット

現代建築

もやもやスポット

セントーサ島

## 昼も、夜も楽しみいっぱい☆
# マリーナベイ・サンズ 200%満喫

シンガポールで泊まりたいホテルNo.1のマリーナベイ・サンズ（MBS）。
宿泊以外にも、楽しみはたくさん。一日中楽しいMBSへようこそ！

シンガポールのアイコン的存在

## マリーナベイ・サンズ
Marina Bay Sands

全客室数1850を誇るタワー型ホテル。タワーの上
に横たわる船のような形の建物は、全長150mと
広いプールや展望台、レストランが入ったサンズ・
スカイパーク。ホテルの詳細は（→P.186）。

🏠 10 Bayfront Ave. ☎ 6688-8868
Ⓧ MRTベイフロント駅から徒歩5分
www.marinabaysands.com
`マリーナ` ▶ MAP 別P.9 D・E-1・2

クリスタル・
パビリオン（サウス）
クリスタル・
パビリオン（ノース）
アートサイエンス・
ミュージアム
プロムナード・エリア
イベント・プラザ
ショッピング・エリア
ザ・ショップス アット
マリーナベイ・サンズ
ヘリックス橋
ライオン・ブリッジ
タワー1
ホテルタワー
タワー2
スカイパーク
展望台
チケット売り場
（地下）
タワー3
ガーデンズ・バイ・ザ・ベイへ

# Marina Bay Sands

建築家モシェ・サフディが設計した、シンガポールを象徴する建物。
宿泊者以外のメイン施設は、サンズ・スカイパークの展望台。

🧜 **How to**

## スカイパーク展望台への行き方

チケット売り場はタワー3の地下。チ
ケット購入後は専用のエレベーター
で56階まで上がる。

SANDS SKYPARK

サンズ・スカイパーク
中央が宿泊者用プール。一般客も利
用できる展望台やバー、レストランが
ある

近未来の
景色に感動！

タワー
3つのタワーが、地上
部分とスカイパークを
つなげている

ザ・ショップス
アット マリーナ
ベイ・サンズ
最新のショッピン
グセンターを併設

アートサイエンス・
ミュージアム
蓮の花のような建物は
ミュージアムだ

TOURISM

マリーナ・ベイ・サンズ
マーライオン
ガーデン＆植物園
夜景＆ショー
動物園
エスニックタウン
パワスポ
フォトジェスポット
現代建築
もやもやスポット
セントーサ島

# サンズ・スカイパークから街を見下ろす

スカイパークがあるのは、地上200m！まずは、展望台からマリーナ・エリアをぐるっと一望。

## 地上200mの展望台
## スカイパーク展望台 [DAY] [NIGHT]
SKYPARK OBSERVATION DECK

船の先端部分にあたる場所にある展望台。マリーナ・エリアはもちろん、東に広がるガーデンズ・バイ・ザ・ベイなど360度の眺望が楽しめる。

[エリア] タワー3 56階
⏰11:00～21:00（時期により変動） ㊡無休 ㊎大人S$32～36、シニア、学生、子どもS$28～32
[マリーナ] ▶MAP 別P.9 E-2

絶景だけど、思わず足がすくんじゃう

DAY TIME

昼の大パノラマ！シティエリアも見渡せる

NORTH SIDE
シンガポール・フライヤーが見える

EAST SIDE
東はガーデンズ・バイ・ザ・ベイ

プールはホテルゲストだけ！

### 🏊 CMに登場した天空プールで泳ぐ
サンズ・スカイパークの大部分を占めるのが、CMにも登場し話題を呼んだ「天空プール」。
インフィニティ・プール（→P.186）
[エリア] ホテル最上階57階

[DAY] [NIGHT]
ヤシの木が植えられたプールサイド

NIGHT TIME
夜の眺め。スペクトラのレーザーも間近

### 🏛 映え度MAX
### チームラボのミュージアムへ
マリーナ湾に突き出した蓮の花みたいな建物は、ミュージアム。チームラボによるデジタルアートを楽しめる。
アートサイエンス・ミュージアム（→P.56）
[エリア] プロムナード・エリア

[DAY]
最新のデジタルアートで写真を撮ろう！

### 🍸 絶景見ながら カクテルタイム
サンズ・スカイパークにあるバー。マリーナや天空プールを見下ろしながらカクテルや軽食を楽しめる。
セ・ラ・ヴィ・スカイバー＆クラブラウンジ（→P.104）
[エリア] タワー3 57階

NIGHT

南国らしいカクテルがそろう

### 🛒 最旬S.C.でショッピング
ハイブランドからシンガポールブランドまでさまざまな店が連なる巨大ショッピングセンター。
ザ・ショップス アット マリーナ ベイ・サンズ（→P.118）
[エリア] ショッピング・エリア

[DAY]

最旬のショップが入っている

### 🎆 光のショーに大興奮！
プロムナード・エリアのイベント・プラザで行われるレーザーショー。夜のメインイベント。
スペクトラ（→P.34）
[エリア] イベント・プラザ

対岸から見るのもおすすめ

NIGHT

### [MBS直結！] ガーデンズ・バイ・ザ・ベイ（→P.32）
マリーナのもう一つの観光スポットへは、直通のブリッジで10分。

未来型植物園

# ガーデンズ・バイ・ザ・ベイへ

シンガポールを代表する植物園は驚きの連続！植物と人工物の斬新なコラボは、まるで未来の世界に迷い込んだかのよう。最先端の植物園へGO！

バックに
マリーナベイ・サンズ
マリーナベイ・サンズの独特な形が写るとSF感がさらにUP！

スーパーツリー
高さ25〜50mの人工樹。表面は本物の植物が植えられている

人工ツリーが立ち並ぶ
これがウワサのSFガーデン

Gardens
by the Bay

マリーナベイ・サンズをバックに広がる植物園。敷地はとても広いので水分補給はしっかりと！

---

インパクト大の人工巨木がずらり

## ガーデンズ・バイ・ザ・ベイ
Gardens by the Bay

世界中のさまざまな植物を生態地域やテーマごとに展示している広大な植物園。約1万9000種以上、150万株を超える植物を栽培するほか、世界各国のアーティストが制作したオブジェなど見どころ満点。

🏠 18 Marina Gardens Dr. ☎ 6420-6848
🕐 5:00〜翌2:00　🈳 無休　🈯 無料
🚇 MRTガーデンズ・バイ・ザ・ベイ駅から徒歩3分
www.gardensbythebay.com.sg

マリーナ ▶ MAP 別P.9 F-2

園内MAP

フラワー・ドーム
🅡 マーガレット
シルバー・ガーデン
ゴールデン・ガーデン
スーパーツリー・グローブ
クラウド・フォレスト
MRTベイフロント駅へ
❓
❓
ベイフロント・プラザ
フローラル・ファンタジー
❓ メインゲート
スーパーツリー展望台
メドウ
MRTガーデンズ・バイ・ザ・ベイ駅
🚻 …トイレ
❓ …インフォメーション
シャトルサービス

 How to

ガーデンズ・バイ・ザ・ベイ

まずはメインゲートでパンフレットをゲットしよう。ベイフロント・プラザからフラワー・ドームまでは有料のシャトルサービスもある。

回り方のコツ！

入り口は3カ所
メインゲート、またはベイフロント・プラザの入り口が便利だ。

循環バスを活用！
シャトルサービスは1人 S$3。10分間隔で運行。

🍴 グルメスポットもたくさん！

レストランやダイニング、カフェ、ファストフードなど幅広くそろっている。

マーガレット (→P.97)

## 絶対見るべき3つのPOINT

広い園内は厳選して回るのがおすすめ。この3カ所は必見ゾーン！

マーライオン

ガーデン＆植物園

マリーナ・ベイ・サンズ

夜景＆ショー

動物園

エスニックタウン

パワスポ

フォトジェスポット

現代建築

もやもやスポット

セントーサ島

### Point.1

スーパーツリーを回る

吊り橋を渡ってドキドキ
ハラハラの空中散歩！

スーパーツリー上の空中遊歩道
## OCBC スカイウェイ
### OCBC Skyway

スーパーツリーを繋ぐ、22mの
高さにある空中遊歩道。長さ
128mの橋を渡りながら間近で
スーパーツリーを観察できる。

🕘 9:00～21:00
㊡ 月に一度メンテナンス休館
あり　㊐ 大人・シニア S$14、
子ども S$10

シンガポール建国50周年を記念して
贈られたフローラル・ウォッチ

スーパーツリーの
頂上の展望台
## スーパーツリー展望台
### Supertree Observatory

18本あるスーパーツリーのなかで最
も高いセンターツリーの屋上は展望
台になっている。

🕘 OCBC スカイウェイと同じ　㊐ 大人
S$14、子ども S$10

### Point.2

2つの温室に潜入！

涼しい！ひんやり温室を体験
## フラワー・ドーム・アンド・クラウド・フォレスト
### Flower Dome & Cloud Forest

地中海や亜熱帯などの植物を
展示するフラワー・ドームと、高
地に生息する植物を展示するク
ラウド・フォレスト。どちらも23
～25℃の室温でかなり涼しい。

お花が本当
にきれい♪

（上）フラワー・ドームは1.2ヘクタール
もの広さ　（下）落差35mの滝は上に
上れる。1日6回ミストタイムも開催

🕘 9:00～21:00
㊡ 月に一度メン
テナンス休館
あり　㊐ 大人 S$32、
子ども S$18（2館
共通）

### Point.3

花のトンネルを
優雅にお散歩

色とりどりの花に囲
まれ、おとぎの国に
迷い込んでしまった
かのよう

花に彩られる着夢空間
## フローラル・ファンタジー
### Floral Fantasy

MRTベイフロント駅のすぐそばにある温室。緩やかに
蛇行した道の天井からカラフルな花々が吊り下げられ、
SNS映えすると話題に。

🕘 10:00～19:00（土・日曜は～20:00）　㊡ 月に一度メン
テナンス休館あり　㊐ 大人 S$20、子ども S$12

🌿 メインゲートにはオフィシャルグッズを販売するショップもある。

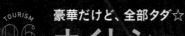

TIME
🕐 1時間

豪華だけど、全部タダ☆

# ナイトショーでアゲアゲ ♪♪♪

夜のマリーナ湾で行われる無料のナイトショーへ。無料だからって、侮るなかれ。SF映画の世界のような、大迫力の世界に浸ろう。

近未来のマリーナでまるで映画みたいな世界に浸る

アゲアゲ↑↑Point！
カラフルなレーザーをいっせいに照射。周囲も次々とライトアップ！

**横から見る**
マリーナを挟んだ対岸からレーザーショーを見ると、マリーナベイ・サンズ全体がショーの舞台となっているのが分かる

**下から見る**
プロムナード・エリアのウッドデッキ、イベント・プラザから。噴水のスクリーンにストーリー仕立ての映像を映す

夜のマリーナ湾を彩る
## スペクトラ
Spectra

マリーナベイ・サンズで行われる15分間のショー。最新技術に加え、新しく巨大なガラスの柱、プリズムを導入。光と水を反射させ繰り広げられる見応えのあるショーに釘付け！

☎ 6688-8868　㊷ 無料
🚇 MRTベイフロント駅から徒歩8分
www.marinabaysands.com

マリーナ　▶MAP 別P.9 D-2

**Schedule**
日～木曜 20:00、21:00
金・土曜 20:00、21:00、22:00

## ♪ Where is

### ショーを観るのはどこから？
スペクトラは、イベント・プラザと対岸から、最低2回は見たい。イベント・プラザは混み合うので、早めに席を確保しよう。

### Story of Spectra

多民族国家としての
シンガポール
シンガポールの多文化社会や歴史、文化的背景を、高さ12mものガラスプリズムと光り輝く噴水で比喩的に表現。

これからのシンガポール
水の幕に映る万華鏡や鳳凰、頭上を走るレーザー光線などが、シンガポールが発展する未来のイメージを描く。

TOURISM

マーライオン

ガーデン＆植物園

マリーナ・ベイ・サンズ

夜景＆ショー

動物園

エスニックタウン

パワスポ

フォトジェスポット

現代建築

もやもやスポット

セントーサ島

**アゲアゲ↑↑Point！**
音楽に合わせて12本のスーパーツリーが点滅を繰り返す。

**下から見る**
スーパーツリーを全て見られる場所に行けば、たくさんのスーパーツリーが音楽に合わせて点滅しているのが見られる

**上から見る**
OCBCスカイウェイはショーの間もオープン！ すぐ目の前で迫力あるショーを見たい人はぜひこちらへ！

スーパーツリーが音楽にのって踊り出す！

## OCBCガーデン・ラプソディ
### OCBC Garden Rhapsody

ガーデンズ・バイ・ザ・ベイで毎日2回行われる約15分のライトアップショー。スカイウェイから見る場合は別途入場料が必要となる。音楽は一定期間で変更され、何度見てもおもしろい。

**Schedule**
19:45、20:45

☎ 6420-6848
Ⓜ MRTガーデンズ・バイ・ザ・ベイ駅から徒歩9分
www.gardensbythebay.com.sg
マリーナ ▶ MAP 別P.9 F-2

---

🦁 **How to**

### 無料ナイトショーのスペクトラとOCBCガーデン・ラプソディをはしご

リミットは30分！

2つのショーの間は、わずか30分！ ただし、最短距離を移動すれば十分に間に合う。

**Step 1**
ショッピングセンター内へ
ショッピングセンターに入ったら、右手にある専用通路へ。

**Step 2**
ホテルの専用通路へ
タワー1の2階にある直通ブリッジへ。あとはひたすら真っすぐに。

**Step 3**
歩道橋を通ってガーデンへ
突き当たりに来たら、階段を下りスーパーツリーの下へ。

---

🌙 **まだまだある！ 無料のナイトショー**

**Schedule**
18:00〜22:00

次々に色を変える光とそれを映し出す噴水にうっとり

金運もアップするかも！？

### 富の噴水
### Fountain of Wealth

風水に基づいて造られた噴水。内側の噴水に触れるのは10:00〜12:00、14:00〜16:00、18:00〜19:30の3回。

♠ 3 Temasek Blvd. (サンテック・シティ・モール内)
☎ 6266-1502 Ⓜ MRTプロムナード駅から徒歩3分
sunteccity.com.sg
シティ ▶ MAP 別P.11 E-2

**Schedule**
20:00、21:00
(ライトアップは随時)

地上7階から一気に流れ落ちる

巨大な滝がショーの舞台に！

### HSBCライト＆サウンド・ショー
### HSBC Light & Sound Show

空港直結のショッピングセンター、ジュエル・チャンギ・エアポート（→P.196）の中心を流れる滝、レイン・ボルテックスで行われる光と音のショー。

♠ 78 Airport Blvd. ☎ 6956-9898 Ⓜ チャンギ国際空港に直結
www.jewelchangiairport.com
郊外 ▶ MAP 別P.5 F-2

# ベストルートはこれで決まり☆
# "世界一"の夜景をぐるり

マリーナベイ・サンズや高層ビルが取り囲むマリーナ・エリアは、今や世界一の夜景スポット！輝く光に包まれる、夜景さんぽにいざ出発！

きらめく夜景のマリーナ沿いに、ぐるっと一周

観覧車頂上からの眺め。マリーナベイ・サンズはもちろん、ガーデンズ・バイ・ザ・ベイ、高層ビル群まで見えるのはここだけ！

全面ガラス張りなので見晴らしバッチリ

夜景を一望する豪華観覧車
## シンガポール・フライヤー
### Singapore Flyer

マリーナ沿いにある、高さ165mの観覧車。全面ガラス張りのゴンドラに乗り、ゆっくりとマリーナ・エリアを一望できる。昼間でも絶景が見られるが、夜に乗るのが絶対におすすめ。

🏠 30 Raffles Ave. ☎ 6333-3311
🕐 10:00～22:00（最終入場21:30）
🈳 無休　💰 大人 S$40、子ども S$25
🚇 MRT プロムナード駅から徒歩8分
www.singaporeflyer.com

マリーナ　▶ MAP P.9 E-1

---

## How to

**観覧車乗車**　観覧車のチケット売り場は1階、乗り場は2階にある。

**Step 1**
チケットを購入
まずは専用のブースでチケットを購入。現金のほかクレジットカードも使える。

**Step 2**
2階ゲートから入場
階段で2階へ上がり、入り口へ。チケットを読み取ったら、バーを押して中へ入ろう。

**Step 3**
記念撮影！
乗車前に記念撮影。シンガポール・フライヤーや夜景との合成写真にしてもらえる（有料）。

**Step 4**
乗車して出発！
ゴンドラは28人乗りと広々しており、椅子もある。約30分かけてぐるりと一周する。

TOURISM

マーライオン

ガーデン＆植物園

マリーナベイサンズ

夜景＆ショー

動物園

エスニックタウン

パワスポ

フォトジェスポット

現代建築

もやもやスポット

セントーサ島

ヘリックス橋 Ⓐ
まるで宇宙を歩いているような気分に

観覧車もライトアップされている

ガーデンズ・バイ・ザ・ベイ Ⓒ
ライトショー以外でもライトアップされているスーパーツリー

マリーナベイ・サンズ Ⓑ
アートサイエンス・ミュージアムではプロジェクションマッピングが行われていることも

マーライオン・パーク Ⓔ
闇の中で白い姿がよく映える。夜でも水を噴き出している

UOBプラザ Ⓓ
マリーナ沿いの高層ビル群の灯りも色とりどりで美しい

## ヘリックス橋 Ⓐ
### Helix Bridge
マリーナベイ・サンズへ渡る歩道橋。ユニークならせん形のアーチは、DNAをイメージしたもの。

`マリーナ` ▶ MAP 別 P.9 E-1

## マリーナベイ・サンズ Ⓑ
### Marina Bay Sands
(→P.30)

━━ Light show ━━
20:00、21:00 (→P.34)

## ガーデンズ・バイ・ザ・ベイ Ⓒ
### Gardens By the Bay
(→P.32)

━━ Light show ━━
19:45、20:45 (→P.35)

## UOBプラザ Ⓓ
### UOB Plaza
マリーナ沿いに並ぶ高層ビルの中で最も目立つのが、United Overseas Bank (UOB) のビル。

`マリーナ` ▶ MAP 別 P.8 C-3

## マーライオン・パーク Ⓔ
### Merlion Park (→P.24)

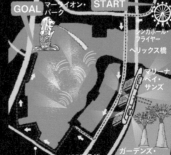

GOAL マーライオン・パーク　START

シンガポール・フライヤー
ヘリックス橋
マリーナ・ベイ・サンズ
UOBプラザ
ガーデンズ・バイ・ザ・ベイ

## Model Route
### Start!
マリーナ沿いに一周できる。ライトアップショーを組み込むなら、時間設定に気を付けて。 Goal!

 シンガポール・フライヤー → 徒歩10分 →  ヘリックス橋Ⓐ → 徒歩10分 →  マリーナベイ・サンズⒷ → 徒歩10分 →  ガーデンズ・バイ・ザ・ベイⒸ → 徒歩25分 →  UOBプラザⒹ → 徒歩15分 →  マーライオン・パークⒺ

上記の夜景散歩は意外と距離がある。休憩しながらのんびりと歩こう。

お隣同士のZooいつ行く？ どこ行く？

# 4つの動物園から行き先チョイス

シンガポールの郊外、マンダイ・ワイルドライフ・リザーブと
呼ばれるエリアに、世界的に有名な動物園がある。
そこには、個性の違う4つの動物園が隣り合う。
各園の特徴をつかんで、どこに行くか決めよう。

マンダイ・ワイルドライフ・リザーブ

市バス・
タクシー乗り場
UPPER SELETAR
RESERVOIR
Mandai Wildlife
WEST
市バス・
タクシー乗り場
シンガポール
動物園
約1km
Mandai Wildlife EAST
バード
パラダイス
ナイト
サファリ
リバー
ワンダー

## 見どころたくさん！
## 一日中楽しめる動物園

絶対会いたい！

アイドル
アニマル

### ホワイトタイガー＆
### オランウータン

真っ白な体と青い瞳が神秘的なホワイトタイガーは、一度は見たいレアな動物だ。「森の人」と呼ばれるオランウータンもすぐ間近で観察できる！

ZOO_1

## シンガポール動物園
## Singapore Zoo

4園の中で最も多くの種類の動物が見られる。お客さんによるエサやり体験や動物たちを見ながらの朝食、プレゼンテーションなど、楽しみはたくさん！

詳しくは（→P.40）

こんなことできます！

● レア＆アイドルアニマルに接近！
● 動物たちと朝食
● アニマルショーを見る
● キリンやサイへのエサやり

# 基本情報を確認！

4つの動物園の知っておきたい情報はコチラ。行き先選びに役立てて。

| | シンガポール動物園 | ナイトサファリ | リバーワンダー | バードパラダイス |
|---|---|---|---|---|
| 動物の種類 | 約300種以上4200匹以上 | 約100種900匹以上 | 約260種1万1000匹以上 | 約400種3500羽以上 |
| 広さ | 26ヘクタール | 35ヘクタール | 12ヘクタール | 17ヘクタール |
| 開園時間 | 8:30～18:00 | 19:15～24:00 | 10:00～19:00 | 9:00～18:00 |
| 所要時間 | 3～4時間 | 約3時間 | 約2時間 | 約2時間 |
| 入園料 | 大人S$48、子どもS$33 | 大人S$55、子どもS$38 | 大人S$42、子どもS$30 | 大人S$48、子どもS$33 |

## 隣り合う4つの動物園

マンダイ・ワイルドライフ・リザーブにある4つの動物園はそれぞれ隣接しており、シンガポール動物園、リバーワンダー、ナイトサファリの3つは歩いて行き来できる。バードパラダイスだけは少し離れているが、園内を循環するシャトルバスが利用できる。

### ACCESS

**タクシー**：中部から30分
**MRT＋市バス**：MRTのカティブ駅からマンダイ・ワイルドライフ・リザーブに行くシャトルバスが運行している。料金はS$2で、現金やカードのほかイージー・リンク・カードも利用できる。中心部からは1時間程度。ほか、チョア・チュー・カン駅から市バス927番、アン・モ・キオ駅から市バス138番でもアクセス可能。

### 便利な公式アプリ

マンダイ・ワイルドライフ・リザーブの公式アプリでは、地図のほかイベント、プレゼンテーションプログラムのスケジュールなどがチェックできる。

園内ではWi-Fiが使えるので、現地SIMがなくても利用できる

### チケットの購入について

チケットは基本、公式ウェブサイトまたはアプリでのオンライン購入となる。カード決済後送られてくるバーコード付きeチケットをスマホにダウンロードし、各園の入り口で提示する。

## ZOO_2 ナイトサファリ
### Night Safari

夜の動物たちの行動をウォッチング！

夜だけ開く動物園。なるべく人工の光を落とした園内で、動物たちの夜の姿を観察できる。ガイド付きのトラムや4つのトレイルで、園内を探検してみよう！

詳しくは（→P.44）

### こんなことできます！
- トラムに乗って園内を一周
- トレイルを歩いて動物観察
- アニマルプレゼンテーションを見る

絶対会いたい！
**アイドルアニマル**

### アジアゾウ

4トンを超える体重のアジアゾウのチャワン。4つの動物園で飼育されている中でも最も大きく、白い牙が闇夜でも目立つ。

---

アトラクションあり！
世界の大河を学ぼう

絶対会いたい！
**アイドルアニマル**

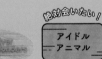

## ZOO_3 リバーワンダー
### River Wonders

目玉はジャイアントパンダ！世界の7大大河に暮らす魚を観察したり、小舟に乗ってアマゾン川付近に生息する動物を見に行くアトラクションも人気。

詳しくは（→P.48）

### こんなことできます！
- パンダに会う
- アマゾンリバークルーズで動物ウォッチ
- 世界の大河を回る

### ジャイアントパンダ

カイカイとジアジアのキュートな2頭にくぎづけ！同じドーム内でレッサーパンダも見られる。

---

**NEW!**

巨大な「鳥かご」

3500羽もの鳥たちが暮らす

## ZOO_4 バードパラダイス
### Bird Paradise

2023年にオープンした新しい施設。園内は10のエリアに分かれており、生息域の違う鳥たちを飼育している。カラフルでユニークな鳥たちを探してみよう。

詳しくは（→P.49）

### こんなことできます！
- カラフルなコンゴウインコとパシャリ
- 8つの放し飼いゾーンを歩く
- 鳥の羽ばたくプレゼンテーションを見る

TOURISM
マーライオン
ガーデン＆植物園
マリーナ＆ベイ・サンズ
夜景＆ショー
動物園
エスニックタウン
パワスポ
フォトジェスポット
現代建築
もやもやスポット
セントーサ島

暑い日中は動物たちも日陰にいることが多い。朝方や夕方のほか、降雨時に姿を見せる動物もいる。

TOURISM 09
TIME 🕐 7時間

知っていれば、動物園が200％楽しい！
# 動物の気になるしぐさをチェック

檻や柵を設けず、池や岩などで動物たちとのエリアを分けるシンガポール動物園。
のびのび暮らす動物たちをウォッチング！　観察ポイントはここ！

迷ったら
看板を見て

## 希少動物

### ▼ ホワイトタイガー

インドやネパールなどに生息するベンガルトラの白変種。全世界でも250頭ほどしか生息していないと言われている。

薄いブルーの瞳と白い体毛が特徴的。縞模様の色は黒や茶色

ユニークな行動を見逃さないで！

ここに注目！
世界4大珍獣の一つとして有名。夜行性で、夕方〜夜の間が活発。

泳ぎが得意。暑い日は体を冷やすために池に潜ることも

### ▲ コビトカバ

体長150〜170cmほどと小さく、陸での行動が多い。水槽では、水中に潜るときに耳と鼻の穴を閉じて入る様子が観察できる。

看板も動物付きでかわいい！

水分補給も忘れずにね

## 東南アジア固有種

ここに注目！
オスだけに生える長い牙は、自身の額へ刺さり死に至ることも。

### ▼ オランウータン

樹上生活を再現した園内には、赤茶色の体毛のスマトラオランウータンと、焦げ茶色の体毛のボルネオオランウータンの2種がいる。

### ▲ バビルーサ

インドネシアに生息しているイノシシの一種で、別名シカイノシシ。マレー語で「バビ」がブタ、「ルーサ」がシカを意味している。

赤みがかった体毛は長め。成長したオスはさらに長くなる

一生のほとんどを木の上で過ごし、地上には降りない

ここに注目！
強いオスほど鼻が大きいが、食事の際には邪魔なこともしばしば。

メスの鼻は小ぶりです！

基本的に単独行動を好むが、お母さんと子どもは一緒だ

### ▼ テングザル

実は泳ぎが得意で、なんと20mも泳ぐことができる。オスのみ大きく発達する鼻は、声を響かせたりメスへのアピールに役立つ。

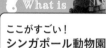

🦁 What is

## ここがすごい！
## シンガポール動物園

動物以外にもたくさんある、シンガポール動物園の人気のヒミツ☆

**自然に近い飼育環境**
動物が元来生息していた環境を再現することで、動物本来の生活スタイルを観察できるようになっている。

**檻がない？**
動物を檻や柵で囲わず、木々や岩、川などを生かしたエリア分けを行うことで、開放感たっぷりの園内に。

**アニマルベビーがいっぱい！**
絶滅危惧種の動物の保護・繁殖に力を入れている。2017年にはオランウータンやシロサイを含むたくさんの赤ちゃんが誕生した。

シンガポール動物園
園内MAP

300種4200匹以上の動物を飼育。
園内は徒歩のほかトラムでも回れる。

海原トラム
レインフォレスト・ファイトバック
RAIN FOREST Splish Splash
Splash Safari
アジアゾウ
トラム乗り場
プライメイト・キングダム
スプラッシュ・サファリ
トラム乗り場
ホワイトタイガー
オーストラリアン・ゾーン
コビトカバ
バビルーサ
テングザル
スンガイ・ブアヤ
タートル・シェルター
オランウータン
Ah Meng
アーメン・レストラン
爬虫類・両生類館
爬虫類・フォレスト
チーター
シロサイ
シロガオサキ
キッズ・ワールド
トラム乗り場
フラジャイル・フォレスト
ライオン
トラム乗り場
キリン
Singapore Zoo

◀ライオン

園内不動の人気者!

百獣の王と名高いライオンはいつでも人気。プライドと呼ばれる、オスを中心とした10数頭の群れを形成し、集団生活を営む。

狩りはメスライオンが中心。闇夜に紛れて獲物を襲う

体重の軽いメスや若いオスは木に登ることもあるとか

ここに注目!
走行時のトップスピードは、なんと時速112kmとも言われる。

血管が集まっている耳をパタパタと動かして風を送り体温を調節

鼻先にある指のような突起を使って小さなものも掴むことができる

▲チーター

目から口にかけてのびた黒いラインがチャームポイント。身体能力が非常に高く、たった3歩で時速60kmに達することができる。

▲アジアゾウ

小柄なメスでも体重は2トンを超える、世界で2番目に大きな陸上の動物。集団生活はメスと子ゾウだけで、オスは単独行動。

園内を回るトラムもあるよ!

## Model Route

おすすめルートを紹介! エサやりの時間は変更の場合も。

東南アジア最大の動物園

# シンガポール動物園
Singapore Zoo

自然環境を再現した園内と種類豊富な動物が人気の動物園。

🏠 80 Mandai Lake Rd.
☎ 6269-3411
🕗 8:30〜18:00　🈚 無休
🎫 大人 S$48, 子ども S$33
🚃 →P.39
www.mandai.com/en/singapore-zoo.html

郊外 ▶MAP 別P.4 C-1

Start!
9:00 / 10:00 / 10:30 / 11:30 / 12:00 / 13:15 / 13:50 / 14:30
Goal!
15:00

Event → Presentation → → → Feeding → Feeding → Presentation →

ブレックファスト・イン・ザ・ワイルド → コビトカバ、バビルーサ → スプラッシュ・サファリ → テングザル → ライオン、チーター → シロサイのエサやり → キリンのエサやり → レインフォレスト・ファイトバック → ホワイトタイガー

🌱 4園共通のお得なパス、4パークスチケットがある。料金は大人 S$118, 子ども S$90で、購入日含む7日間有効。

41

TOURISM
マーライオン
ガーデン＆植物園
マリーナ・ベイ・サンズ
夜景＆ショー
動物園
エスニックタウン
パワスポ
フォトジェスポット
現代建築スポット
もやもやスポット
セントーサ島

TOURISM
**10**

TIME
🕐 7時間

ここでしか体験できません
# アニマルイベント狙い撃ち!

ただ見るだけじゃもったいない!プレゼンテーションやエサやり体験など、
動物たちに近づけるイベントがいっぱい!もっと動物たちに接近しよう♪

Animal Event
**イベント**

普段は木の上で食事をとるオランウータンが、こんなに大接近!

朝のフルーツ最高〜!

動物たちにぐぐっと接近チャンス!

場所はアー・メン・レストランのテラス席。時間になると、動物たちを連れて飼育員が登場!オランウータンも木を伝ってやってくる

 **How to**

## イベント&ショーを楽しむ

ショーとエサやり体験は時間が重なりがち。
事前にスケジュールを確認!

### ブレックファスト・イン・ザ・ワイルドは要予約!
確実に行きたいなら予約必須。公式アプリやHP(www.
mandai.com/en/singapore-zoo/things-to-do/dine/
breakfast-in-the-wild.html)から予約可能。

### スケジュールを確認して
イベントやプレゼンテーションプログラムは公式アプリやウェブサイトで時間を確認できる。

### フィーディングはセルフがおすすめ
S$8払うとエサやり体験ができる動物がいる。ぜひ体験してみて。

**こんな楽しみも!**

**記念撮影はマスト!**

飼育員さんの連れてくる動物やオランウータンと一緒にポーズ!

**ガイドアナウンス**

連れてきた動物やオランウータンに関する解説が聞ける

**観察しながら朝食♪**

動物たちを眺めながら朝食。オランウータンも朝ごはんタイム

動物たちと朝ごはん
## ブレックファスト・イン・ザ・ワイルド
**Breakfast in the Wild**

オランウータンなど動物園の人気者たちと一緒に朝ごはんが食べられる大人気イベント!スタッフさんのガイドを聞いたり、朝ごはんを食べたり、記念撮影したりと盛りだくさん!

🅟 大人 S$45、子ども S$35

スケジュール 9:00 〜 10:30
(動物の登場時間は9:30〜)

混雑度 ★★★★

スプラッシュ・
サファリ

Splash Safari Show

TOURISM

マーライオン

ガーデンズ・バイ・
ザ・ベイ &
植物園

マリーナ
ベイ・サンズ

夜景 & ショー

動物園

エスニック
タウン

パワスポ

フォトジェ
スポット

現代建築
スポット

もやもや
スポット

セントーサ島

## Presentation
## プレゼンテーション

動物たちと息を合わせた3つの
プレゼンテーションプログラム
を開催している。

サファリ

### スプラッシュ・サファリ
**Splash Safari**

いたずら好きなアシカの曲芸が見ら
れる。前列の青く塗られた席は、アシ
カに水をかけられるスプラッシュ・シー
トなので濡れたくない人は要注意。

スケジュール 10:30、17:00
混雑度 ★★★

アニマル・フレンズ・
プレゼンテーション & ミート・ザ・スター

### アニマル・フレンズ・
### プレゼンテーション & ミート・ザ・スター
**Animal Friends Presentation &
Meet the Stars**

キッズワールドで開催される、動物
との触れ合い型プログラム。それぞ
れの動物の特性を学ぶことができる。

スケジュール 11:00、14:00
混雑度 ★★★

レインフォレスト・
ファイトバック

レインフォレスト・
ファイトバック

### レインフォレスト・ファイトバック
**Rainforest Fights Back**

熱帯雨林に生息する、カワウソやイ
ンコなどの動物たちが繰り広げる。
森林開発や自然破壊による動物たち
への影響を訴える。

スケジュール 12:00、14:30
混雑度 ★★★

ワンちゃんたちとの
触れ合いも！

## Feeding time
## フィーディング
## タイム

15種類以上の動物た
ちのフィーディングが
行われている。

### 注目はエサやり体験
普段体験できないほどに接近
する動物たちに大興奮！その
中でも注目は、目の前まで顔
が近づくキリンとシロサイ。

スケジュール
[ゾウ] 9:30、11:45、16:30
[キリン] 10:45、13:50、15:45
[シロサイ] 13:15
[ゾウガメ] 13:15
[シマウマ] 10:15、14:15
※エサやりは別途 S$8かかる

早く
ちょうだい〜

好物のニンジンを
目指して長い首を
伸ばしてくる姿は
迫力満点

まるでサイの口に手を入れて
食べられちゃってるみたい！

まだまだ
足りない！

シマウマのゼブラ模様が目の前に！

## 夜行性の動物は元気いっぱい！
# 夜のジャングルをトラムで回る

**TOURISM 11**

**TIME** 1時間

聞いただけでワクワクする夜の動物園。トラムに乗りながら、動物たちの夜の世界を覗いてみよう。トラムでしか会えない動物もいるので要チェック！

**闇夜に浮かぶ姿に大興奮！**

注目！

**バラシンガジカ**
トラムに乗って、最初の放し飼いエリアに登場する動物。インドやネパールに生息する小型のシカで、群れで行動しているので見つけやすい

隣のシンガポール動物園と同じく、柵や塀を設けていない。暗いうえに動物との距離が近く、ハラハラドキドキ！

 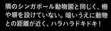 **What is**

### ナイトサファリのトラム

アナウンスを聞きながら、夜の動物たちの姿を観察しよう♪

**料金と予約について** 
トラム料金はナイトサファリの入園券に込みとなっており、追加料金などは必要ない。予約も不要で、好きな時間に列に並べばOK。

**音声ガイド付きトラム**
トラムはスピーカーによる英語の音声ガイド付き。動物についての詳しいガイドが聞ける。

**トラムの時間**
トラムは一周30分程度。開園直後はかなり混み合うので、少し時間をおいてから行くのがおすすめ。

*マップ内ラベル:* インドサイ / フーバル / レオパード・トレイル / スローロリス / ウンピョウ / ハイエナ / ライオン / フレート / 揺蕩トラム / フィッシングキャット・トレイル / フィッシングキャット / ホワイトライオン / トラム乗り場 / ワラビー / 広場 / Night Safari / クリーチャーズ・オブ・ザ・ナイト / フードコート / ナイト・サファリ入口

世界初の夜限定動物園

## ナイトサファリ
Night Safari

動物の夜の行動を観察できる、世界でも珍しい動物園。
🏠 80 Mandai Lake Rd.
☎ 6269-3411
🕐 19:15～24:00 　無休
💰 大人 S$55、子ども S$38（トラム料金込み）
🚃 →P.39
www.mandai.com/en/
night-safari.html
郊外 ▶MAP 別P.4 C-1

**Model Route** 　広く見どころの多いナイトサファリ。体力と相談しながらめぐろう。

| Start! 18:30 | 19:15 | 19:30 | 20:30 | 21:30 | 22:00 | Goal! 22:30 |
|---|---|---|---|---|---|---|
| 開園前 | 入園 | アニマルプレゼンテーション（→P47） | ウォーキングトレイルを歩く（→P46） | トラムで一周 | おみやげさがし | 退園 |

ゲート付近のレストランでご飯を食べたり、迫力満点のファイア・ショーを見よう

売店は24:00まで営業している

TOURISM

マーライオン

ガーデン＆
植物園

マリーナ
ベイサンズ

夜景＆ショー

動物園

エスニック
タウン

パワスポ

フォトジェ
スポット

現代建築

もやもや
スポット

セントーサ島

**インドサイ**
サイのなかでも大きな
体をもつインドサイ。
一般向けの餌やりセッ
ションも行われる

注目！ **ライオン**
夜に狩りをするライオン。金・土曜、祝前日のみ
20:00と21:00にフィーディングが行われる

**ナイトサファリ
園内MAP**

グリーンはトラムのルート、
ブルー、レッド、オレンジ、
イエローはウォーキングト
レイルのルート

**カバ**
昼間は水中でじっとしているカバだが、
実は夜行性。夕方から夜にかけて地上
へ移動してエサを探している

注目！ **ホワイトライオン**
ライオンの白変種であ
るホワイトライオンは、
世界でも300頭ほどの
み。暗闇に浮かび上が
る姿は神々しくもある

**マレーバク**
白と黒のツートンカラーが見事なマレーバク。夜行性の
彼らは夜に植物やその芽をゆっくり食べつつ移動する

注目！ **アジアゾウ**
立派な牙を持ったオスのアジアゾウ。
群れで行動しており、暗い中でも存在
感ばっちり。トラムでのみ見られる

ナイトサファリでは、カメラのフラッシュ撮影が厳禁。自動で作動しないように注意して。

TOURISM
**12**
TIME
🕐
2時間

トラムのあとはトレイルへGo！
# 闇夜の中の動物観察

夜が深まるにつれて動物たちの目が爛々と輝き始める。トレイルを歩いて
もっと動物たちに近づこう！かなり暗いので、足元に注意しながら進んで。

まだ起きてるの
だーれだ？

**フィッシングキャット**
手と口を器用に使って魚をと
る。カエルや甲殻類も食べる
Ⓑ フィッシングキャット・トレイル

**ブチハイエナ**
独特な鳴き声は、
るで人間の笑い
のようだと言われ
Ⓒ イースト・ロッジ・トレイル

**マレートラ**
マレー半島に生息する
マレートラ。イースト・
ロッジ・トレイルで間近
にその姿を観察できる

**スローロリス**
リスという名だ
が、サル。動きは
非常に遅いが毒
を出せる

Ⓒ イースト・ロッジ・トレイル　　　Ⓐ レオパード・トレイル

---

| メイン動物多し | キュート系 | 大型アニマル多し |
|---|---|---|
| ネコ科の動物大集合〜！ | かわいい子そろってます♡ | 迫力ある動物たちが待っている |
| **Ⓐ レオパード・トレイル**<br>Leopard Trail | **Ⓑ フィッシング<br>キャット・トレイル**<br>Fishing Cat Trail | **Ⓒ イースト・ロッジ・トレイル**<br>East Lodge Trail |
| 一番長いトレイル。ジャコウネコの放し飼いエリアやジャワオオコウモリのいるケージなどユニークなスポットもある。 | メインはフィッシングキャット（スナドリネコ）。水辺に生息するカワウソなど小型の愛らしい動物が見られる。 | マレートラを近くで見られると人気のコース。トラムからは遠くて見えづらいボンゴや、鳴き声が特徴的なハイエナにもかなり近づける。 |
| 距離：827m | 距離：454m | 距離：369m |
| 所要時間：25分 | 所要時間：20分 | 所要時間：20分 |
| 🔭 こんな動物を観察！ | 🔭 こんな動物を観察！ | 🔭 こんな動物を観察！ |
| ● サーバル<br>● ライオン<br>● ウンピョウ<br>● ジャコウネコ<br>● スローロリス　…etc. | ● フィッシングキャット<br>● ハイエナ<br>● オオカミ<br>● カワウソ　…etc. | ● ナマケグマ<br>● マレートラ<br>● ボンゴ<br>● ブチハイエナ<br>● サーバル　…etc. |

**タスマニアデビル**
オーストラリアのタスマニアにのみ生息する有袋類。愛らしい顔をしているが肉食で、2本の鋭い牙を持つ

**Ⓓ タスマニアデビル・トレイル**

**What is**

## ウォーキングトレイル

動物をもっと近くで見られる観察スポット付きのウォーキングコース。園内には4つのコースがあり、時間の目安は各コース20分前後。

**ウンピョウ**
マレーシアで「ツリータイガー」とも呼ばれる木登り上手

**Ⓐ レオパード・トレイル**

**サーバル**
3mもの高さを跳んで鳥を捕食するほど身体能力が高い

**Ⓐ レオパード・トレイル**

**ワラビー**
ベネットワラビーが放し飼いされている

**Ⓓ タスマニアデビル・トレイル**

**ポッサム**
尾尾を枝に巻き付けて移動する。主食はネズミなどの小動物

**Ⓓ タスマニアデビル・トレイル**

---

**小動物系**

体は小さいけど個性派ぞろい

## Ⓓ タスマニアデビル・トレイル
Tasmanian Devil Trail

一番短いコース。タスマニアデビルのほかワラビーなどオセアニアに棲む希少動物を飼育。サソリや毒ムカデを観察できるナラコート洞窟も。

| 距離 | ：351m |
| 所要時間 | ：20分 |

🔭 こんな動物を観察！

● タスマニアデビル
● ワラビー
● フクロモモンガ
● ポッサム
● ニュージーランドアオバズク
…etc.

**Event** **Nice**

### 動物たちと共に学ぶ
### ナイトサファリの名物ショー

ビントロングやフェネックなどの小動物が繰り広げる愉快なショー。知られざる動物の能力が見られる。公式アプリまたはHPでショー開演2時間前から予約可能。

いつも超満員！人気ショー

## クリーチャーズ・
## オブ・ザ・ナイト
Creatures of the Night

🕐 19:30、20:30、21:30
☔ 天候により中止の場合あり

カメラマンが動物を撮影するという形で進行していく

ビントロングが素早く木に登る！

キュートな動物たちが次々と！

TOURISM

マーライオン

ガーデン＆植物園

マリーナベイ・サンズ 夜景＆ショー

動物園

エスニックタウン

パワスポ

フォトジェスポット

現代建築

もやもやスポット

セントーサ島

TOURISM
13

TIME
🕐
2時間

ポイント押さえて、カンタン攻略
# 世界の大河をヴァーチャル冒険！

川にスポットをあてた珍しい動物園。7大大河に棲む魚や動物を展示しており、
パンダに会うこともできる。ボートライドのアトラクションも人気。

世界の大河をぎゅっと凝縮！
## リバーワンダー
River Wonders

世界の7大大河に生息する
動物たちがそろう動物園。

🏠 80 Mandai Lake Rd. ☎ 6269-3411 ⏰ 10:00〜
19:00（アマゾン・リバー・クエストは11:00〜18:00）
㊡ 無休 💰 大人S$42、子どもS$30（アマゾン・リ
バー・クエストは別途大人S$5） 🚇 →P.39
www.mandai.com/en/river-wonders.html
郊外 ▶ MAP 別P.4 C-1

🦁 How to

## リバーワンダーの回り方

エントランスにはチケットカウンターはな
く、アマゾン・リバー・クエストの乗船チケ
ットはリバーワンダーの入場券と一緒に
購入する。また公式アプリ内でも買える。

### パンダは早めに！
ジャイアントパンダの森は、混雑時は外
で待つことも。スタッフの案内に従おう。

### アマゾン・リバー・クエストは別料金
リバーワンダーの
入場料と別に、大
人S$5、子どもS$3
のチケットが必要。
1.06mの身長制限
があるので注意。

🎫 冒険
POINT
①

## アマゾン・リバー・クエスト
Amazon River Quest

ボートに乗りながら、アマゾン川流域に生息する動物たちを
見られるアトラクション。約10分のボートクルーズへGO！

👀 こんな動物が
見られます

小舟でめぐる♪アマゾン川の旅

フラミンゴ 鮮やかなピンク色
に見とれちゃう

カピバラ 仲よく皆で池に浸かる
様子がキュート

ジャガー

運がよければ動く姿
が見られるかも？！

🎫 冒険POINT②

## パビリオンキャピタル・
## ジャイアントパンダの森
Pavilion Capital Giant Panda Forest

ガラスや柵のない涼しいドー
ム内で、カイカイとジアジアの
2頭が仲よく暮らす。頭上の木
にレッサーパンダが登場する
ことも！

木の上を移動す
る姿が愛らしい

朝と夕方、エサの時間は活発に動く

🎫 冒険POINT③

## アマゾンの沈水林
Amazon Flooded Forest

淡水のアマゾン川に生息する
生き物たちに出会える。巨木
も立つ大きな水槽には、ピラル
クーやマナティーが悠々と泳
いでいる。

マナティーの泳ぐ速さは時速8km

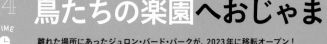

TOURISM
**14**

TIME
2時間

緑に囲まれた癒やし空間
# 鳥たちの楽園へおじゃま♪

離れた場所にあったジュロン・バード・パークが、2023年に移転オープン！
3500羽もの鳥類が暮らす園内は「鳥たちの楽園」の名にふさわしい。

広大な鳥の放し飼いエリア
## バードパラダイス
### Bird Paradise

世界の珍しい鳥たちを放し飼いにしているバードパーク。

🏠 20 Mandai Lake Road
☎ 6269-3411　🕘 9:00〜18:00
🚫 無休　💰 大人 S\$48、子ども
S\$33　🚌 →P.39
www.mandai.com/en/bird-
paradise.html
郊外　▶ MAP 別 P.4 C-1

### 🎤 How to
## バードパラダイスの回り方

まずは、8つの放し飼いエリアを回る。イベント時間に合わせて会場へ移動しよう。

**イベント時間を考慮**
バードパラダイスのハイライトである2つのプレゼンテーション。会場はどちらもスカイ・アンフィ・シアター。移動時間を考え、開始の15分前には会場へ向かいたい。

**鳥へのエサやりも**
放し飼いエリアではハートオブアフリカやロリーロフトなど数カ所でエサやりセッションが行われる。エリアにより鳥の種類が違う。

> 時間は公式アプリでチェック！

---

楽園 POINT ❶
## 世界の鳥を飼育する8カ所の野鳥園を回る

8つのエリアに分かれる放し飼いエリア。アジアやアフリカなど地域ごとの鳥たちを飼育している。

放し飼いエリアはウォークスルーになっている

鳥たちがすぐ目の前に！

**ホンリョン・ファウンデーション・クリムゾン湿地帯**
園内で最も巨大なエリア。滝の前の広場にコンゴウインコやフラミンゴが放し飼いされている

**オーシャンネットワークエクスプレスペンギンコーブ**
4種類のペンギンを飼育するゾーン。水中を飛ぶように泳ぎ回る姿に注目

---

楽園 POINT ❷
## 鳥たちが大活躍！
## 人気のプレゼンテーションプログラム

猛禽類や大型のインコなど、鳥たちが繰り広げるパフォーマンスに釘付け！会場はどちらもスカイ・アンフィ・シアター。

ウイングス・オブ・ザ・ワールド

プレデター・オン・ウイングス

プログラムの最後には鳥と記念撮影もできる

### ウイングス・オブ・ザ・ワールド
**Wings of the World**

コンゴウインコなどが登場するプレゼンテーションプログラム。サイチョウのサニーとヴィッキーの愛らしい姿にも注目して。

スケジュール 12:30、17:00

### プレデター・オン・ウイングス
**Predators on Wings**

空の食物連鎖の頂点に君臨する、猛禽類たちが飛行し、獲物を捕まえる様子が観察できる。巨大な猛禽類が場内を飛び回る。

スケジュール 10:30、14:30

---

🐾 リバーワンダーのアマゾニア・エンカウンターでは、ゴールデンライオンタマリンやムネアカタマリンが放し飼いされている。

アジア諸国へ弾丸トラベル！

# 4大エスニックタウン制覇

東京23区ほどの面積に、アジア各国の文化が入り乱れるシンガポール。
効率よく回れば、1日でアジアを周遊できる。お手軽弾丸旅へ出かけてみて！！

BEST TIME
10:00 〜 12:00

建物に、花に、サリー
多彩な色に圧倒される

ヤシの木に囲まれた
黄金モスクが目印

①リトル・インディアの中でもひと際カラフルな建物　②店頭に飾られた花は、寺院へのお供え用　③商売の神様、ガネーシャは街のあちこちで見かける

ビビッドカラーのカラフルタウン

## リトル・インディア
### Little India

インド系の住民が集まるエリア。カリーの店や商店が並び、スパイスの香りがいつでも漂う。ほかとは明らかに違う街で、とびきりエキゾチックな体験をしてみて。

Ⓜ️MRTリトル・インディア駅から徒歩1分

リトル・インディア ▶MAP 別 P.16、17

**Must Try in**
*Little India*

◆ インドカリーを食べる→P.92
◆ インド雑貨を買う→P.127
◆ サリーを買う→P.172
◆ スパイスを買う→P.173
◆ ヘナ・アートに挑戦！→P.173

タクシー
5分
Little India ─── Arab Street

タクシー
15分

MBS

Chinatown

**Must Try in**
*Chinatown*

◆ 中国寺院にお参り→P.54
◆ 飲茶を食べる→P.90
◆ ホーカースへ→P.84
◆ 中国茶をたしなむ→P.169
◆ 噂のチョン・バルへ→P.170

BEST TIME
19:00 〜 21:00

"おいしい"が詰まった
グルメタウン

グルメスポット満載！

## チャイナタウン
### Chinatown

黄色や赤の提灯が並ぶチャイナタウンは、文字どおり中国系移民の街だ。多種多様な店があるが、圧倒的に多いのが食べ物の店。美食が目当てならここへ！

Ⓜ️MRTチャイナタウン駅から徒歩1分

チャイナタウン ▶MAP 別 P.14、15

①パゴダやテンプル・ストリートには提灯が飾られ、夜にはライトアップされる　②かわいい路地を歩いてみよう　③中国らしいストリートアートを発見！

## What is

### エスニックタウン

各国の移民たちが集まって生活するコミュニティのこと。エリアを移動すると、歩いている人種や文化ががらりと変わるのがおもしろい。

**回り方**

各エスニックタウンはそれぞれ離れているので、タクシー利用がおすすめ。各エリアに2時間いても、1日あれば4つすべて回れる。

ピースフルなアラビアンタウン

### アラブ・ストリート
**Arab Street**

**BEST TIME 13:00 〜 15:00**

スルタン・モスクを中心とした一帯で、ヒジャブをした女性が行き交う。アラビックタイルやバティックが彩る街は、ショッピングが断然楽しい！

Ⓜ MRTブギス駅から徒歩6分
アラブ・ストリート ▶ MAP 別P.18、19

①スルタン・モスクから南へのびるブッソーラ・ストリートにはレストランやショップがひしめく
②まるでアラビアンな迷宮に迷い込んだみたい
③トルコなどの雑貨もたくさん！

**Must Try in Arab Street**
◆ イスラムタイル見学→P.174
◆ テ・タリを飲む→P.174
◆ アラブ雑貨を買う→P.175
◆ ハジ・レーン散策→P.176

アラブの衣装、かわいいでしょ

Katong

🚕 タクシー15分

🚕 タクシー20分

①古いプラナカンの邸宅が並ぶクーン・セン・ロード ②バラなどの花が描かれたタイルが家々を縁取る ③プラナカンの伝統提灯

**BEST TIME 16:00 〜 18:00**

パステルカラーのフォトジェニックな街

パステルカラーの家が並ぶ

### カトン
**Katong**

かつてマレーシアから南下してきたプラナカンが多く住み着いたエリア。パステルカラーの家が並ぶ様子は、エスニックタウンの中でも特に美しい。

Ⓜ 中心部からタクシーで20分
カトン ▶ MAP 別P.24

**Must Try in Katong**
◆ プラナカン雑貨を買う→P.128
◆ プラナカン建築見学→P.178
◆ ニョニャ・クエを買う→P.179
◆ バインミーを食べる→P.179

# 華麗なる プラナカン 文化

## 中国から移住した人々が プラナカンのルーツ

　プラナカンとは、15世紀後半頃にマレーシアやインドネシア、シンガポールへとやって来た中国系移民の子孫のこと。彼らは現地の女性と結婚し、子孫を残した。そして夫の出身国と妻の出身国それぞれの文化を組み合わせた独特の暮らしをしていた。なお、プラナカンとは「子孫」や「末裔」を意味し、正確には中国系以外の移民もプラナカンということになる。シンガポールでは主にカトン地区に多くの中国系プラナカンが暮らしていたとされている。

　プラナカンは、アジアや西洋との国際貿易により財を成した人が多く、そのため西洋の文化にも大きな影響を受けていた。東洋と西洋がミックスした豪華絢爛な装飾や衣装、ガラスビーズなどは、プラナカン文化を代表するもの。「ニョニャ」と呼ばれる女性たちが生み出した料理やスイーツにも注目したい。

プラナカンに関する展示が充実のプラナカン博物館(→P.164)

衣

## 刺繍とビーズに思わずうっとり

プラナカンの人々が身につけたのは、「クバヤ Kebaya」と呼ばれる伝統衣装。美しい刺繍の施された淡い色合いのブラウスだ。下半身はバティックサロンで、靴はビーズのサンダルが一般的だった。現代ではなかなか見られないが、シンガポール航空のCAの制服はこのサロン・クバヤをモチーフとしている。

伝統的な プラナカン衣装

サロン・クバヤという伝統衣装よ

クバヤにはボタンがなく、ブローチでとめる

ビーズで刺繍が施されたサンダルやスリッパ

バティック(→P.134)を巻き付けスカートに

🔑 KEYWORD

### ▶刺繍

クバヤの前面に施されている繊細なレース刺繍は、インドや中国の刺繍文化に影響を受けているものとされる。刺繍の柄は金魚やクジャクといった縁起がいいとされる生き物のほか、牡丹、バラなどの花がモチーフとなっている。

プラナカン博物館の3階にあるサロン・クバヤの展示物

### ▶ビーズ

プラナカン女性の足元を彩るサンダルやスリッパには、細かなビーズ刺繍が施されている。これは、18世紀頃に西洋からガラスビーズが入ってきてから発展したもので、今やプラナカン文化には欠かせない装飾となっている。

ビーズのサンダルはおみやげとしても人気。ただし、とても高額

### ニョニャとババ

マレー半島では、男性のことを「ババ」、女性のことを「ニョニャ」と呼んだ。上記で解説している文化はほとんどが女性の手により生まれたものであることから、プラナカン文化のことを「ニョニャ文化」と呼ぶ場合もある。

料理も刺繍も女性の仕事

TOURISM

マーライオン

ガーデン＆ベイサンズ
植物園 マリーナ

夜景＆ショー

動物園

エスニックタウン

パワスポ

フォトジェスポット

現代建築

もやもやスポット

セントーサ島

# 中国とマレーが混じった元祖フュージョン料理

別名「ニョニャ料理」といわれるプラナカンの料理。中国産の食材をマレーシアやインドネシアの調理法で調理した料理で、見た目は中華料理に近いのに、味はマレーというのは少し不思議な感じがする。現在世界で流行中のフュージョン料理の元祖という人も。ニョニャの作るスイーツは「ニョニャ・クエ」という。

## ◎ニョニャ料理

主な料理

 **KEYWORD**

▶エビ

ニョニャ料理では、特に前菜においてエビが多用される。焼きや蒸しで食べることもあるが、ダシとしてスープやソースに使われる場合も。

▶スパイス

料理に欠かせないのが、レモングラスや香草といったハーブや東南アジアのスパイス。特にトウガラシや紫タマネギで作るサンバルが重要。

**アヤムブアクルア**
**Ayam Buah Keluak**
クルアというブラックナッツと鶏肉を煮込んだ料理。ピリリと辛く、刺激的な味わい。

**バビポンテー**
**Babi Pongteh**
大きめにカットされたジャガイモと豚の三枚肉がごろごろ入った、ニョニャ風肉じゃが。

**クエ・パイティー**
**Kueh Pie Tee**
パリパリ生地の中に甘辛い切り干し大根や野菜を詰め、上にレタスとエビをのせた料理。

**チャプチャイ**
**Chap Chai**
ニョニャ風五目野菜炒め。たっぷりのキャベツやキクラゲ、エビなどを炒めたもの。

## ◎ニョニャ・クエ

主なスイーツ

**KEYWORD**

▶ココナッツ

すべてのスイーツにココナッツミルクが使われ、どれもなめらかな食感。甘味料もパームシュガーなど自然派で、見た目よりも甘さ控えめ。

▶パンダンリーフ

東南アジアで見られるパンダナスの葉のことで、香りや色付けに使われる。緑色のニョニャ・クエは全て、パンダンリーフで着色したもの。

**クエ・ラピス**
**Kueh Lapis**
ココナッツミルクを混ぜた餅を、赤や緑、白などの色の層にしたカラフルなお菓子。

**アンユー・クエ**
**Angku Kueh**
女の赤ちゃんが生まれたときに食べるという縁起のいいお菓子。亀の甲羅のような形。

**オンデオンデ**
**Onde Onde**
パンダンリーフで着色した餅に、たっぷりのココナッツフレークをまぶしたもの。

**クエ・ダダー**
**Kueh Dadar**
黒糖とココナッツフレークを煮詰めた黒い餡を、緑色のクレープ生地で巻いたもの。

# 絢爛豪華なプラナカンの暮らし

西洋との国際貿易などで成功した人が多いプラナカンは、その暮らしも贅沢なものであったと言われる。カトンのジョー・チアット・ロードやクーン・セン・ロードを歩くと、パステルカラーの家屋が並んでいる様子が見られる。家屋はどれもそれほど大きくはないものの、細かな装飾やタイルが施され美しい。

**KEYWORD**

▶家屋・家財

邸宅で使われる家具は、中国風の造りに金銀の装飾をちりばめた豪華なもの。彼らは家族の結びつきを重視し、家には先祖を祀る祭壇が必ずある。

①両開きのキャビネット。結婚式で贈られた嫁入り道具の一つ（プラナカン博物館）　②カラフルなプラナカン陶器　③結婚式で贈られるシルバー製品（プラナカン博物館）

▶食器

カラフルなプラナカンの食器は「ニョニャ・ウエア」と呼ばれる。グリーンやピンクの地色の上に、鳳凰や牡丹の花を描いている。

▶婚礼

家族を大事にするプラナカンにとって、結婚は一大イベント。嫁入りの際、女性は豪華な装飾品を身につけ男性の家まで行進したとか。

 現在のプラナカンの人々は婚礼などもだいぶ簡略化し、普通の人々と同じような暮らしをしている。

多民族・多宗教の国ならでは！

# 世界のパワスポ巡礼

多民族国家シンガポールは、信仰する宗教も多彩。寺院は1日で全て回ることもできる。
見るだけでも楽しい、美しい寺院を訪れてみて。

色鮮やかな建物は釘を一切使用しない
中国南部の建築方式を採用。境内は参
拝者の捧げる線香の香りが漂う

荘厳な中国寺院で運気をチャージ！

**Temple**
中国寺院でお参り
参拝所は前殿を含め全
6カ所。参拝したい神
様だけ回っても大丈夫。

シンガポール最古の中国寺院

## シアン・ホッケン寺院
### Thian Hock Keng Temple

航海安全を祈る場所として中国系移民
の人々に信仰されてきた道教寺院。媽祖
（まそ）を主神として祀り、仏教や儒教、
祖先崇拝の礼拝所も併設。境内の「願い
が叶う井戸」で願い事も忘れずに！

🏠 158 Telok Ayer St. ☎ 6423-4616
⏰ 7:30〜17:00（最終入場16:45）休 無
休 料 無料 🚇 MRTテロック・アヤ駅
から徒歩3分
thianhockkeng.com.sg
チャイナタウン ▶ MAP 別P.15 E-2

天井裏にもびっしり施された装飾は圧巻。媽祖を祀
る前殿内は写真撮影禁止なので目に焼き付けよう

🏯 お参りで運気UP!  作法はシンプルなので気軽にトライ！
しっかり祈りを捧げよう。

線香をもらう
前殿の前にあ
る無料の線香
をいただく

線香に着火
炉に灯るロウソ
クで火をつける

線香を立てる
香炉に一礼し
線香を立てる

お祈り
立て膝の姿勢で
祈りを捧げる

周辺を回る
ほか5カ所の
参拝所にお参
りを繰り返す

伽藍菩薩や孔子も祀られ
ている

## Why

### パワスポが集まるワケ

世界中からやって来た移民たちはまず、自分たちの信仰する宗教の寺院を建てた。これにより生活の基盤をつくり、民族的な繋がりも強めたとされる。

| パワスポの種類 | | |
|---|---|---|
| 【中国寺院】 | | 【モスク】 |
| 宗教：仏教 | | 宗教：イスラム教 |
| 多いエリア：チャイナタウン | | 多いエリア：アラブ・ストリート |
| 【ヒンドゥー寺院】 | | 【教会】 |
| 宗教：ヒンドゥー教 | | 宗教：キリスト教 |
| 多いエリア：リトル・インディア | | 多いエリア：シティ・エリア |

知れば知るほどおもしろい！インドの神々に会いに行く

リアルな神々の彫刻も必見

## スリ・ヴィラマカリアマン寺院
### Sri Veeramakaliamman Temple

主神の女神カーリーのほか、シヴァやガネーシャなどの神々を祀るヒンドゥー教寺院。神聖な祈りの場なので参拝者の邪魔にならないよう要注意。

🏠 141 Serangoon Rd. ☎ 6293-4634
🕐 5:30〜12:30、16:00〜21:00 ※プージャの時間は毎日8:00〜12:30、18:30〜21:00
㊡ 無休 💰 無料 🚇 MRTリトル・インディア駅から徒歩6分
srivkt.org
`リトル・インディア` ▶ MAP 別P.16 C-2

寺院内は裸足が基本。露出の多い服を着ている女性は入り口でストールを借りよう

所狭しと神々が並べられたカラフルな外観は迫力満点！（左）プージャが終わると笛と太鼓を鳴らして終了を知らせる（右）

**Temple**

### ヒンドゥー寺院でプージャに参加

プージャとはヒンドゥー教の礼拝のこと。神聖な時間だ。

お参りは毎日の日課

---

**Cathedral**

### 教会でミサに参加

毎週日曜にはミサを開催している。観光客でも参加できる。

美しいステンドグラスにうっとり見とれる

建物はゴシック様式で、1863年に完成した

ラッフルズゆかりのカトリック教会

## セント・アンドリュース大聖堂
### St. Andrew's Cathedral

ラッフルズ卿の指示により建てられた、白亜の大聖堂。内部はステンドグラスに彩られ、荘厳な雰囲気。

🏠 11 St. Andrew's Rd. ☎ 6337-6104 🕐 9:00〜17:00（土曜は11:30〜18:30、日曜は7:30〜17:30）㊡ 月曜・祝日 💰 無料 🚇 MRTシティ・ホール駅から徒歩1分 cathedral.org.sg
`シティ` ▶ MAP 別P.10 C-2

祭壇のステンドグラスのうち、中央はラッフルズ卿を記念している

---

神秘のモスクでイスラムの美にふれる

にぎやかなブッソーラ・ストリートを見下ろす

**Mosque**

### モスクを覗いてみる

お祈りの時間は入場禁止。ムスリム以外は内部見学だけ。

黄金ドームが目を引く

## スルタン・モスク
### Sultan Mosque

5000人を収容できる、シンガポール最大のモスク。4本のミナレット（尖塔）と金のドームがよく目立つ。

🏠 3 Muscat St. ☎ 6293-4405 🕐 10:00〜12:00、14:00〜16:00（金曜は14:30〜）㊡ 金曜 💰 無料 🚇 MRTブギス駅から徒歩6分 www.sultanmosque.sg
`アラブ・ストリート` ▶ MAP 別P.18 C-2

礼拝堂の中に入ることはできないが、回廊から内部を見学できる

🐜 スリ・ヴィラマカリアマン寺院のプージャの時間にはインドカリーを配っている。観光客でももらってOK。

TOURISM
マーライオン
ガーデン＆ベイサンズ
マリーナ
夜景＆ショー
動物園
エスニックタウン
パワスポ
フォトジェスポット
現代建築
もやもやスポット
セントーサ島

デジタルからウォールアートまで！
# "フォトジェ"なスポットをめぐる

シンガポールには、最新からレトロ、伝統まで思わず写真を撮りたくなっちゃう
スポットがたくさん！ マストで行きたい5つのスポットはこちら。

インタラクティブな展示もある

光の中に溶け込んでいくかのよう

最新のデジタルアートを体験できる！

## SPOT 01

MBSの
目の前！

### アートサイエンス・ミュージアムの
## デジタルアート

デジタルアート集団、チームラボが手がけた常設
展「FUTURE WORLD」が話題。触れたり、体を動
かしたりしながら4つのテーマに分かれたデジタ
ルアートを楽しめる。

#デジタルアート
#チームラボ
#マリーナベイ・サンズ

最新のデジタルアートに酔いしれよう

## アートサイエンス・ミュージアム
ArtScience Museum

🏠 6 Bayfront Ave.　☎ 6688-8868
🕐 10:00〜19:00　㊡ 無休　💴 大人S$30、子どもS$25
🚇 MRTベイフロント駅から徒歩5分
www.marinabaysands.com/museum.html
マリーナ ▶ MAP 別P.9 D-1

## SPOT 02

### フローラル・ファンタジーの
## 花のトンネル

ガーデンズ・バイ・ザ・ベイの室内施設。
緩やかにウェーブした通路には花が吊り
下げられており、歩けば花のトンネルを
通っているような気分に！

見渡す限りの花花花…一年見られる花のトンネル

#フラワートンネル
#ガーデンズ・バイ・ザ・ベイ

冷房が効いて涼しいので休憩にもおすすめ

## フローラル・ファンタジー
Floral Fantasy

DATA は >>>P.33

カラフルなフラワー
ウォール

🄾 TOURISM

マーライオン

ガーデン＆
植物園

マリーナ
ベイ・サンズ

夜景＆ショー

動物園

エスニック
タウン

パワスポ

フォトジェ
スポット

現代建築

もやもや
スポット

セントーサ島

#ウォールアート
#チャイナタウン
#コナンくん

## SPOT 03

## チャイナタウンの ウォールアート

世界的なブームであるウォールアート。シンガポールの
中心はチャイナタウンで、昔の伝統を地元アーティスト
が生き生きと描いている。トリック写真にもチャレンジ！

壁画① チャイナタウン ▶ MAP 別 P.15 D-2
壁画② チャイナタウン ▶ MAP 別 P.15 D-2
壁画③ チャイナタウン ▶ MAP 別 P.14 C-2

ネコちゃん発見☆

人気キャラも潜む
ウォールアート

あれ？こんなところに

①シンガポールを舞台にした映画が
公開されたのを記念したコラボアート

②チャイナタウン・コンプレックス
にある作品　③イップ・ユー・チョ
ンの昔の家を描いた壁画

天を突く高門に
ヒンドゥーの神々が降臨

#インド寺院
#ヒンドゥーの神々
#チャイナタウン

ガネーシャ

シヴァ

ラクシュミー

高さ15mものゴープラム（高塔）

## SPOT 04

## スリ・マリアマン寺院の
## ゴープラム

チャイナタウンのメインストリー
トにそびえるカラフルな塔。実は
これ、インド寺院。塔を埋め尽く
すのはヒンドゥーの神々。かわい
かったりおどろおどろしかったり
と、とっても個性的。

（上）寺院内部の天井
画も美しい（下）ヒン
ドゥーのお祈りが行
われる

### スリ・マリアマン寺院
Sri Mariamman Temple

🏠 244 South Bridge Rd. ☎ 6223-
4064 ⏰ 7:00 〜 12:00、18:00 〜
21:00 ㊡ 無休 ㊷ 無料 🚇 MRT
チャイナタウン駅から徒歩6分
チャイナタウン ▶ MAP 別 P.15 D-2

#プラナカン住宅
#カトン

カラフルな家々が
ひしめく
MAX映えなら
カトンへGo！

## SPOT 05

## カトンの プラナカン住宅

プラナカンが多く住んだカトンには、東洋の装飾と西洋
のタイルを融合させたショップハウスと呼ばれるカラフ
ルな建物が並ぶ。特にきれいなのはクーン・セン・ロード。

### クーン・セン・ロード
Koon Seng Road

DATA は >>>P.178

パステルカラーの家々が軒を連ねる

# 街なかはまるで建築美術館！
# 現代建築物に思わず目がテン！

地震も台風もないシンガポール。それだけに、他国ではありえない斬新な建築物が
次々と誕生した。へんてこな建物に目を見張ること間違いなし。

なんだこりゃ？
が集まる
現代建築

目がテンPOINT①
ブロックみたいな建物
をスタッキング！

目がテンPOINT②
崩れそうで崩れない絶
妙なバランス

### 積み木を積み上げたような造り

## インターレース
### The Interlace

全31棟から成るアパート。
上から見ると蜂の巣のよう。

🏠 180〜226 Depot Rd.
Ⓜ MRTラブラドール・パー
ク駅から徒歩23分
郊外 ▶MAP 別P.6 A-2

🏛 ARCHITECTURE DATA
Designer：Ole Scheeren／
オレ・シェーレン
Build：2013年

キャット
タワーみたい

$99

目がテンPOINT
建物がななめに！ザハ
ならではの曲線

目がテンPOINT
天を刺すような、とが
ったデザイン！

### 鋭い先端がメチャめちゃクール！

## リフレクション・アット・ケッペル・ベイ
### Reflections at Keppel Bay

低層階はアパート、高層階は高級マンション。

🏠 1〜33 Keppel Bay View
Ⓜ MRTテロック・ブランガ駅
から徒歩10分
郊外 ▶MAP 別P.22 A-1

🏛 ARCHITECTURE DATA
Designer：Daniel Libeskind／
ダニエル・リベスキンド
Build：2011年

### 真っすぐ立っているのにウェーブ

## ドリードン
### D'Leedon

ザハ・ハディドの遺作となっ
た高層マンション。

🏠 3〜15 Leedon Heights
Ⓜ MRTファーラー・ロード駅
から徒歩11分
郊外 ▶MAP 別P.6 A-1

🏛 ARCHITECTURE DATA
Designer：Zaha Hadid／
ザハ・ハディド
Build：2015年

## What is

# シンガポールの現代建築

契機となったのは、2010年完成のマリーナベイ・サンズ。自然・気候的条件に恵まれ、資金も潤沢なシンガポールは今、世界の有名建築家に注目されているのだ。

**シンガポールで活躍した建築家**
- ・モシェ・サフディ
- ・ザハ・ハディド
- ・ダニエル・リベスキンド
- ・オレ・シェーレン
- ・丹下健三
- ・黒川紀章
- ・伊東豊雄

---

### ドリアンの愛称で親しまれる劇場

# エスプラネード・シアター・オン・ザ・ベイ
## Esplanade Theatres on the Bay

シアターをメインに、レストラン、バーなどが入った複合施設。

🏠 1 Esplanade Dr. Ⓜ MRT エスプラネード駅から徒歩10分
シティ ▶ MAP 別 P.11 D-3

📖 **ARCHITECTURE DATA**
**Designer**：DP Architects／DPアーキテクト、Michael Wilford & Partners／マイケル・ウィルフォード＆パートナー
**Build**：2002年

**目がテン POINT①**
根元でねじりを加えた独創的フォルム

**目がテン POINT②**
そそり立つアーチが波のような造形に

**目がテン POINT**
その見た目から、愛称はずばり「ドリアン」

---

### 波打つ不思議な橋

# ヘンダーソン・ウェーブ
## Henderson Waves

地上36mにある遊歩道。公園の中にあり、一般の人も利用可能。

🏠 Henderson Rd. Southern Ridges, Bukit Merah Ⓜ MRT テロック・ブランガ駅から徒歩23分
郊外 ▶ MAP 別 P.6 A-3

📖 **ARCHITECTURE DATA**
**Designer**：RSP architects／RSPアーキテクト、IJP／アイ・ジェー・ピー
**Build**：2008年

**目がテン POINT①**
建物を繋ぐ橋の最上部は、なんとプール！

**目がテン POINT**
色付きガラスが飛び出て、本箱みたい！

---

### 部屋が飛び出たユニークな図書館

# ビシャン公立図書館
## Bishan Public Library

シンガポール人ならずとも誰でも利用できる、公共の図書館。

🏠 5 Bishan Place #01-01 Ⓜ MRT ビシャン駅から徒歩3分
郊外 ▶ MAP 別 P.5 D-2

📖 **ARCHITECTURE DATA**
**Designer**：LOOK Architects／ルック・アーキテクト
**Build**：2005年

**目がテン POINT②**
38階という高層ビルで、階段みたいな形

---

### 空中プールつきのタワーマンション

# スカイ・ハビタット
## Sky Habitat

郊外にあるコンドミニアム。日本の会社が施工を担当。

🏠 7 Bishan St. 15 Ⓜ MRT ビシャン駅から徒歩9分
郊外 ▶ MAP 別 P.5 D-2

📖 **ARCHITECTURE DATA**
**Designer**：Moshe Safdie／モシェ・サフディ
**Build**：2015年

---

コンドミニアムやマンションなどの建築物は、館内に入ることは禁止。離れた場所から見るだけにとどめよう。

ツッコミどころ満載！
# もやもやスポットで超☆脱力

地元の人に圧倒的な人気を誇るもやもやスポットへ！絶対に損はしないはず。
100%脱力しちゃうパラレルワールドへ出かけてみて。

「何コレ」連発！爆笑必至の珍スポット

パラレルワールドになだれこむ！

タイガーバームは中国の軟膏です

何を伝えようとしているのか謎の
四股を踏む恰幅のいい力士たち

でこぼことした形の奇妙なオブジェは、
山をイメージしている

## ハウ・パー・ヴィラ
### Haw Par Villa

タイガーバームの創設者、胡文兄弟が
模った珍テーマパーク。中国の寓話や伝
説を摸した1000種類のオブジェがずら
り。コミカルからグロテスクなものまで、
摩訶不思議なワールドに引き込まれる。

🏠 262 Pasir Panjang Rd.
☎ 6773-0103　⏰ 9:00～20:00（最終入
場19:30）　㊡ 無休　㊎ 無料
Ⓜ MRTハウ・パー・ヴィラ駅から徒歩1分
www.hawparvilla.sg
郊外 ▶MAP 別P.4 C-2

🔭 いざ、潜入！

**パラレルワールドで脱力**
人間の頭をしたカニに不気味に微
笑むパンダ。何コレ!?が止まら
ない奇妙な像が並ぶ珍スポット。
- - - - - - - - - - - - - - - - - - -
もやもや度 ★★★★★

エントランスにあるまじき怪しさ

**正門**
駅から歩くと、勇ましい虎が
描かれた門がお出迎え

奥にはさらにグロい
地獄絵図が…

**地獄の十の法廷**
悪いことをした人が閻魔様に
裁かれ10の罰を受ける

➡

**パゴダ**
上に釈迦像が鎮座したカラフ
ルなパゴダがそびえ立つ

What is

TOURISM

マーライオン

ガーデン&植物園

マリーナベイサンズ

夜景&ショー

動物園

エスニックタウン

パワスポ

フォトジェスポット

現代建築

もやもやスポット

セントーサ島

もやもやスポット

観光客は行かないけれど、ローカル人気のスポットを「もやもやスポット」とハレ旅は命名！特にハウ・バー・ヴィラは、できれば秘密にしたい珍スポット。

法師、よろしくやってるな〜

逆セクハラであわあわ三蔵法師！

2人の積極的な女性に誘惑されている両手に花状態の三蔵法師

世界一美しくない!?マーメイド

ちょっぴりおかしなルックスの人魚たちが楽しそうに水遊び！

謎の彫像はいつか愛しく…

西遊記
妖怪と戦う孫悟空を表現した像。猪八戒や沙悟浄の姿も

Journeys Pte Ltd

動物たちの王国
目がこわいカンガルーや角をつけたカメ、怪鳥などが集う

カメの恩返し
カメを海に放した青年が沈没した船から助け出される画

 ハウ・バー・ヴィラには、地獄博物館 Hell's Museum という地獄をテーマにした博物館がある。

61

TOURISM
20

TIME
🕐
半日

PLAY！SEE！EAT！が詰まった統合型リゾート
# リゾート・ワールド™・セントーサ

エンターテインメント施設が集結した、最大級のレジャースポット。自然あふれる
広大な敷地には充実した楽しい施設がたくさん。一日中遊んで、はしゃいじゃおう！

エンタメ天国の
統合型リゾートを
エンジョイ！

中心部からセントーサ島へはモノレール
やケーブルカーなどで行ける。敷地内の
移動は、無料シャトルバスが便利

🎪 **What is**

### リゾート・ワールド™・セントーサ

本島と橋で繋がった離島、
セントーサ島にある。49万
㎡の敷地に、アクティビティ
施設やレジャー施設、レスト
ランからホテルまでそろう。

何でもそろう統合型リゾート
## リゾート・ワールド™・
## セントーサ
**Resorts World™ Sentosa**

プールや水族館、テーマパークやレスト
ランなどの施設が集まった、大人から子
どもまで楽しめる統合型リゾート。ナイ
トショーまで開催され、朝から夜まで遊
びつくせる大人気エンタメスポット。

🏠 8 Sentosa Gateway
⏰休料施設により異なる
🚊 セントーサ・エクスプレスのリゾート
ワールド駅から徒歩1分
www.rwsentosa.com

セントーサ島 ▶MAP 別P.22 B・C-1・2

圏内MAP

エクアリアス・ヴィラ Ⓗ
アドベンチャー・コーブ・
ウォーターパーク™
シー・アクアリウム
グルメパーク
エクアリアス Ⓗ
Ⓗ
リゾートワールド駅
ザ・フォーラム
マイケル
カジノ
ユニバーサル・スタジオ・
シンガポール

アクティビティの種類
の多さに圧倒される。
行きたいところを絞って
おいて効率よく回ろう！

TOURISM

マーライオン

ガーデン＆植物園

マリーナベイサンズ

夜景＆ショー

動物園

エスニックタウン

パワスポ

フォトジェスポット

現代建築

もやもやスポット

セントーサ島

### ファミリーで楽しい大型プール

## アドベンチャー・コーブ・ウォーターパーク™
### Adventure Cove Waterpark ™

13のプールやスリル満点のウォータースライダーなどのアトラクションが楽しめる。イルカやエイとふれあえるエリアがあるのも魅力。

⏰ 10:00～17:00
🎫 無休 💰 大人 S$40、シニア・子ども S$32
セントーサ島 ▶ MAP 別 P.22 B-1

次はどこにしようかな～

レインボーリーフ

リップタイド・ロケット

約2万匹の熱帯魚と一緒にシュノーケリングできる（左）
行列が絶えないスライダー。激しいアップダウンに絶叫！（右）

### 世界最級の水槽が魅力

## シー・アクアリウム
### S.E.A. Aquarium ™

大規模な水族館。10万匹1000種類以上もの海洋生物が地域ごとに展示されている。泳ぐ魚たちを観察しながら食事を楽しめるレストランもある。

⏰ 10:00～17:00
🎫 無休 💰 大人 S$44、シニア・子ども S$33
セントーサ島 ▶ MAP 別 P.22 C-1

オープン・オーシャン・ハビタット

シャークシー

一面に広がる大きなアクリルパネルから海洋生物たちが優雅に泳いでいる姿を観察できる。まるで海の中に迷い込んだみたい！

### 世界中のグルメ料理がそろう

## グルメパーク
### Gourmet Park

2023年9月オープン。ユニバーサル・スタジオ・シンガポールの入り口の地球儀のすぐ横にある。ミシュランシェフや新進気鋭の美食スターによるブランドをコンテナやキッチントラックで提供。

⏰ 11:00～20:00（金～日曜は～21:00） 🎫 無休
セントーサ島 ▶ MAP 別 P.22 C-2

地元の定番チリクラブソースの料理や、100％ベジタリアンのバーガーなどが人気

長さ620mの巨大な流れるプール。ガーデンや洞窟など14のテーマをゆっくり回る。ブカブカ浮いてるだけでも楽しい

流れるプール

スリルと癒しもある！ウォーターパーク

世界最大級の水槽で海の中の世界へ飛び込む

コーラルガーデン

天井まで高くのびる円形の水槽に、珊瑚礁や100種類5000匹以上のブルーやイエローなどのカラフルな魚たちが泳ぐ

冷たい飲み物やデザートを販売する店もあるので、ひと休みするのにちょうどいい！

カーニバル気分に合わせてビートとともに世界中の料理を☆

## 人気アトラクション＆ショーを狙い撃ち！
# ユニバーサル・スタジオ・シンガポール

TIME 1日

RWSのメインといえば、ユニバーサル・スタジオ・シンガポール。セントーサ島にあり、観光にも組み込みやすい。アトラクションやショーで、人気映画の世界に浸っちゃおう。

ユニバーサル・スタジオのシンボル、地球儀は、シンガポールでも人気の撮影スポット

子どもも、大人もめいっぱい楽しい！世界的テーマパークで遊ぼう

映画のアトラクションが満載！

### ユニバーサル・スタジオ・シンガポール
**Universal Studios Singapore**

日本でも大人気のユニバーサル・スタジオのシンガポール版。テーマごと6エリアに分かれ、さまざまなアトラクションやショーが楽しめる。

🕐10:00～19:00（日により変更の場合あり）休無休 料1日パス 大人S$83、子ども（4～12歳）S$62（日により変更の場合あり）交セントーサ・エクスプレスのリゾートワールド駅から徒歩2分
www.rwssentosa.com/en/attractions/universal-studios-singapore

セントーサ島 ▶MAP 別P.22 C-2

たくさんキャラと出会えるよ！

---

### ニューヨークエリア
New York

1960年代のニューヨークをイメージ。映画の世界に浸れる仕掛けあり。

小さな子どもでも楽しめる

スリル：★
ほのぼの：★★★
混雑：★★

✚ (Attraction) セサミ・ストリート・スパゲッティ・スペース・チェイス
セサミ・ストリートをテーマとした屋内型ライドアトラクション。盗まれたスパゲティを追って、エルモたちと宇宙を冒険する。

👤 (Meeting)
セサミ・ストリートのミート＆グリート
セサミ・ストリートでおなじみのキャラクターたちと会える。エルモやアビーたちと思い出に残る記念写真を撮ろう。

英語が分からなくても十分に楽しめる

---

### サイ-ファイシティエリア
Sci-Fi City

近未来をイメージしたロボットタウン。迫力満点のライド系アトラクションが集中している。

最高時速90kmにも達する

スリル：★★★
ほのぼの：★
混雑：★★

✚ (Attraction)
バトルスター・ギャラクティカ：ヒューマンVSサイロン
急降下する座り乗り「ヒューマン」と激しく回転するぶら下がり式の「サイロン」、2つを同時に走行させるジェットコースター。

✚ (Attraction)
トランスフォーマー・ザ・ライド：ザ・アルティメット・3Dバトル
映画『トランスフォーマー』のアトラクション。ライドで立体映像のニューヨークを飛び回り、隊員の一人として戦闘に参加する。

ユニバーサル・スタジオ・シンガポールで一、二を争う人気アトラクション

スリル：★★★
ほのぼの：★
混雑：★★★

## 遠い遠い国エリア
### Far Far Away

中世ヨーロッパ風の街並みが広がる、おとぎの国。『シュレック』がメイン。

宙に浮いたゴンドラタイプのぶら下がりコースター

**Attraction**
**プス・イン・ブーツ・ジャイアント・ジャーニー**
シュレックに登場する長ぐつをはいたネコ「プス」がテーマのローラーコースター。

シュレックたちと一緒に記念撮影！

| スリル：★ |
|---|
| ほのぼの：★ |
| 混雑：★★ |

**Meeting**
**ハピリー・エヴァ・アフター・ミート・アンド・グリート**
魔法の世界に入り、ドリームワークス アニメーションの映画「シュレック」に出てくるシュレックやフィオナ姫と一緒に写真撮影できる。

**Show**
**シュレック4-Dアドベンチャー**
専用のメガネをかけて鑑賞するシアター型の4Dショー。座席の振動や水しぶきなど本当に冒険をしているかのような迫力ある演出が楽しめる。

飛び出すドリームワークス アニメーションのシュレックとフィオナ姫を一緒に救い出そう！

| スリル：★ |
|---|
| ほのぼの：★★★ |
| 混雑：★ |

## ハリウッドエリア
### Hollywood

1970年代のハリウッドを再現。ショーやキャラミーティングも楽しみ。

## 古代エジプトエリア
### Ancient Egypt

ピラミッドやオベリスクなど古代エジプトをイメージしたエリア。

パークで最新のショー

**Show**
**トロールズ・ハグ・タイム・ジュビリー**
2023年9月にスタートしたばかり。映画「トロールズ」の仲間たちが繰り広げる、音楽とダンスパフォーマンスのショー。

大人気キャラクターのミニオンズ

**Meeting**
**イルミネーションのミニオンズ**
映画『怪盗グルー』と『ミニオンズ』に出てくるキャラクターと記念撮影が楽しめる！ 登場する時間は不定期なので気を付けて。

暗闇の中を走る室内型ローラーコースター

| スリル：★★★ |
|---|
| ほのぼの：★ |
| 混雑：★★ |

**Attraction**
**リベンジ・オブ・ザ・マミー**
ミイラや炎の玉の攻撃を避けながら疾走するローラーコースター。暗闇の中で急降下したりとスリルが楽しめる。

## ロスト・ワールドエリア
### The Lost World

スリル系のアトラクションが集中するエリア。迫力満点のアドベンチャーを楽しんで！

ド迫力の恐竜たちに会いに行く人気アトラクション

| スリル：★★★ |
|---|
| ほのぼの：★ |
| 混雑：★★★ |

**Attraction**
**ジュラシック・パーク・ラピッド・アドベンチャー**
映画『ジュラシック・パーク』のアトラクション。恐竜の森を円形ボートで疾走する。クライマックスには7mの急落下も！

恐竜になった気分を味わえるアトラクション

| スリル：★★ |
|---|
| ほのぼの：★ |
| 混雑：★★ |

**Attraction**
**キャノピー・フライヤー**
ロスト・ワールドエリアの上空を翼竜のように舞い、左右にスイングしたり急降下したりして、獲物を追いかけるように加速する。

 **How to**

## 効率よく回るコツ
土・日曜は混雑するので、行列回避＆時短テクを駆使しよう。

**モバイルアプリ**
「Universal Studios Singapore」の公式モバイルアプリをダウンロードすれば、各アトラクションやショーなどの待ち時間やパークマップを簡単に閲覧できる。

**ユニバーサル・エクスプレス・パスを活用**
通常の列を避けて早めにライドに乗車できるバス。チケットブースで購入可。

**おみやげは入り口のショップでまとめ買い！**
おみやげはハリウッドエリアのショップで。最後にまとめて買うのがおすすめ。

大好きなキャラクターのアイテムをゲットしよう♪

アトラクションによっては、身長や年齢制限がある場合も。アトラクション前の看板に書いてあるので、小さい子どもがいる人は公式アプリなどで確認を。

TOURISM

マーライオン

ガーデン＆マリーナ・ベイ・サンズ

植物園

夜景＆ショー

動物園

エスニックタウン

パワスポ

現代建築

もやもやスポット

セントーサ島

もっと！セントーサ島を満喫

# アクティビティで大はしゃぎ！

1時間

セントーサ島には、アクティビティがいっぱい！自然の中で楽しめば、気分は爽快、リフレッシュ！特に予約はいらないので、その日の気分でいざチャレンジ！

森もキレイ
だねー

山から海まで
まっしぐら！

目をつぶったら
もったい
ないよ！

自然を舞台にした
アクティビティで
気分爽快！

山の上から海まで一気に下りる大迫力の
アクティビティ。最初は少し怖いが
一度出発してしまえば、あとは気分爽快！

体重45kg以上から150
kgまで

ビーチエリアでLet's バンジー！

## スカイパーク・セントーサ・バイ・エージェイ・ハケット
Skypark Sentosa by AJ Hackett

高さ47mからのバンジージャンプにトライ！ 最速120kmもの速度が出るジャイアント・スイングも人気。

🏠 30 Siloso Beach Walk ☎ 6911-3070 🕚 11:30〜19:00 🉑 無休 💰 バンジー S$99、ジャイアント・スイング1人S$59 🚌 ビーチ・シャトルのスカイパーク・セントーサ・バイ・エージェイ・ハケット駅から徒歩1分 www.skyparksentosa.com

セントーサ島 ▶ MAP 別P.22 A-2

スリル ★─────── ほのぼの
💰 S$99〜 　所要時間 1時間〜
ファン・ディスカバリー・パス：○

バランスをとるのはなか
なか難しい

風を受けてひとっ飛び！

## アイ・フライ・シンガポール
i Fly Singapore

床から出る猛烈な風で、スカイダイビングをヴァーチャル体験。1フライトの時間はだいたい45秒ほど。

🏠 43 Siloso Beach Walk, #01-01 ☎ 6571-0000 🕚 9:00〜21:30（水曜は11:00〜）🉑 無休 💰 1ダイブ S$109、2ダイブ S$139 🚌 セントーサ・エクスプレスのビーチ駅から徒歩3分 www.iflysingapore.com

セントーサ島 ▶ MAP 別P.22 B-2

スリル ★─────── ほのぼの
💰 S$89〜 　所要時間 1時間30分〜
ファン・ディスカバリー・パス：○

山から下りる爽快アトラクション！

# メガ・アドベンチャー
## Mega Adventure

セントーサ島中心部の小高い丘からビーチまでケーブルを伝って降りる、人気No.1アクティビティ！最高速度はなんと60km！森と海を見下ろしながらスリル満点の空中散歩を楽しんで。

- 🏠 10A Siloso Beach Walk
- ☎ 6884-5602
- 🕘 11:00〜18:00　休 無休
- 💰 メガジップ S$66
- 🚕 ビーチ・シャトルのメガ・アドベンチャー駅から徒歩1分
- www.megaadventure.com
- 現金不可

セントーサ島 ▶ MAP 別 P.22 A-2

アスレチックなどのアトラクションもある

| スリル | ★ | ほのぼの |

💰 S$66　所要時間 1時間〜
ファン・ディスカバリー・バス：×

 How to

行きはバギーで楽く！

# メガジップ参加の流れ
受付で申し込み。行きはバギーで出発地点まで送ってもらえる。

**Step 1**
用紙にサインする
安全や規約についての説明を読み、了承したらサインをする。

**Step 2**
荷物を預け、体重測定
手荷物を預け、体重測定。30kg未満、141kg以上は参加不可。

**Step 3**
ハーネス装着
専用のハーネスを装着する。スタッフがやってくれるので心配無用。

**Step 4**
階段を上りスタート地点に
スタートまで歩いて移動。滑車とハーネスを取り付けたら準備OK！

---

遊歩道の先にはシロソ砦がある

森の中の空中遊歩道
## フォート・シロソ・スカイウォーク
### Fort Siloso Skywalk

シロソ・ビーチにある空中遊歩道。ビルの11階に匹敵する高さで、長さは181m。上からの景色は絶景。

- 🏠 Siloso Beach
- ☎ なし
- 🕘 9:00〜22:00
- 休 無休
- 💰 無料
- 🚕 ビーチ・シャトルのシロソ・ポイント駅から徒歩1分
- www.sentosa.com.sg

セントーサ島 ▶ MAP 別 P.22 A-2

| スリル | ★ | ほのぼの |

💰 無料　所要時間 30分〜
ファン・ディスカバリー・バス：—

思ったよりもスピードが出る

セグウェイでビーチ沿いをさんぽ
## ゴーグリーン・エコ・アドベンチャー
### Gogreen Eco Adventure

セグウェイでビーチ沿いを回る。外を走りたいなら、セグウェイアドベンチャーのコースに参加しよう。

- 🏠 51 Siloso Beach Walk
- ☎ 9825-4066
- 🕘 10:00〜19:30　休 無休
- 💰 セグウェイアドベンチャー30分 S$49.90
- 🚕 セントーサ・エクスプレスのビーチ駅から徒歩5分
- www.segwaytours.com.sg

セントーサ島 ▶ MAP 別 P.22 B-2

| スリル | ★ | ほのぼの |

💰 S$49.90〜　所要時間 30分〜
ファン・ディスカバリー・バス：○

帰りはリフトで丘の上に戻れる

山の斜面をカートで激走！
## スカイライン・リュージュ・セントーサ
### Skyline Luge Sentosa

丘の上からシロソ・ビーチ沿いまで、全長650mのコースをカートで疾走するライド系アトラクション。

- 🏠 45 Siloso Beach Walk
- ☎ 6274-0472　🕘 11:00〜19:30（金曜は〜21:00、土曜は10:00〜21:00、日曜は10:00〜）　休 無休
- 💰 2回 S$25〜、（リフト付き）　🚕 セントーサ・エクスプレスのビーチ駅から徒歩10分
- www.skylineluge.com/en/sentosa

セントーサ島 ▶ MAP 別 P.22 B-2

| スリル | ★ | ほのぼの |

💰 S$25〜　所要時間 30分
ファン・ディスカバリー・バス：×

---

🐾 アトラクションがセットになったFUN Discovery Pass（S$60〜）がある。使えるアトラクションはwww.sentosa.com.sgでチェック。　67

# EAT

## 🍴 HOW TO EAT

# シンガポール「食べる」事件簿

おいしいローカルフードを
味わうために、現地のルー
ルや決まりを学んでおこう。

---

### 🔍 事件ファイル1

**メニューに書いてある料金よりも
ずいぶん高い金額を請求された!**

お目当てのレストランでおいしい食事をたっ
ぷり堪能して、いざお会計! 注文するとき
にメニューを見て、あらかじめざっくりと計
算した金額よりもずいぶんと金額が高いよ
うな気がするんだけど、どうして?

### 解決!

**メニュー表示の料金は
税&サービス料別**

ホーカースを除くシンガポールのレストラ
ンでは、メニューの金額に税金が含まれて
いない。通常はサービス料10%を加算し、
そこにさらに税金(GST)9%をプラスする。
これは、「プラスプラス」と呼ばれる、シンガ
ポールならではの料金システム。

---

## 🍴 RESTAURANT TIPS 🍴

### ● 高級店は要予約

支払いがS$100を超え
るような高級レストラン
は要予約。電話の際は、
「Can I make a reserva
tion ?」と言い、名前や
人数を伝える。ホーム
ページで予約できると
ころもある。

### ● 最新オーダー&お会計事情

コロナ禍以降、レストラ
ンでは非接触型オーダ
ーのレストランが増加。
メニューの代わりにQR
コードがあり、それをス
マホで読み取りオーダ
ーする。クレジットカー
ドはホーカースを除くほ
とんどの店で利用可能。

### ● ドレスコードについて

南国だけに、堅苦しいド
レスコードはまずない。
ただし、高級店やアフ
タヌーンティーなどは
Tシャツ&短パンといっ
たラフな格好は避けた
ほうが無難。スマートカ
ジュアルを心がけて。

### ● チリクラブなどは基本時価

チリクラブをはじめシー
フード料理は、魚介を生
け簀からあげて調理す
る。そのため金額はグ
ラム単位。素材のグラ
ム数を確かめ、金額を
計算してから注文する
のが安心だ。

## 🔍 事件ファイル 2

### ホーカースで注文しようとしたら英語が通じない！

中心部から離れたエリアで、ホーカースを発見！ さっそくチキンライスを注文したけど、お店の人は怪訝な顔。売り切れ？ それとも、私何か変なこと言ってるのかな？

## 解決！

### 写真で料理を確認して、番号を伝えればOK！

観光客があまり行かない場所にあるホーカースだと、英語が通じない場合もしばしば。ただし、屋台（ストール）の上部に写真や文字で料理が表示されているので、指をさしてオーダーすればOK。

#### ホーカースの人気メニュー

**チキンライス**
ローカルフードの王様！ 正式名はハイナン・チキンライスという

**ホッケンミー**
エビだしが効いた海鮮焼きそば。中国語がそのまま英語名に

**フィッシュボールミー**
ボール状にした魚のすり身が入る中華麺。あっさりとした味わい

---

## 🔍 事件ファイル 3

### ドリアンを部屋で食べようとしたら断られた！

「フルーツの王様」と呼ばれるドリアンを、マーケットで大量買い！ 一度じゃ食べきれないから、ホテルでゆっくり食べようとしたら、フロントの人が「NO」だって。どうして？

## 解決！

### くさーいドリアンはホテルに持ち込めない

シンガポールのホテルは全て、ドリアンの持ち込みが禁止されている。ほかMRTやレストランも禁止。隠してもにおいでばれるので絶対にやめよう。お菓子などの加工品なら、ホテル持ち込みOK。

#### 気軽に味わえるドリアンお菓子

**アイス**
アイスモナカやアイスカチャンなどは、ドリアン味が意外と人気

**チョコレート**
ドリアンエキスをチョコでコーティング。最もにおいが外に漏れない

**チップス**
密閉されたドライチップス。開封したら一気に食べ切ろう

---

# EAT 01 王道の名店へ！

# チキンライス四天王食べくらべ

プリプリ度
No.1！

プリプリのゼラチンがたっぷり！こってり系チキン

表面
セサミやジンジャーオイルを塗っている。脂がたっぷりのってテカテカ！

さっぱりのタレ
チキンにタレをたっぷりかけて食べると、あっさりとした味わいに変身！

チキンライス
S$7

鶏肉の表面に浮き出た脂が光っておいしそう！付け合わせの手作りソースは販売しているので、おみやげにぜひ

| ジューシー度 | ★★ |
| プリプリ度 | ★★★ |
| ボリューム度 | ★ |
| 【部位・調理法】選択可 | |

ゼラチン質のチキンがたまらない！

## ブン・トン・キー
Boon Tong Kee

1983年創業の名店。国内だけでなく海外にも支店があり、著名人も多く訪れる。最大の魅力は歯応えのよいゼラチン豊富な鶏肉。付け合わせの自家製ソースや豊富なサイドメニューも魅力。

🏠 399/401/403 Balestier Rd.　☎6254-3937
🕐 11:00〜14:30LO、17:00〜22:20LO（土曜は11:00〜22:20LO、日曜は11:00〜22:20LO）
🈵旧正月初日　🚇MRTノビナ駅から市バス131番で7分、バス停Bef Balestier Plaza下車、徒歩1分　boontongkee.com.sg

郊外 ▶MAP 別 P.6 C-1

酢豚
S$14

人気商品のレバー入り酢豚。クセがなく、苦手な人でも食べやすい

S$4.20

生姜をすり潰したあっさり味のジンジャーペースト（左）と、ピリッとした辛さで味が締まるチリソース（右）も販売

ネオンの看板が当店の目印

スタッフのホーさん

ガラス張りの店頭で鶏肉をさばく職人技を見てみよう

シンガポールを代表する定番メシ！ つやつやとしたチキンと、旨みが凝縮したスープで炊く香り高いご飯は一度食べたらやみつきに。地元紙の投票で選ばれた人気4店で個性あるチキンを食べくらべよう！

EAT

チキンライス

チリクラブ

ローカルフード

ホーカース

アジア各国料理

フュージョン料理

ナイトスポット

カフェ&スイーツ

## What is
### チキンライス四天王

地元新聞の『マイ・ペーパーMy Paper』が読者投票を行い、名店を選ぶ。現在は行われていないが、2008年に選ばれた4店が四天王と呼ばれている。

ジューシー度
No.1！

上質な地鶏を使った
あっさり味の
チキンライス

質のよい鶏肉
ほろりとやわらかい食感のカンポンチキン。旨みが凝縮されている

**チキンライス**
（ご飯は別途 S$1）
**S$7**

食感・脂の質のバランスが秀逸。生姜ベースのタレをかけて食べれば、さらにさっぱり。ライスも香りが強く絶品

ジューシー度 ★★★
プリプリ度 ★★
ボリューム度 ★★
【部位・調理法】選択可

生姜入りのタレ
隠し味に生姜を加えたタレはあっさりして鶏肉との相性バツグン！

**揚げ豆腐**
**S$9**
揚げ豆腐の上に肉そぼろの餡かけをトッピング。優しい味わい

**サンバルソース**
**の野菜炒め**
**S$10.50**
ご飯との相性ばっちり！パンチのあるサンバルソースの辛さがクセになる

カンポンチキンの名店
## ファイブ・スター・ハイナニーズ・
## チキンライス・レストラン
Five Star Hainanese Chicken Rice Restaurant

地元の人に親しまれているローカル感たっぷりの店。上質な地鶏を使っているため、食感はしっとりとやわらかい。皮も程よい脂ののり具合で、食べれば鶏肉の旨みが口の中いっぱいに広がる。

カンポンチキンを
味わいに来てね！

手際よくスピーディに鶏肉をさばいていく

⚓191 East Coast Rd. ☎6344-5911 ⏰10:00
〜翌2:00 ㉺無休 ⊛中心部からタクシーで20
分 fivestarchickenrice.com

カトン ▶MAP 別P.24 C-2

ボリューム度
No.1！

ライス
チキンオイルにブルージンジャーを加えることで風味をプラスしている

ちょっぴり贅沢
大ぶりチキン

大ぶりチキン
分厚くしっかりとした歯応えのチキンは香り高く食べ応えもバツグン

チキンライス
S$25

身が引き締まったボリューム満点のチキン。値段は少し高めだが食べる価値あり！

大ぶりのチキンが魅力
## チャターボックス
Chatterbox

ホテル内にあるレストラン。毎朝シェフが目利きした新鮮なチキンを仕入れている。少し大きめに育てた肉厚な鶏肉を使うのが特徴。

🏠 333 Orchard Rd., 5F（ヒルトン・シンガポール・オーチャード内）☎6831-6291
🕐11:30〜16:30、17:30〜22:30（金〜日曜は〜23:00）🈲無休
🚇MRT サマセット駅から徒歩7分
オーチャード・ロード ▶ MAP 別 P.21 E-3

肉厚チキンがうちの自慢！

ジューシー度 ★★
プリプリ度 ★★
ボリューム度 ★★★
【部位・調理法】選択不可

シェフのリーさん（左）ウォンさん（右）

伝統的な老舗の味
## ロイ・キー・ベスト・チキンライス
Loy Kee Best Chicken Rice

1953年創業の老舗。当時の作り方を忠実に守り抜き伝統的な海南式チキンライスを提供する。あっさりとした舌触りのいい味わいが人気の秘密。

🏠 342 Balestier Rd. ☎6252-2318 🕐10:00〜21:30 🈲旧正月2日間 🚇MRTノビナ駅から市バス131番で9分、バス停Shaw Plaza下車、徒歩2分 www.loykee.com.sg
郊外 ▶ MAP 別 P.6 C-1

ジューシー度 ★★★
プリプリ度 ★★
ボリューム度 ★
【部位・調理法】選択可

無添加チキンがこだわり！

オーナーのセバスチャンさん

ローストやソイソースなど調理法も選べる

自家製の野菜
シャキシャキとした食感のいい、手作りのチンゲンサイのおひたし

ローカル人気
No.1！

伝統の味を守る老舗レストラン

厳選されたチキン
質にこだわった新鮮なチキンを人工調味料は一切使わずに調理する

チキンライスセット
S$9.80

木製の丸いトレーにきれいに盛り付けられた野菜付きのセット。女性でも食べ切りやすいサイズなのもうれしい

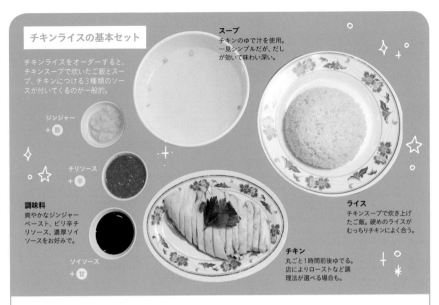

## チキンライスの基本セット

チキンライスをオーダーすると、チキンスープで炊いたご飯とスープ、チキンにつける3種類のソースが付いてくるのが一般的。

**スープ**
チキンのゆで汁を使用。一見シンプルだが、だしが効いて味わい深い。

ジンジャー
＋酸

チリソース
＋辛

**調味料**
爽やかなジンジャーペースト、ピリ辛チリソース、濃厚ソイソースをお好みで。

ソイソース
＋甘

**ライス**
チキンスープで炊き上げたご飯。硬めのライスがむっちりチキンによく合う。

**チキン**
丸ごと1時間前後ゆでる。店によりローストなど調理法が選べる場合も。

---

**部位**　鶏肉の部位は主に、胸肉、モモ肉、バック、ウイング（手羽）から選べる。それぞれ食感や味も異なるので食べくらべてみよう！

あっさりヘルシー！ **胸肉**
ドライな食感であっさりと食べやすい。脂身が少ないので健康的！

さっぱりとしていながら、ゼラチンが入ってジューシーな味わい。

旨みたっぷり！ **バック**

ジューシーが好みなら **モモ肉**
脂がのった人気の部位！ゼラチンが最も多く入っている。

骨周りについた肉から深い旨みが染み出ている。骨好きにおすすめ。

骨までしゃぶりたい **ウイング**

---

**調理法**　ボイルが一般的だが、店によってローストやソイソースなども選べる。

**ボイル**　　**ロースト**　　**ソイソース**

あっさり　──────────────→　こってり

**永遠の定番はこれ！**
最も人気のボイル。約1時間、丸ごと鍋でじっくりゆでる。

**焼いて甘みUP！**
マリネして2〜3時間ローストする。カリカリして香ばしい。

**こってり味でご飯に合う**
ソイソースが染み込んで、甘じょっぱい。ご飯がすすむ濃厚味。

## Check!

**カンポンチキンって何？**
放し飼いにされて育った地鶏で、高級鶏として知られている。しっとりとして脂身が少なく、ヘルシー。

EAT

チキンライス

チキリクラブ

ローカルフード

ホーカーズ

アジア各国料理

フュージョン料理

ナイトスポット

カフェ＆スイーツ

おしゃれカフェから老舗、ホーカースまでいろいろ

# 3食ぜんぶチキンライス宣言!

NICE

**値段・味・量 三拍子がそろう**

✔コスパ抜群!

**チキンライス S$6**

生姜が効いたさっぱりタレがチキンとよく絡み、食欲をそそる

---

| | |
|---|---|
| ジューシー度 | ★★ |
| プリプリ度 | ★ |
| ボリューム度 | ★★ |
| 【部位・調理法】選択可 | |

ホーカース内の行列必至の名店

## テンテン・ハイナニーズ・チキンライス
Tian Tian Hainanese Chicken Rice

マックスウェル・フード・センター(→P.85)内にある、超人気店。パラリとしたライスと、しっとり鶏肉は相性バツグン。S、M、Lとサイズが選べる。

🏠 1 Kadayanallur St., No.10&11（マックスウェル・フード・センター内）
☎9691-4852 営 10:00～20:00（なくなり次第閉店） 休 月曜、旧正月6日間 交 MRTマックスウェル駅から徒歩1分 カード不可
チャイナタウン ▶MAP 別 P.15 D-3

---

**チキンライス S$6.50**

+ S$4.50で人気の水餃子セットに変更可能

**ランチ時はいつも満席!**

✔日本支店あり

| | |
|---|---|
| ジューシー度 | ★★ |
| プリプリ度 | ★★★ |
| ボリューム度 | ★ |
| 【部位・調理法】選択可 | |

弾力のあるチキンが魅力

## ウィー・ナム・キー・チキンライス
Wee Nam Kee Chicken Rice

ユナイテッド・スクエア内にあり地元客でにぎわう店。マレーシア産のチキンは弾力ある食感が魅力。シンガポールに6店舗、東京に1店舗を展開している。

🏠101 Thomson Rd. #01-08（ユナイテッド・スクエア内） ☎6255-6396 営 10:30～20:30 休 旧正月4日間 交 MRTノビナ駅から徒歩7分
wnk.com.sg
郊外 ▶MAP 別 P.6 C-1

---

地元客が通う人気店

## シン・スウィー・キー
Sin Swee Kee

ラッフルズ・シンガポール(→P.188)の裏にある店。まさに地元の食堂といったアットホームな雰囲気。調理法はローストかボイルから選べる。

| | |
|---|---|
| ジューシー度 | ★★★ |
| プリプリ度 | ★★ |
| ボリューム度 | ★★ |
| 【部位・調理法】選択可 | |

🏠35 Seah St. ☎6337-7180
営 11:00～21:00 休 旧正月3日間
交 MRTエスプラネード駅から徒歩4分
シティ ▶MAP 別 P.11 D-1

---

**お財布にうれしい お手頃価格**

✔ローカル度高め

スタッフのシニーさんとバオさん

**ポーチドチキン セット S$9**

ボイルした一番人気のチキンに、おにぎりが2つ付くセット

ローカルフードの代表といえば、チキンライス！店舗によってソースやタレが違ったり、チキンの食感もしっとりからプリプリまでさまざま。値段もお手頃なところが多いので、食べくらべてみるのも楽しい。

🍴 EAT

チキンライス

チリクラブ

ローカルフード

ホーカーズ

アジア各国料理

フュージョン料理

ナイトスポット

カフェ＆スイーツ

ゆっくりと味わって

スタッフのダンさん

## ホテルシェフが作るチキンライス

大人カフェ

**ハイナニーズ・チキンライス S$22**

黒しょうゆ、チリソース、ジンジャーソースの3種のタレで楽しめる

ジューシー度 ★★★
プリプリ度 ★
ボリューム度 ★★
【部位・調理法】選択不可

ホテルの中の大人カフェ
### ホワイト・ローズ・カフェ
White Rose Café

ヨーク・ホテル・シンガポール内にあるカフェ。落ち着いた雰囲気で、世界各国のローカルフードが楽しめる。

🏠21 Mount Elizabeth, Upper Ground Floor（ヨーク・ホテル・シンガポール内）
☎6737-0511 ⏰7:00〜22:30LO
🗓無休 🚇MRTオーチャード駅から徒歩13分
www.yorkhotel.com.sg
オーチャード・ロード ▶MAP 別P.21 E-2

## ほろほろチキンと濃厚ダレがクセに

ミシュラン星付き

ソイソースチキンライス S$6.80

ほろり崩れるチキンと甘じょっぱいタレがベストマッチ！

ジューシー度 ★★★
プリプリ度 ★★
ボリューム度 ★★★
【部位・調理法】選択不可

ミシュラン1つ星のチキンライス
### リアオ・ファン・ホーカー・チャン
Liao Fan Hawker Chan

ミシュラン1つ星を獲得した話題の店。ベストセラーは、オリジナルのソイソースで味付けした濃めのチキン。

🏠78 Smith St. ☎6221-1668
⏰10:00〜19:30 🗓無休
🚇MRTチャイナタウン駅から徒歩3分
www.liaofanhawkerchan.com
チャイナタウン ▶MAP 別P.14 C-2

## 食材はどれも滋養たっぷり

個性派

**サムスイ・ジンジャー・チキン S$20.90〜**

胸、モモ、バック、ウィングの4部位が入っているので、食べくらべてみて

レタスで巻いて召し上がれ

スタッフのヘンリーさん

ジューシー度 ★★★
プリプリ度 ★★
ボリューム度 ★★★
【部位・調理法】選択不可

体に優しいヘルシーメニュー
### スープ・レストラン
Soup Restaurant

チャイナタウンで親しまれてきた薬膳料理が楽しめるレストラン。ジンジャーソースとチキンの組み合わせが秀逸で、やみつきになるおいしさ。

🏠290 Orchard Rd., #B1-07（パラゴン内）
☎6333-6228 ⏰11:30〜22:00 🗓無休
🚇MRTオーチャード駅から徒歩10分
www.souprestaurant.com.sg
オーチャード・ロード ▶MAP 別P.21 E-2

🕷 テンテン・ハイナニーズ・チキンライスはローストも選択可。注文時にリクエストして。

食べ始めたら止まらない！
# チリクラブに豪快にかぶりつく

島国だけに、シーフードのおいしさは特筆もの！ 一番人気は、カニを贅沢に堪能できるチリクラブ。新鮮なカニにピリ辛のソースが絡む絶妙ハーモニーを楽しんで！

インパクト大！
カニを丸ごと揚げた
絶品チリクラブ

**カニの種類**
スリランカクラブを使うのが一般的。大きな爪にはぎっしり身が詰まっている

**チリソース**
ピリ辛のチリソースに、トマトソースや卵などを加えマイルドに仕上げる

小紅樓
RED HOUSE
SEAFOOD

丸ごと鍋揚げしたカニに、パンチの効いたチリソースがたっぷり。シンガポールを代表するシーフードとして人気がある

**チリクラブ**
**1kg S$108～**

**パンは必食！**
余ってしまったチリソースは、一口サイズの揚げパン S$1につけて食べよう

ほかの海鮮料理もおすすめ！

スタッフのインさん

ピリ辛が好きならココ
## レッド・ハウス
Red House

1976年にオープンした川沿いの海鮮料理店。辛口のチリソースは、オリジナルのトマトソース入り。スリランカクラブのほか、アラスカンキングクラブやスコティッシュクラブも提供。

🏠 3C River Valley Rd., #01-02/03　☎ 6442-3112　🕐 12:00～14:00LO、17:30～21:15LO
🈔 旧正月初日　🚇 MRT フォート・カニング駅から徒歩4分
redhouseseafood.com

`リバーサイド` ▶ MAP 別P.13 E-2

こちらのカニもおすすめ！

**ホワイトペッパークラブ**
**1kg S$108～**

スコッドランド産のカニを使用。コショウの香ばしさがやみつきになる味

🍴**other menu**
・バンブークラムのガーリック蒸し焼き
　1個 S$16～
・アワビの蒸し焼き S$58～
・海鮮のスパイシー炒め S$38

**イカ墨の黒パン**
**S$12**

飲茶だけの限定メニュー。中にはチリクラブソースが！

## How to
### チリクラブの食べ方

食べるときは大胆に手づかみで食べる。用意された道具をうまく使いこなして、余すことなくチリクラブを食べ切ろう！

**1 割る**
まず、用意された専用のハサミで殻を割る。かなり硬いので力が必要。

**2 かきだす**
爪などの身が取りにくい部分は、先の鋭い細長い棒を使って身をかきだす。

**3 パンにつける**
残ったソースは、一口サイズの揚げパンにたっぷりつけて食べるのが定番。

**4 手を洗う**
手が汚れたらレモン入りの水で洗おう。お手ふきも用意されている。

---

**こちらのカニもおすすめ！**

**カリーラクサクラブ 1kg S$108〜**
ラクサのコクがカニと合わさってまろやか

格式ある海鮮料理店
### トン・ロック・シーフード
Tung Lok Seafood

地元で定評のある高級な海鮮レストラン。国内のほか、海外にも多くの支店を持つ。チリソースの隠し味にオレンジピールやジュースを入れている。事前に予約必須。

🏠181 Orchard Rd., #11-05（オーチャード・セントラル内）　☎6834-4888　⏰11:30〜15:00、18:00〜22:30（日曜は10:30〜）　㊡旧正月初日　🚇MRTサマセット駅から徒歩5分
www.tunglokseafood.com
`オーチャード・ロード` ▶MAP 別P.21 F-3

**other menu**
・ホタルイカ揚げ S$16
・アサリのサンバル炒め S$18〜

**エビのクリスピー揚げ S$40**
オーツ麦とカリカリに揚げたエビが合わさり香ばしい

爽やかさナンバーワン！

**チリクラブ 1kg S$108〜**
オレンジを使ったチリソースは、酸味が効いてほんのり甘さが広がる

---

こってり甘口のこだわりチリソース

**チリクラブ 1.6kg S$188.80〜**
子どもでも食べられるように甘めに味付けしたチリソースが自慢

スタッフのマイケルさん

**こちらのカニもおすすめ！**

絶景と共にカニを堪能
### パーム・ビーチ
Palm Beach

**クリーミークラブ 1.6kg S$188.80〜**
バターや牛乳を使った濃厚ソースがカニとよく絡む

マリーナベイ・サンズが見渡せる、好立地のシーフードレストラン。トマトケチャップを使用した甘口のソースは辛いのが苦手な人でも食べやすい。予約は必須。

🏠1 Fullerton Rd., #01-09（ワン・フラトン内）
☎6336-8118　⏰12:00〜15:00、17:30〜23:00
㊡旧正月前日、旧正月2日間　🚇MRTラッフルズ・プレイス駅から徒歩8分
www.palmbeachseafood.com
`マリーナ` ▶MAP 別P.8 C-1

**other menu**
・キジハタ料理 S$128
・海鮮の盛り合わせ 1人 S$35

**キングブラウンスープ S$16**
牛乳や鶏だしで煮込んだクリーミーなスープ

---

🦀 カニは重さによって値段が違う。1グラム当たりの値段×カニのグラム数に調理代を合わせた値段になるので、事前に確認を。

EAT

チキンライス

チリクラブ

ローカルフード

ホーカーズ

アジア各国料理

フュージョン料理

ナイトスポット

カフェ＆スイーツ

# 絶対食べたい！
# ローカルフードベスト10制覇！

## BEST 1
## 濃厚スープのラクサ

> 魚介のだしスープがたまらない！😊（女性）

> 辛そうだけど、マイルドで食べやすい😊（女性）

> こってり濃厚で、ランチにぴったり👍（男性）

**ラクサ（Lサイズ）**
**S$7.50**

ラクサリーフやチリソースをスープとよくなじませながら、レンゲですくって食べる

伝統的なニョニャスタイルよ

**ラクサ（叻沙）**
ココナッツミルクをベースにしたマイルドな味の自家製スープに、短い米粉の麺、エビや貝、かまぼこなどの具材がたくさん入る

ニョニャ・ラクサの有名店
## マリン・パレード・ラクサ
Marine Parade Laksa

ロキシー・スクエアのホーカース内にあるラクサの名店。ニョニャスタイルのラクサは、ココナッツミルクを使った濃厚なスープにたっぷりの具材が絶妙に絡み合いまろやか。

🏠50 East Coast Rd., #01-64（ロキシー・スクエア内）
☎9622-1045 🕐8:30〜17:30 ❌旧正月3日間 ❌中心部からタクシーで20分 カード不可

カトン ▶MAP 別 P.24 B-2

## BEST 2
## がっつり食べたいバクテー

> 朝ごはんに食べたら元気が出そう！👍（男性）

> 野菜も肉もバランスよく食べられる（女性）

> ボリューミーでお腹が満たされる👍（男性）

**バクテー（リブ肉）**
**S$8.90**

肉や野菜は箸で食べながら、レンゲを使ってスープを飲む。熱いのでヤケドに注意

自家製だしで煮込んだ、野菜の蒸し煮 S$4

麩のような揚げパン油条 S$2 はスープにつける

**バクテー（肉骨茶）**
白コショウが効いたスープに味の染みたリブ肉が入る。揚げパンやライス、野菜と一緒にオーダーするのがローカル流

栄養たっぷりの元気飯
## ヤファ・バクテー
Ya Hua Bak Kut Teh

潮州式のバクテー専門店。パンチの効いたキレのあるスープは、上質で香り高いこだわりの白コショウを使っている。

🏠593 Havelock Rd., #01-01/02（イセタン・オフィス・ビルディング内）☎6235-7716 🕐11:00〜翌3:00（火・木曜は〜翌2:00、日曜は〜22:00）❌月曜 ❌MRTハブロック駅から徒歩3分 カード不可
yahua.com.sg

リバーサイド ▶MAP 別 P.12 A-2

中国、インド、マレーシアなどさまざまな文化が混ざり合うシンガポールは、ローカルフードもバラエティ豊か。シンガポーリアンに親しまれている人気料理10品をランキング！ どれを食べるか迷ったら、全部食べてしまえばいい！

EAT

チキンライス

チリクラブ

ローカルフード

ホーカーズ

アジア各国料理

フュージョン料理

ナイトスポット

カフェ＆スイーツ

**BEST 3**

旨みたっぷり
フライド・ホッケンミー

> 添えられたライムを搾ってもおいしい😊（女性）

> エビの旨みが口いっぱいに広がる！😊（女性）

> 男性も満腹になるたっぷりボリューム👍（男性）

**BEST 4**

体に優しい
ヨンタオフー

> すり身が入って優しい味わい😊（女性）

> 一皿でいろんな具材が食べられる👍（男性）

> 軽いのでご飯が何杯でもいける！👍（男性）

**フライド・ホッケンミー**
**S$20**

食べるときは箸。汁気があるので、服などに飛び散らないように注意して食べよう

お腹いっぱい召し上がれ

**ヨンタオフーセット**
**S$7.50**

レンゲと箸を使って食べる。9種類の具が入り、ライスまたは麺がついてくる

ヨンタオフーラクサも人気です

**フライド・ホッケンミー**
福建麺と呼ばれる中太の黄色い麺と、海鮮や野菜などの具材を炒めた塩味やきそば。具材の旨みが麺に染み込んだ優しい味わい

スタッフのダンさん

**ヨンタオフー（釀豆腐）**
あっさりした優しい味わいのスープに、すり身を詰めたゴーヤーやオクラなどの野菜や厚揚げが入る。体が温まるおでんのような料理

ホテルメイドのローカルフード
# ホワイト・ローズ・カフェ
White Rose Café

シンガポールのローカル料理はもちろん、洗練された味わいの世界各国の料理を提供。優しい味わいのホッケンミーは、小麦粉麺と米粉麺の2種類を使用しており、食感の違いを楽しめる。エビやイカ、豚肉など具材も種類豊富。壁一面がガラス張りの店内は開放感たっぷり。
>>>P.77

昔から愛される地元の味
# チョン・バル・ヨンタオフー
Tiong Bahru Yong Tao Hu

1989年創業、当時のレシピを守る伝統のヨンタオフーが味わえる。店はオープンエアの屋台スタイルで、カウンターで注文したら席に着く。具材、スープとも全て手作り。

🏠56 Eng Hoon St.　☎8833-2282　⏰7:00～16:30
🈺旧正月4～5日間　🚇MRTチョン・バル駅から徒歩13分
カード不可　www.tiongbahruyongtaohu.com
カトン　▶MAP 別P.24 C-3

BEST 5

炭火で炊き上げるクレイポットライス

> 焼きおにぎりみたいで香ばしい！（👍男性）

**クレイポットライス 3人前 S$20**
具材をまんべんなくかき混ぜスプーンで食べる

---

30分待ってでも食べたい！

## リァン・ヘ・ベン・ジ・クレイポットライス
Lian He Ben Ji Claypot Rice

ホーカース内の2階の端っこにある老舗店。火の温度を調整しながら炭火で30分かけて炊き上げる。

🏠Blk. 335 Smith St., #02-198/199（チャイナタウン・コンプレックス内）☎6227-2470
⏱15:00～21:00　🈲月・木曜
🚇MRTチャイナタウン駅から徒歩6分

チャイナタウン　▶MAP 別P.14 C-2

**クレイポットライス**
チキンやソーセージ、レバーや魚など具だくさんの白米を土鍋で炊く。醤油とオイルをかけて食べる

> 炊くのに時間かかるよ

スタッフのヒナさん

---

本場のビリヤニを提供

## ビスミラー・ビリヤニ・レストラン
Bismillah Biryani Restaurant

本格的なビリヤニを提供する人気店。香辛料を店で挽くことで、スパイスの風味がさらに増す。

🏠50 Dunlop St.　☎6935-1326
⏱11:30～20:30　🈲無休
🚇MRTジャラン・ベザール駅から徒歩3分　カード不可

リトル・インディア　▶MAP 別P.17 D-3

> ラム味も人気だよ！

**ビリヤニ**
20種類以上のスパイスをライスと一緒に炊くカレー味の炊き込みご飯。バスマティライスを使用

---

BEST 6

スパイシーなビリヤニ

> 香辛料が効いて食欲をそそる！（😊女性）

**チキン・ビリヤニ S$12.50**
ナイフ代わりのフォークとスプーンを使う

---

BEST 7

エキスたっぷりプロウンミー

**プロウンミー S$18**
エビの下に隠れた太麺は箸を使って食べる

> 麺が見えないほど魚介がいっぱい！（😊女性）

---

特大エビのトッピングが自慢

## オールド・ハウス
Old House

伝統的な福建式のプロウンヌードルを提供する店。巨大なエビが豪快に盛られている。

🏠25 Neil Rd.　☎6223-1633
⏱17:00～翌3:00　🈲無休
🚇MRTマックスウェル駅から徒歩2分　カード不可

チャイナタウン　▶MAP 別P.15 D-3

**プロウンミー**
エビや豚骨からだしをとったスープに、魚介や太麺の福建麺が入る。チリや白コショウで味付けされている

> 1960年代創業の老舗

オーナーのテオさん

EAT

チキンライス

チリクラブ

ローカルフード

ホーカース

アジア各国料理

フュージョン料理

ナイトスポット

カフェ＆スイーツ

バナナリーフに盛りスプーンとフォークで食べる

BEST 8

魚の頭がド迫力 フィッシュヘッドカリー

一口食べると辛さが鼻に広がる👍（男性）

フィッシュヘッドカリー（Mサイズ）
S$35

### インパクト大の料理に挑戦！
## ムトゥース・カリー
Muthu's Curry

国内でフィッシュヘッドカリーを最初に始めた店。創業当時と変わらない味が楽しめる。

🏠138 Race Course Rd., #01-01
☎6392-1722 ⏰10:30〜22:30
㊡無休 ⊗MRT ファーラー・パーク駅から徒歩5分
www.muthuscurry.com

リトル・インディア ▶MAP 別P.16 C-2

見た目も味もインパクト大！

フィッシュヘッドカリー
5種類のスパイスを使ったカリーに、真鯛の頭を入れて煮込む。パインやオクラをトッピング

シェフ

---

### おしゃれなナシレマ専門店
## ココナッツ・クラブ
The Coconut Club

シンガポールの首相も食べにきたと言われる話題店。食材や調理法にこだわり抜いたナシレマは絶品！

🏠269 Beach Rd. ☎8725-3315
⏰11:00〜22:30 ㊡月曜 ⊗
MRT ブギス駅から徒歩8分
www.thecoconutclub.sg

アラブ・ストリート ▶MAP 別P.19 D-2

おかずたっぷりで栄養満点だよ

ナシレマ
マレーシアの国民食。チキンやオタ（ピリ辛魚のすり身）など数種類のおかずとライスを一緒に食べる

ボリューミーだけどヘルシー☺（女性）

BEST 9

盛りだくさんのおかずとココナッツライスを一緒に

クラシックナシレマ
S$15

メインをオタに変えたホームメイドオタナシレマはS$18

---

甘辛いチキンで、ご飯がどんどん進む！👍（男性）

BEST 10

旨みを閉じ込めたペーパーチキン

鶏の紙包み揚げ（骨なし肉）
10ピース S$25

紙から出すときは手で。あとは箸で食べる

### 元祖ペーパーチキンはこの店で
## ヒルマン・レストラン
Hillman Restaurant

ペーパーチキンといえばこの店。秘伝のタレにつけ込んだチキンは甘辛くてジューシー。

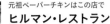

🏠135 Kitchener Rd. ☎6221-5073 ⏰11:45〜14:00、17:45〜22:00 ㊡旧正月4日間 ⊗MRT ファーラー・パーク駅から徒歩6分

リトル・インディア ▶MAP 別P.17 E-2

日本にも支店があります

ペーパーチキン
一口大にしたチキンを紙に包み、油で揚げた料理。鶏の旨みがぎゅっと凝縮されており、絶品

オーナーのワンさんファミリー

🐜 オールド・ハウスでは1匹250〜300gの大きさのエビを使っている。ブラウンミーには2匹ほどが入り、ボリューム満点！

シンガポールならではの食事処

# ホーカースを使いこなす！

地元っ子の台所でもあるホーカース。ローカル料理のほか、中国、インド、パダンなど
さまざまな料理がそろう。使いこなせばあなたもシンガポーリアンの仲間入り！

ローカルフードの
屋台が勢ぞろい！

## ホーカースとストール

衛生上の都合から、路上販売していた屋台を政府が1カ所に集めたものがホーカース。その中の店舗はストールと呼ばれる。

チャイナタウンにあるマックスウェル・フード・センターは、観光客のほかローカルにも人気が高い。行列店もあるので、じっくりと店を選ぼう

# 8Stepで超簡単！ホーカースの使い方

お店の人との会話を楽しみつつ注文にトライ！
もし言葉が通じなくても、ジェスチャーで大丈夫。

**1 店を探す**

人気のあるお店を探そう！

気になるお店は看板横のストールナンバーで覚えるとあとで探しやすくなる。

**2 席取り**

ティッシュでテーブルをキープ！

ティッシュなどを置いてテーブルを確保！鞄の置きっぱなしは絶対にNG。

**3 店を決める**

よさそうなお店発見！ここに決定！

メニューや値段はもちろん、お店の雰囲気や清潔さもチェックポイント！

**4 注文する**

だいたいの店で英語が通じる。困ったらメニューを指さして注文しよう。

これくださーい

**5 料理を受け取る**

セルフサービスの場合はその場で待って料理を受け取り、自分で席まで運ぶ。

はい、どうぞ！チキンライスだよ！

**6**

もう1軒オーダー！

看板の端っこの番号は「ストールナンバー」。住所のようなもの

看板の下にはメニューがずらり

好みで調味料をトッピングできる

ストールの基本的な造り
多くのストール店舗がセルフサービス式。その場合は自分で箸や調味料を準備して待つ

箸やトレーは待っている間に自分で準備する

**7**

ドリンクは別の店へ

ドリンクやデザートを販売する店は別。いろいろな味を試してみよう！

人気はライムやプラム（梅）ジュース

**8**

テーブルで料理を受け取る

お待たせ～！S$4だよ！

ありがとうございます～！

**CHECK！**
片付けは各自で
2021年6月から、ホーカース、フードコートとも片付けは各自が行うことになった。ホーカース内指定の場所に行き返却すること。返却を行わなかった場合、1回目は警告、2回目からは罰金となるので気を付けて。

**CHECK！**
セルフサービスの場合も
ストールに「Self Servise」と表示のある場合は、支払いはその場で行い、後で店まで料理を取りに行く。最近はこのタイプの店が増えている

席に運んでくれる店の会計は受け取り時。注文時に席番号を伝える。

何を食べるか迷っちゃう
## マックスウェル・フード・センター
Maxwell Food Centre

チャイナタウン中心部にある人気のホーカース。開放的な雰囲気で入りやすく、中華系の店が多くそろう。

🏠 1 Kadayanallur St.　🕐店舗により異なる　💰店舗により異なる。目安は8:00～22:00　🚇店舗により異なる　🚆MRTマックスウェル駅から徒歩1分

チャイナタウン ▶ MAP 別P.15 D-3

---

### おいしいストールを見つけるPoint

もし店選びに迷ったときは、この3つのポイントを参考にしてみて。

 行列の店は間違いなし！
人気店は地元客も多く食事時には行列ができる。見かけたら要チェック。

 現地情報誌をチェック
掲載された情報誌を店先に貼る店も多い。地元客に人気のメニューをリサーチ！

 店の清潔度
店頭のアルファベットは政府の衛生検査の結果を表している。Aが一番よい。

---

🏠 人気ストールはこちら！

スピナッチ麺 S$4～6

中華系の麺料理がそろう
### フッキフクシュウギョガンワンタンメン
Fu Ji Fu Zhou Fishball Wanton Noodle

中華風麺料理が人気の店。人気メニューはホウレンソウを使ったスピナッチ麺。ストールナンバーは6。

☎なし　🕐12:30～20:00　🈺無休

ホッケンミー S$5～

海鮮系の料理が自慢
### マリーナ・サウス・デリシャス・フード
Marina South Delicious Food

カキをたっぷり使ったカキオムレツ$6～やホッケンミーなどの海鮮料理が味わえる。ストールナンバーは35。

☎9889-8398　🕐11:00～19:00頃　🈺旧正月

チキンライス・セット S$4～6

チキンライスの2大巨頭の一つ
### アー・タイ・ハイナニーズ・チキンライス
Ah Tai Hainanese Chicken Rice

テンテンの元シェフが独立した店で、マックスウェル内では負けず劣らずの人気店。ストールナンバーは7。

☎なし　🕐11:00～19:30　🈺火曜、旧正月

🍴チキンライスのテンテン・ハイナニーズ・チキンライス（→P.76）などの人気店にもぜひ寄ってみて。

## ここは美食のパラダイス！
# 名物ホーカースで食い倒れ♪

ホーカースは、まだまだたくさんある！数ある中でも、観光客でも利用しやすく
おいしいホーカースを厳選。よりどりみどりのローカルフードを味わって！

---

🏠 バラエティNo.1
## ローカルフード系

ローカル度 ★
規模 ★★★
アクセス ★★

ビルに囲まれた最古のホーカース
## ラオ・パ・サ・フェスティバル・マーケット
Lau Pa Sat Festival Market

オフィス街にある、シンガポール最古のホーカース。近年改
装された。料理はローカルをはじめアジアやラテンアメリカ
まで多彩。名物は、夕方から路面に並ぶサテー屋台。

♠18 Raffles Quay 🕐店舗により異なる 🚫店舗により異
なる 🚇MRTテロック・アヤ駅から徒歩3分
www.laupasat.sg

マリーナ ▶MAP 別P.8 A-3

---

stall No. **16**
麺類ならここにおまかせ！
## チュー・リェン・バン・ミー
Qiu Lian Ban Mee

チュー・リェン・バン・ミェン
**S$5.90**
あっさりスープがクセ
になるおいしさ

きしめんのように平べっ
たい板麺が有名。麺は6
種類から選べる。

🕐10:00～20:00
🚫無休

サテー屋台
テレビにも登場した有名店
## ベスト・サテー 7&8
BEST SATAY 7&8

夕方から屋外に出るサテー
屋台の一つで、日本のテレ
ビにも登場した人気店。

☎9627-7503 🕐19:00
～翌1:00（土・日曜は16:
00～）🚫無休

サテーセットA
**S$26～**
サテー20本にエビ6本
のセット。ピーナッツ
風味のタレをつけて食
べよう

---

🧜 *When*

## ホーカースのピークタイム

場所により異なる。オフィス街にある
ホーカースは12:00～13:00のランチ時
がピーク。マリーナ湾沿いや郊外にある
場合は19:00頃が混み合う時間帯。

---

ローカル度 ★★★
規模 ★★
アクセス ★★

🏠 ローカル度No.1
## 中華系

チョン・バル住民の台所
## チョン・バル・マーケット・アンド・フード・センター
Tiong Bahru Market and Food Centre

建物の2階にあるホーカース。住宅街にあり、地元客が絶え
ず訪れる。1階の市場は、幅広い食材を売る店が密集する。

♠30 Seng Poh Rd. 🕐店舗により異なる 🚫旧正月
🚇MRTチョン・バル駅から徒歩10分
tiongbahru.market

チョン・バル ▶MAP 別P.24 C-3

---

stall No. **02-11**
モチモチ麺がクセになる
## チョン・バル・フライド・クェイ・ティアオ
Tiong Bahru Fried Kway Teow

フライド・クェイ・ティアオの
人気店。米粉麺と福建麺を
使い、ソイソースで炒める。

🕐11:00～22:00
🚫火～木曜、旧正月1週間
カード不可

チャークェイティアオ
**S$3～4**
味の濃い麺に
は、もやしやち
くわも入る

---

stall No. **02-05**
行列が絶えない人気店
## ジアン・ボー・シュイ・クエ
Jian Bo Shui Kueh

ジアンボーシュイ・クエ
**S$3**
モチモチとした食
感。腹持ちがいい

シュイ・クエを売る有名店。
米粉を蒸したものに、し
ょっぱく煮た漬物がのる。

🕐5:30～20:30
🚫旧正月1日 カード不可

---

**ディープ度 No.1**

**インド系**

ローカル度 ★★★
規模 ★★
アクセス ★★★

インド料理ストールが勢ぞろい！
## テッカ・センター
Tekka Centre

ショッピングセンターとマーケットも併設するホーカース。インドやスリランカ料理を中心に、マレーや中華もそろう。

♠ 665 Buffalo Rd. ⏰店舗により異なる 休店舗により異なる ⊗MRTリトル・インディア駅から徒歩1分
リトル・インディア ▶MAP 別P.16 C-3

---

ビリヤニ人気No.1はここ
**stall No. 01-232**
## アラーディンズ・ビリヤニ
ALLAUDDIN'S BRIYANI

チキン、マトン、魚のいずれかを選べる

**ビリヤニ・チキン**
**S$6.50**

スパイスで炊き上げられたビリヤニを求め、行列ができる人気店。

☎なし
⏰8:00〜22:00
休不定休 カード不可

---

スリランカカリーが味わえる
**stall No. 01-280**
## スリランカ・フード
Sri Lankan Food

好きなカレーやおかずを3つ選ぶ

**カリーセット**
**S$7.50〜10**

スリランカ料理を提供する店。スパイシーなカリーは旨みたっぷり。

☎9105-0475
⏰9:30〜20:30
休月曜 カード不可

---

**観光客人気 No.1**

**シーフード系**

ローカル度 ★
規模 ★★
アクセス ★★

海鮮ストールが軒を連ねる
## ニュートン・フード・センター
Newton Food Centre

観光客向けの店が多く、日本語での客引きもたくさん。シーフードのストールが多く、エビやカニが店頭を飾りにぎやか。

♠ 500 Clemenceau Ave. North ⏰店舗により異なる 休店舗により異なる ⊗MRTニュートン駅から徒歩5分
オーチャード・ロード ▶MAP 別P.21 F-1

---

大きなエビにくぎづけ！
**stall No. 78**
## ハイ・キー・シーフード
Hai Kee Seafood

**タイガープラウンのグリル**
**S$16〜22**

エビとガーリックの旨みがマッチ！

数あるシーフード店の中でも、新鮮さに定評。店のおばちゃんは日本語可。

⏰16:00〜22:30
休旧正月4日間

---

ニュートンの行列店
**stall No. 28**
## ヘン
Heng

キャロットケーキの有名店。エビだしが効いたオリジナルの味が人気を呼んでいる。

**キャロットケーキ**
**S$4〜**

⏰18:00〜23:00
休火曜、水曜不定休、旧正月5日間 カード不可

白（塩味）と黒（ソイソース味）の2種類

---

**ロケーション No.1**

**ローカルフード系**

ローカル度 ★★
規模 ★
アクセス ★★★

地元グルメ雑誌がプロデュース
## マカンストラ・グラットンズ・ベイ
Makansutra Gluttons Bay

12店舗と少ないものの、独自の視点で選び抜いた名店ばかり。マリーナ沿いにあり、特にMBSを見渡せる席は大人気！

♠ 8 Raffles Ave.,#01-15 ☎6438-4038 ⏰16:00〜23:00（金曜は〜23:30、土曜は15:00〜23:30、日曜は15:00〜）休月曜 ⊗MRTエスプラネード駅から徒歩6分
マリーナ ▶MAP 別P.11 E-3

---

ローカルの麺料理がそろう
## ド・ラエ・ミー
Do Rae Mee

ラクサやホッケンミーなどローカルの麺料理を提供。エビのだしが効いて美味。

カード不可

**クェイティアオ**
**S$5.50**

米の麺、クェイティアオの焼きそば。こってり濃厚

---

**ロティ プラタとチキンカレー**
**S$7**

甘さと辛さのコンビがたまらない

もっちりロティが美味！
## オールド・サテー・クラブ・ミー・ゴレン
Old Satay Club Mee Goreng

マレー料理店で、名物はクレープ生地のロティをカリーソースで食べるロティ プラタ。

カード不可

EAT

チキンライス

チリクラブ

ローカルフード

ホーカース

アジア各国料理

フュージョン料理

ナイトスポット

カフェ＆スイーツ

# シンガポールの ビールといえば タイガー ビール！

## タイガービールのトリビア

ビールの歴史やロゴの秘密、行ってみたい工場見学まで、タイガービールの豆知識を大公開！

### 実は、70年以上の歴史がある

現在もシンガポールで製造されている

タイガービールを製造しているのはアジア・パシフィック・ブルワリー社で、オランダのハイネケンと地元企業Ｆ＆Ｎ社の合弁会社。ハイネケンが地元会社にビール製造のノウハウを教え、1932年に誕生したのがタイガービール。シンガポール建国が1965年なので、なんと国よりも歴史があるビールなのだ。

## 南国の気候が生んだ すっきりラガー

シンガポールのビールといえば、トラのマークのタイガービール。昔ながらのラガー製法で造られるビールで、シンガポールを中心にアジア各地で飲まれている。味の特徴は、何といっても切れ味のよさ！南国だけにコクよりもキレを求められるお国柄がよく出ているのだ。苦みも少ないので、グビグビッと飲めてしまうはず！

シンガポールのスーパーマーケットには世界各国のビールが並んでいるが、シェア率はやっぱりタイガービールがNo.1！ただし、タイガーにはバリエーションがなく、今でも伝統のラガービール一本勝負。青い缶が棚にずらりと並ぶ様子は爽快だが、味や缶のデザインにバリエーションがないのはちょっぴり寂しいところ。今後の進化を期待したい。

### ロゴには隠れた意味がある

ロゴの秘密に迫ります

タイガービールのロゴは時代により変遷があるものの、トラにヤシの木という基本スタイルは変わらない。ここで注目したいのは、「Tiger」の文字のほう。よく見ると、数字の「8」が隠れているのが分かるはず。「8」は風水で幸運を示す重要な数字。風水が重視されるシンガポールだけに、この形になったというウワサだ。

### ビールには氷を入れる

氷を入れたら早めに飲んで

灼熱のシンガポールだけに、ビールはキンキンに冷やして飲みたい！でも、外で飲む場合はそうもいかない。そんなとき、地元の人は躊躇なく氷入りのジョッキを使う。薄まってしまいそうだが、やってみるとそれほど違和感はない。ちなみに、シンガポールでは水道水も飲めるので、氷入りでもあたったりする心配はない。

### 飲み放題の工場見学ができる

見学ツアーは事前にインターネットで予約を(tigerbrewerytour.com.sg)

タイガービールの製造会社である、アジア・パシフィック・ブルワリー社では、工場見学を受け付けている。会社の歴史やビールの製造工程などが見学できるが、人気の秘密は何といってもタイガービールの飲み放題！ツアーの最後に訪れるパブでは、工場直送のフレッシュビールが制限時間内何杯でも楽しめるのだ。

--- シンガポールのアルコール注意点 ---

**❶ 屋外で飲むのは禁止！**
ホーカースやテラス席でない限り、外でアルコールを飲むのは禁止。スーパーやコンビニで買ったビールはホテルの部屋などで飲むこと。

**❷ 店での販売は22:30まで**
スーパーやコンビニでビールを購入できるが、販売は22:30まで。時間を過ぎるとたとえ置いてあっても買えないので注意。

**❸ 飲めないレストランも多い**
アルコールを飲めるレストランはライセンスが必要。特にリトル・インディアやアラブ・ストリートの店は飲めない場合がほとんど。

このマークが目印

ジョッキでぐいっとあおっちゃおう！

# ビール工場見学

アジア・パシフィック・ブルワリーで行われる工場見学の過程をご紹介！
ホームページから事前に予約して訪れよう。

### 受付で申し込み

工場の入り口を通り敷地内へ入ったら、受付で予約した時間と自分の名前を伝える。

### 歴代グラスやラベルを見学

まずはシアターで歴史を学び、その後歴代グラスなどがあるビールのギャラリーへ。

### ビールの素材を知る

ビールに使われている素材について説明。このあとは工場見学だが、内部撮影禁止。

### ビール注ぎに挑戦！

パッケージング・ギャラリーでビールの注ぎ方を学ぶ。自分で注ぐこともできる。

### パブでビール＆おみやげ探し

お待ちかねのパブへGo！
試飲タイムは45分。飲みすぎにはくれぐれも注意しよう。

**アジアを代表するビールの工場**

## アジア・パシフィック・ブルワリー

Asia Pacific Breweries

タイガービールの製造工場。内部はツアーで見学でき、ツアーの最後にはパブでタイガービールをはじめ提携ビール会社のビールを試飲できる。制限時間は45分。

- 459 Jl. Ahmad Ibrahim
- ☎6861-6200
- 13:00、14:00、15:00、16:00、17:00（月〜木曜は13:00、15:00、17:00）
- 祝前日、祝日
- 大人 S$23〜、18歳以下 S$15
- MRTチュアス・ウエスト・ロード駅から徒歩20分
- www.tigerbrewerytour.com.sg

郊外 ▶ MAP 別 P.4 A-2

---

# シンガポールの最新ビール事情

タイガービールだけじゃない、シンガポールで流行のビール情報を発信。
ビールが人気のおすすめレストランはコチラ！

## クラフトビールが人気急上昇！

世界中でブームとなりつつある自家醸造ビールが味わえるブルーパブだが、シンガポールもその波の真っただ中！特に人気があるのは「レッドドット・ブルーハウス」と、世界最高所にあるブルーパブ「レベル33」。右の写真は、レッドドット自慢のビールサンプラーS$18。下はレベル33のビールサンプラーだ。

イングリッシュ・エール
ライム・ウィート
モンスター・グリーン・ラガー
サマー・エール
ヴァイツェン
チェコ・ピルスナー

地上33階にあるレベル33。店からはマリーナベイ・サンズが一望できる！

## 飲みくらべを楽しんで！

紹介した2店のご自慢ビールは、深いコクを感じさせるヴァイツェンからピルスナー、ラガー、スタウトまでさまざま。レッドドットには緑色をしたビールもある。この緑色のビールこと「モンスター・グリーン・ラガー」は、なんと海藻エキスで色付けしたビール。飲んでみるととてもおいしいのが、また不思議な感覚。サンプラーで数種類を飲みくらべて好みの味を探してみよう。

**クラフトビールはここで飲める！**

レッドドット・ブルーハウス（→P.103）
レベル33（→P.163）

5種のクラフトビールを100mlずつ楽しめるビールパドルS$26.90

---

※ レベル33の料理は環境に配慮したサスティナブルな素材を使用。料理名の隣には、相性のいいビールが表記されている。

EAT

チキンライス

チリクラブ

ローカルフード

ホーカーズ

アジア各国料理

フュージョン料理

ナイトスポット

カフェ＆スイーツ

本場さながらの味を召し上がれ！

# 本格飲茶を指さしオーダー

飲茶とは、中国茶と一緒にシュウマイや餃子などの点心を食べる軽食のこと。
中華系の移民が多いシンガポールでは、本格的な飲茶を堪能できる店が多い。
どれにするか迷ったら、定番の点心を指さしで注文しよう！

## みんな大好き！
## 本格点心を味わう至福の時間

\ 人気No.1! /

**魚子蒸燒賣**
**S$6**
チキンと豚肉のミンチが入ったシュウマイの上に魚卵をトッピング

**豆苗帯子餃**
**S$5.80**
やわらかいホタテの貝柱を豆苗入りの皮で包んだ華やかな一品

**韮菜水晶包**
**S$4.80**
ニラやエビなどの具を米などで作る透明な皮で包んだ水晶包

\ 変わり種 /

**蠔皇叉燒包**
**S$4.80**
ホクホクの本格的な中華肉まんは、甘めに味付けされている

**桂林醤鳳爪**
**S$6**
ピリ辛に味付けした鶏の足。モツによく似たプリプリとした食感

**頂汁鮮竹巻**
**S$6**
チキンや豚肉を包んだ湯葉巻。スープがたっぷり染み込んでいる

リーズナブルで多彩な点心がずらり。メニューは注文しやすい写真付き

気軽に立ち寄れる飲茶専門店

## ヤムチャ・レストラン
Yum Cha Restaurant

チャイナタウンの中心にある飲茶専門店で、一日中飲茶を楽しめる。お手頃＆バラエティ豊かな飲茶のほか定番中華料理がそろう。観光客や地元客でいつもにぎわっている。

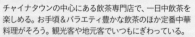

🏠 20 Trengganu St., #02-01 ☎6372-1717 🕐10:30〜21:00（土・日曜は9:00〜）🈶月曜、旧正月初日 MRT チャイナタウン駅から徒歩3分
www.yumcha.com.sg
`チャイナタウン` ▶MAP 別P.15 D-2

## How to

### 飲茶の頼み方
点心のメニューが書かれた紙に、チェックをつけてオーダーするのが一般的。QRコードをスキャンしてオーダーする店もある。

**Step ❶**

**シートに記入**
店員から点心の名前が書かれた用紙を受け取ったら、空白にオーダーしたい数を記入する。

**Step ❷**

**スタッフに渡す**
記入し終えたらスタッフに用紙を渡すだけなので、英語に自信がない人でも安心！

**Step ❸**

**料理が登場**
注文した点心が運ばれてくる。自分がオーダーしたメニューかどうかしっかり確認しよう。

---

## 高級食材を贅沢に使った豪華な点心

**XO醬炒蘿蔔糕**
**S$14**
ニラやもやしと一緒に甘辛いXO醬で炒めたやわらかな大根もち

\人気No.1/

**碧緑水晶餃**
**S$10**
素材の味を存分に生かした、食感のいい中国野菜がたくさん！

\変わり種/

**金沙腐皮巻**
**S$10**
魚卵や黄ニラ、エビがぎっしり入ったパリパリの湯葉の包み揚げ

事前に予約してね

スタッフのジェシカさん

絶品飲茶に舌鼓
### リー・バイ・カントニーズ・レストラン
Li Bai Cantonese Restaurant

シェラトン・タワーズにある広東式の中華レストラン。高級食材を使った上品な飲茶に魅了される。飲茶の時間は11:30〜14:30（日曜は10:30〜）。

🏠 39 Scotts Rd., B1F（シェラトン・タワーズ内）
☎6839-5623　⊗11:30〜15:00、18:30〜22:00（日曜は10:30〜）　⊛無休　⊗MRTニュートン駅から徒歩5分
**オーチャード・ロード** ▶MAP 別P.21 E-1

---

## 品格ある店で絶品の点心が味わえる！

\人気No.1!/

**利苑小籠包**
**S$8.80**
皮を破いた瞬間、中からジューシーな肉汁があふれだす！

**白玉鮮蝦餃**
**S$8.80**
新鮮なエビがたっぷり！弾力のあるモチモチ皮がたまらない

\変わり種/

**蜂巣鳳尾蝦**
**S$8.80**
エビとミンチした鶏肉をタロイモの衣で揚げたもの

定番飲茶が食べられる
### レイ・ガーデン
Lei Garden

香港や中国などにも支店を持つ中華料理店。飲茶をはじめ北京ダックやフカヒレなどの定番メニューが堪能できる。飲茶の時間は11:30〜15:00。

🏠 30 Victoria St., #01-24（チャイムス内）　☎6339-3822　⊗11:30〜15:00、18:00〜22:30　⊛無休　⊗MRTシティ・ホール駅から徒歩5分
www.leigarden.hk
**シティ** ▶MAP 別P.10 C-1

EAT
チキンライス
チリクラブ
ローカルフード
ホーカーズ
アジア各国料理
フュージョン料理
ナイトスポット
カフェ&スイーツ

あなたのお好みはどっち？

# 絶品インドカリー南北バトル

インドカリー界を二分する、北インドカリーと南インドカリー。その違いをリサーチ！
スパイスが香る奥深いインドカリーを味わいつくそう！

## 北のカリー

### 🏛 カリーのタイプ
とろりとした、こってりと濃
厚なタイプ。生クリームを使
用したりと、油分多め。

### 🏛 スパイス
カルダモンやシナモンをブレンドしたガラム
マサラのほか、クミン、クローブなど。

### 🏛 主食
乾燥した北インドでは小麦の栽培が盛ん。そ
のため、ナンなどの粉ものがメイン。

マイルドな北インド料理はここで！
## マスタード
mustard

パンジャーブ地方とベンガル地方、2種類の
北インド料理を提供する店。スパイスは全て
自家ブレンドで、化学調味料は一切不使用。
席数が少ないため予約がおすすめ。

🏠 32 Race Course Rd. ☎ 6297-8422
🕐 11:30〜15:00、18:00〜22:45（土曜のラン
チは〜16:00） 🈺無休 🚇MRTリトル・イ
ンディア駅から徒歩3分
www.mustardsingapore.com

リトル・インディア ▶ MAP 別 P.16 C-2

スパイスが効いた
クリーミーなカリー

スパイスの
魅力を味わって

エビ・ココナッツ・
カリー
S$22.90

本物のココナッツの器に
入って登場！大きなエビ
がごろごろ入っている

バター・チキン・
カリー
S$26

濃厚なバターチキンは、
店の一番人気！ナンは別
料金（S$4.50〜）

川を見ながら北インド料理♥
## キナラ
Kinara

ボート・キーにあり、ランチ時には周辺オフィス街のビジネ
スマンでいつも満席！伝統的な北インド料理をマイルドに
アレンジしたカリーは、万人向けで食べやすい。

🏠 55 Boat Quay ☎ 8525-5485 🕐 11:30〜14:30、
17:30〜22:30 🈺無休 🚇MRTクラーク・キー駅から徒
歩5分 thekinaragroup.com

リバーサイド ▶ MAP 別 P.13 F-3

タンドリー・
プラウン
S$30〜

大きなタイガープ
ラウンをタンドー
ルで焼き上げた豪
華な逸品

# What is

## 北インドと南インド

広いインドだが大きく北と南に分けられる。各地方で有名な州がこちら。

**北インド**

ジャンムー・カシミール州、パンジャーブ州、西ベンガル州、マディヤ・プラデーシュ州などがある。

north
south

**南インド**

カルナータカ州、ケーララ州、アーンドラ・プラデーシュ州、タミル・ナードゥ州、ゴア州などがある。

**ビリヤニライス・野菜付き**
**S$8.10**

インド風の炊き込みご飯。ビリヤニと一緒に2種類の野菜カリーが付く

## 食材の旨みとスパイスが融合したカリー

**カリー・チキン**
**S$9.18**

やわらかく煮込まれたチキンは絶品。上にのっているのはカレーリーフ

南インドカリーは辛めよ

スタッフのサンディヤさん

---

## 南のカリー

### 🍛 カリーのタイプ

ココナッツミルクを入れたりと水分が多めの、さらりとしたタイプ。かなりスパイシー。

### 🍛 スパイス

マスタードシードなどが入ったガラムマサラのほか、ターメリックやカレーリーフなど。

### 🍛 主食

温暖な南インドでは稲作が盛んなため主食は米。ドーサなど米粉を使ったものもある。

種類豊富なカリーメニュー

## バナナ・リーフ・アポロ
### THE BANANA LEAF APOLO

南インド料理と北インド料理の両方が楽しめる店。店名のとおり、バナナの葉を敷いて提供する。ごはん時には観光客はもちろん、ローカルの家族連れも多くにぎわう人気店だ。

🏠 54 Race Cource Rd. ☎6293-8682
🕙10:30〜22:30 🈺無休 🚇MRTリトル・インディア駅から徒歩4分
www.thebananaleafapolo.com

**リトル・インディア** ▶ MAP 別P.16 C-2

---

**南インドセットミール**
**S$10**

3種類のカリーやスープ、ピクルス、ヨーグルトなどが楽しめるセット

**モック・ミート・ソーヤ・マイソール**
**S$10**

材料は大豆だがまるで本物のラムのような食感

ベジタリアンカリーの老舗

## アナンダ・バワン・レストラン
### Ananda Bhavan Restaurant

1924年創業のベジタリアンインド料理店。北・南どちらもあるが、特に南インドカリーをバラエティ豊かにそろえている。ムスタファ・センター(→P.124)の向かいにある。

🏠 95 Syed Alwi Rd. ☎6398-0837 🕙24時間 🈺ディーババリ 🚇MRTファーラー・パーク駅から徒歩5分
www.anandabhavan.com

**リトル・インディア** ▶ MAP 別P.17 D-2

---

🍛カリーの具は、北では主に肉や野菜、南ではそれらに魚が加わるのがスタンダード。ベジタリアンカリーも一般的だ。

暑いからこそおいしい
# パダン料理にチャレンジ！

刺激的な辛さがクセになるパダン料理。豊富な種類のメニューが
ショーケースにずらりと並ぶ。エネルギーの湧く辛〜い料理で、暑さを吹き飛ばそう！

## How to オーダー

指さしでOK！

どれにしようかな？

**Step ①**
**ショーケースの前へ**
列に並んで、ショーケース
へ。トレーなどは不要。

**Step ②**
**メニューを注文**
食べたい料理をチョイ
ス。店員さんに指
をさして伝えよう。

これに決めた！

## パダンの名物料理

定番のパダン料理をご紹介！マイルドなものから辛いものまでさまざま。

**エビ・サンバル**
**1つS\$7.30** A
エビをたっぷりのサン
バルソースとあえた
もの。1匹から頼める

**ビーフ・レンダン**
**1つS\$6.20** A
牛肉をココナッツミル
クと香辛料でじっくり
と煮込んでいる

**チキン・グライ**
**S\$10** B
チキンのカレー煮。コ
コナッツミルクも入り
マイルドな味わい

**ナス・サンバル**
**S\$4.90〜** A
ナスのサンバルソース
あえ。野菜もしっか
り食べておきたい

**フィッシュフライ**
**S\$7** C
甘口ソイソースやチリ
ソース、ガーリックで
味付けされ甘辛い

## What is

### パダン料理

インドネシアのスマトラ島にあるパダン地方の料理のこと。あとを引くスパイシーさが特徴。野菜やチキン、シーフードを使った煮込み料理が中心。

パダン料理を
ゆっくり楽しんでね

オーナーの
ミンさん

たくさん
食べてね！

お待ちどおさま〜

**Step ④**
**席まで運んでくれる**
大きなトレーにのせてウェイトレスさんが席まで運んできてくれる。

**Step ③**
**料理をチェック**
頼んだ料理がきちんと出てきているか確認しておこう。

**A** パダン料理の老舗店

# ランデブー・レストラン
**Rendezvous Restaurant**

パダン料理を提供して60年以上の歴史を持つレストラン。一皿から頼めるので、いろいろ頼み数人でシェアするのが楽しい。

🏠 6 Eu Tong Sen St., #02-72/73（セントラル内）　☎6339-7508　⏰11:00〜20:30　㊡旧正月4日間　🚇MRTクラーク・キー駅から徒歩1分　rendezvous-hlk.com.sg

`リバーサイド` ▶ MAP 別P.13 E-2

**タピオカリーフ**
**S$5** `C`
ココナッツミルクがベースの優しい味

**サユル・ロデ**
**S$5** `C`
野菜などをココナッツミルクで煮た一品

**チキン・レンダン**
**S$10** `B`
約6種の香辛料とココナッツミルクで煮る

**エッグ・ベラド**
1個**S$3.60** `B`
卵にかかるトマトソースの酸味が爽やか

**イカ・サンバル**
**S$8** `C`
イカやオニオンをチリで炒めた辛口料理

**B** 本格的なパダン料理店

# ワルン・エム・ナシール
**Warung M. Nasir**

本場顔負けのパダン料理がそろうモダンな店。おすすめは、たくさんのスパイスを煎り4時間もかけて煮込んだビーフ・レンダン。

🏠 69 Killiney Rd.　☎6734-6228　⏰10:00〜21:30（日曜は〜21:00）　㊡ハリ・ラヤ・ハジ2日間　🚇MRTサマセット駅から徒歩5分

`オーチャード・ロード` ▶ MAP 別P.21 F-3

**C** 地元客に大人気

# Hjh マイムナー・レストラン
**Hjh Maimunah Restaurant**

1992年に創業、地元で人気のレストラン。店の奥まで続く長いショーケースには約40種類ものバラエティ豊かなメニューがそろう。

🏠 11-17 Jalan Pisang　☎6297-4294　⏰7:30〜18:30　㊡日曜、ハリ・ラヤ・ハジ初日　🚇MRTブギス駅から徒歩9分

`アラブ・ストリート` ▶ MAP 別P.18 C-1

EAT

チキンライス

チリクラブ

ローカルフード

ホーカーズ

アジア各国料理

フュージョン料理

ナイトスポット

カフェ&スイーツ

🐾 ランデブー・レストランではテイクアウトも可能。テイクアウトだと10%のサービス料が無料になる。

# フュージョン料理で世界一周

移民が集まるシンガポールは、食文化も多彩。注目は、アジアやヨーロッパの料理を融合したフュージョン料理。組み合わせで生まれる斬新な料理を楽しんで！

## 伝統の味を受け継ぐ プラナカン料理

**クエ・パイティー**
**S$19**

カリカリの卵生地でタケノコやカブ、エビを包んだニョニャ料理

### ナショナル・キッチン・バイ・バイオレット・オン
**National Kitchen by Violet Oon**

クラシカルホーミョー体験型

100年前のプラナカンタイルが装飾されたゴージャスなプラナカンレストラン。ニョニャ料理の名店、Violet Oonの第2号店として定評がある。

⌖ 1 St. Andrew's Rd., #02-01（ナショナル・ギャラリー・シンガポール内）
☎ 9834-9935　◷ 12:00 ～ 14:30LO、18:00 ～ 21:30LO　旧正月2日間
⚇MRTシティ・ホール駅から徒歩5分
シティ ▶MAP 別 P.10 C-2

旧市庁舎の建物を利用したシティ・ホール・ウイング内にある

**ドライ・ラクサ**
**S$29**

米粉の麺にエビの旨みがたっぷり絡んだ汁なしラクサ

### ニョニャ料理

ニョニャ料理はマレーシアと中国南部の料理が合わさってできた料理のこと。ピリッとした辛さが特徴で、材料には必ずエビを使用する。（→P.53）

## フュージョン料理

昔からアジアとヨーロッパの文化の交流地点であったシンガポールは、フュージョン料理発祥の地！現在はその幅をさらに広げ、各国出身のシェフが腕を競っている。

🇯🇵 × ⚪

# 独創的な料理に
# 驚きの連続！

日本×EUの創作料理

## イギーズ
**iggy's**

ソムリエのオーナーが経営するヒルトン内にある店。京野菜や魚介類など日本の食材をふんだんに使った創作料理は目で見ても楽しめる。事前に予約が必要。

581 Orchard Rd.,3F（ヴォコ・オーチャード・シンガポール内）☎8188-3200 ⏰12:00〜13:30（最終入店）18:30〜20:30（最終入店）㊡日・月曜 🚇MRTオーチャード駅から徒歩9分
www.iggys.com.sg

オーチャード・ロード ▶MAP 別P.20 C-2

ランチコース
（5品）
**S$150**

泡立てた出汁のフォームを添えたロブスターとエビのリゾット

🇮🇹 × ⚪

# 緑あふれるガーデンで
# 斬新な料理を

ガーデンを見ながら斬新なイタリアン

## マーガレット
**Marguerite**

フラワー・ドーム内にあるレストラン。ミシュランシェフが生み出すイタリアベースの創作料理が味わえる。ランチのコースは$120〜。

18 Marina Gardens Dr., #01-09（ガーデンズ・バイ・ザ・ベイ フラワー・ドーム内）☎6604-9988 ⏰12:00 〜 15:00、18:00 〜 20:00LO（火・水曜はディナー営業のみ）㊡月曜 🚇MRTガーデンズ・バイ・ザ・ベイ駅から徒歩10分
marguerite.com.sg

マリーナ ▶MAP 別P.9 F-2

ディナーコース
**S$288〜**

牡蠣のムースとスモークしたウナギにだし汁をかけたひと皿

ナショナル・キッチン・バイ・バイオレット・オンではプラナカン料理とニョニャ菓子のハイティー S$59も提供（金〜日曜の15:00〜17:00のみ）。

EAT

チキンライス

チリクラブ

ローカルフード

ホーカーズ

アジア各国料理

フュージョン料理

ナイトスポット

カフェ&スイーツ

97

シンガポール人の定番モーニング

# コピティアムで朝ごはん

飲み物や軽食がそろう、コピティアム。定番朝食はコーヒーとカヤトースト。
シンガポーリアンになりきって、ローカルな雰囲気を味わおう！

シンガポール人の朝はカヤトーストから始まる

コピと呼ばれるシンガポール風コーヒーとトーストが、ローカル朝食の定番。地元の人に交じって、サクッといただこう

**コピ・ペン S$2.60**
汗を吹き飛ばしたいときは、氷たっぷりの冷たいコピがおすすめ！

**フレンチトースト S$6**
カヤジャム入りのフレンチトーストは店のオリジナルメニュー

これが定番！

**カヤトースト S$5.40**
ココナッツミルクや卵を煮詰めたカヤジャムを挟んだトースト

**コピ S$2.40**
コーヒーのこと。オリジナルブレンドしたコピは伝統的なスタイル

HAPPY

地元の人が休憩している姿が多く見られる

**おみやげをGet！**
店オリジナルのコピやジャムも販売している。ラクサやカレーも人気商品！

**S$9.80**
手軽に味わえる15パック入りのコピ

**S$6.30**
定番みやげは丁寧に作った無添加のカヤジャム

ふわふわカヤトーストが看板商品
## キリニー・コピティアム
Killiney Kopitiam

1919年にオープンした老舗コピティアム。国内のほかに、アジアにも支店を持つ。海南式のコピとカヤトーストが有名で、創業当時から愛されてきた。ナシレマなどの軽食もそろう。

🏠67 Killiney Rd. ☎6734-9648 🕐6:00〜18:00 🈲旧正月2日間 🚇MRTサマセット駅から徒歩5分 www.killiney-kopitiam.com ❌カード不可

**オーチャード・ロード** ▶MAP 別P.21 F-3

**What is**

### コピティアム

福建語で「コーヒーショップ」を意味する。オーナーが飲み物を売り、ほかの場所は食べ物屋に貸し経営するが、近頃は単独で店舗を持つ形態が増えている。

カリカリとした香ばしさが最高

**カヤトーストセット S$5.60**

炭で炒めに焼いたカヤトーストと甘めのコーヒーが相性バツグン

ポットは2つ使うよ

ローカル感たっぷりの老舗店
## ヤ・クン・カヤトースト
Ya Kun Kaya Toast

観光客や地元客でいつもにぎわう名店。カリカリになるまで焼いたカヤトーストにはカヤジャムとバターがたっぷり入る。オリジナルのカヤジャムも販売。

🏠 18 China St., #01-01（ファー・イースト・スクエア内）
☎ 6438-3638 　🕐 7:30～16:00（土・日曜は～15:00）
🚫 祝日、旧正月2日間　🚇 MRT テロック・アヤ駅から徒歩3分　yakun.com

`日本語メニュー有`　`カード不可`
`チャイナタウン` ▶ MAP 別 P.15 E-2

☕ コーヒーの種類

**Kopi**
コピ S$2
練乳と砂糖がたっぷり入った、甘いコーヒー

**Kopi O**
コピ・オー S$1.80
砂糖だけが入ったコーヒーは甘さ控えめ

**Kopi C**
コピ・シー S$2.20
あっさりした甘さのエバミルクと砂糖入り

アイスでもOK！

**Kopi Peng**
コピ・ペン S$2.90
コピのアイスコーヒーバージョン。甘い

## How to

## カヤトーストの食べ方

カヤトーストは、温泉卵とセットで食べるのがローカル風。少しカロリーが気になるけど、濃厚なカヤジャムとまろやかな卵が絡み合い、やみつきになる。卵はカヤトーストにつけても、別々に食べてもよし！

### Step ❶ 混ぜる

初めに、スプーンで黄身と白身をまんべんなく混ぜる。

### Step ❷ しょうゆを入れる

お好みでしょうゆを加える。かけすぎないように注意！

### Step ❸ パンにつける

パンにのせて食べる。パンにつけず別々に食べてもOK！

EAT
チキンライス
チリクラブ
ローカルフード
ホーカーズ
アジア各国料理
フュージョン料理
ナイトスポット
カフェ＆スイーツ

---

地元っ子も朝から集合！
## トースト・ボックス
TOAST BOX

シンガポールに70店舗以上を展開するコーヒーショップ。コピはもちろん、カヤジャムやピーナッツバターのトーストやラクサなどの軽食もリーズナブルな価格で楽しめる。

🏠 2 Bayfront Ave. # B1-01E（ザ・ショップ アット マリーナベイ・サンズ内）　☎ 6636-7131
🕐 7:30～21:30　🚫 無休　🚇 MRT ベイフロント駅から徒歩3分
www.toastbox.com.sg

`マリーナ` ▶ MAP 別 P.9 D-2

お財布に優しいしっかり朝ごはん

**トラディショナル・カヤトーストセット S$8**

作りたてのカヤトーストに半熟卵2個とコピが付くお得なセット

🐱 昔ながらのコピティアムの場合、コピのマグカップには、スプーンよりも混ぜやすいレンゲが付く。

ちょっぴりおめかしして出かけよう！

# 優雅にアフタヌーンティー

イギリス統治下で浸透したアフタヌーンティー。現在も高級ホテルのラウンジでは
さまざまなスタイルで楽しめる。ゴージャスな雰囲気とおいしいスイーツを堪能して。

好きなだけ召し上がれ
魅惑のビュッフェ♡

**afternoon tea**

🕐 12:00～14:30、
15:00～17:00
の2部制
（土・日曜・祝日は11:00～13:00、13:30～15:30、16:00～18:00の3部制）

💲 大人 S$65
子ども S$39
（金～日曜は大人 S$68、子ども S$40.80）

晴れた日はプールサイドのテラス席でも食べられる。スイーツは小さめなのでいろいろな味にトライできるのがうれしい

ビュッフェで大満足ティータイム

## レスプレッソ
L'Espresso

老舗ホテル内にある、平日も常に混み合う人気のティーラウンジ。プチサイズのケーキや新鮮なフルーツはもちろん、できたてを提供する軽食もコールドからホットまでと幅広い。

🏠 22 Scotts Rd.（グッドウッド・パーク・ホテル内）　☎6730-1743　🕐10:00～24:00　🈺無休　🚇MRTオーチャード駅から徒歩12分　www.goodwoodparkhotel.com

`日本語OK`

`オーチャード・ロード` ▶ MAP 別 P.21 D-1

**Check** ☑ 好きなものを好きなだけ食べられるビュッフェ形式が人気。外のプールサイドは席数が少ないので、キープしたい場合は早めに行こう。

## アフタヌーンティーQ&A

アフタヌーンティーってなじみがないから分からないことだらけ……そんな疑問をQ&Aで解決！

**Q1** 予約は必要？

事前に予約しておくのがおすすめ！週末などは特に混み合うので、必ず予約しておこう。

**Q2** ドレスコードは？

一年中暑いので、どこも特に決まったドレスコードはない。常識の範囲内であれば問題なし！

**Q3** スイーツしか食べられないの？

一般的にサンドイッチなどの軽食が付いてくるが、キッシュなどの食事メニューやフルーツなどが一緒になったアフタヌーンティーもある。

## What is

### 3段トレーの ヒミツ

伝統的な英国式アフタヌーンティーの場合、3段トレーの皿にのるスイーツには決まりがある。

Ⓐ **1段目**
一番上には、ミニケーキやタルトなどがのる。

Ⓑ **2段目**
スコーンやパウンドケーキなどの焼き菓子は中央。

Ⓒ **3段目**
サンドイッチやパンなどの軽食は下のお皿に。

老舗ホテルの英国風
アフタヌーンティー

紅茶と楽しむ
優雅なひと時

英国風にアレンジした3段トレーのアフタヌーンティー（写真は2人前）。飲み物は紅茶か紅茶を使ったドリンクから選べる

伝統的な3段トレーの英国式アフタヌーンティー。写真はシャンパン付き

**afternoon tea**
🕐 12:00～18:00
💲 S$88～

---

老舗ホテルで味わうティータイム
## グランド・ロビー
The Grand Lobby

1890年から続く、ラッフルズ・シンガポール（→P.188）のロビーでは、伝統的な英国風アフタヌーンティーが楽しめる。アフタヌーンティーは1時間30分の入れ替え制。

🏠1 Beach Rd.（ラッフルズ・シンガポール内）
☎6337-1886　🕐12:00～18:00　🈲無休
🚇MRTエスプラネード駅から徒歩2分
www.raffles.com/singapore
シティ ▶MAP 別P.11 D-1

**Check** 人気なので予約は必須。HPからのウェブ予約がおすすめ。紅茶は6種類のフレーバーから好きなものを選べる。季節により限定プランも登場する。

---

憧れの3段トレーにうっとり
## ロビー・ラウンジ
The Lobby Lounge

トラディショナルなアフタヌーンティーを提供するラウンジ。ケーキは上品なフランス菓子ながらも食べ応えあり。毎日14:30頃からはピアノの生演奏も行われる。

🏠80 Middle Rd.（インターコンチネンタル・シンガポール内）　☎6338-7600　🕐8:00～翌1:00（日曜は～24:00）　🈲無休　🚇MRTブギス駅から徒歩5分
intercontinental.com/singapore
アラブ・ストリート ▶MAP 別P.18 B-3

**afternoon tea**
🕐 13:00～15:00、15:30～17:30の2部制
💲 S$52（土・日曜はS$58）

**Check** 日本で開催されたケーキショーのコンテストで2位に輝いたパティシエが全てのケーキを手掛ける。

🍴 より優雅に過ごすなら、レスプレッソにはシャンパングラス1杯付きのプランもある。　101

EAT

チキンライス

チリクラブ

ローカルフード

ホーカーズ

アジア各国料理

フュージョン料理

ナイトスポット

カフェ&スイーツ

**EAT 13**

デンプシー・ヒル＆ロチェスター・パークの

# グリーンレストランでチルアウト

夜は、中心街から離れた場所にある素敵なレストランへ。緑に囲まれた空間は、まるで大人のための隠れ家。おいしい食事やお酒で、一日を締めくくろう。

天井が高く、開放的な店内。こだわりの食材を売るスペースやチーズショップを併設

## 開放的な雰囲気の 大人の隠れ家レストラン

地中海の前菜盛り合わせ(手前) S$32、クラブエンジェルヘアパスタ(奥左) S$36、チキンコッブサラダ(奥右) S$28

外にはテラス席もある

シェアできるボリュームメニューが揃う

## デンプシー・プロジェクト
The Dempsey Project

デンプシー・ヒルの中心にあるレストラン。多くのグリーンが配された店内で、ヨーロッパや北アフリカなど地中海沿岸諸国の料理が味わえる。

⌂ Block 9 Dempsey Rd., #01-12
☎ 6475-2005 ㊙ 8:00〜21:00(金・土曜は〜22:30) ㊡無休
㊙中心部からタクシーで約20分
thedempseyproject.com

デンプシー・ヒル ▶ MAP 別 P.6 A-2

ヘルシーなヴィーガンメニューもあります

**ストロベリー トライフル S$16**

デザートも豊富

---

## カクテル図鑑

各店自慢のカクテルはコチラ！

**short cocktail**
ショートカクテル
アルコール度高めのショートカクテル。ドライな味のものが多いので、食事にもよく合う。

サウスチャイナマティーニ S$22
マティーニにオレンジ、ライチ、ココナッツをプラスし甘めに仕上げる。
ザ・デンプシー・プロジェクト(→P.102)

sweet ⟷ dry

スパイシーマルガリータ S$22
マルガリータ。グラスの周りにトウガラシをまぶしてあり、スパイシー。
ザ・デンプシー・プロジェクト(→P.102)

sweet ⟷ dry

ライチマティーニ S$22
ウォッカベースの定番カクテル。ライチリキュールと生ライチをプラス。
オクタパス(→P.105)

sweet ⟷ dry

**long cocktail**
ロングカクテル
グラスにたっぷり入ったカクテル。アルコール度低めで、フルーティなものが多い。

シンガポールスリング S$25
シンガポールを代表するカクテル。パインジュースなどが入る。
セ・ラ・ヴィ・スカイバー(→P.104)

sweet ⟷ dry

ハリーズ1992 S$20
ウォッカにココナッツやライチリキュール、柑橘ジュースをプラスした甘いカクテル。
ハリーズ(→P.105)

sweet ⟷ dry

マーライオン S$26
ソーダで割ったテキーラに、生姜やハチミツ、レモンをミックス。爽やかな味わい。
ランタン(→P.104)

sweet ⟷ dry

## What is

### ロチェスター・パーク

英国海軍将校の住宅街に建てられた、ブラック・アンド・ホワイト・ハウス。その優雅なコロニアル調の建物を利用したレストランが多いことで有名。

### デンプシー・ヒル

かつては英国軍の兵舎が置かれていたが、現在はおしゃれなレストランやカフェが増えている。広いので、目的となる店を決めてタクシーで行こう。

---

ソファとローテーブルがあるテラス席は田舎町風の店舗。店内はどちらも天井が高く開放感たっぷり

## 地元っ子にも大人気！本格ギリシャ料理に舌鼓

雰囲気の異なる2店舗が隣り合う

### ブルー・クッチーナ
Blu Kouzina

**ホリャティキ**
**S$33.50**

ギリシャ産フェタチーズをのせたグリークサラダ

ギリシャ人オーナーシェフ夫妻が営むレストラン。地中海風と田舎町風の2店舗が隣接するが、メニューは同じ。ギリシャ産の食材も多く、本場の味が楽しめる。

🏠10 Dempsey Rd., #01-21 ☎9710-8303 🕐11:30～15:30、17:30～23:00 ㊡無休 🚕中心部からタクシーで20分
blukouzina.com
`デンプシー・ヒル` ▶MAP 別P.6 A-2

---

セレブの邸宅を思わせる
### クラウディーン
Claudine

新鮮な魚介がたっぷりのブイヤベース（2～3人前）
**クラウディーンブイヤベース**
**S$198**

ブラック・アンド・ホワイト・ハウスを利用したフレンチレストラン。フランスの家庭料理を現代的にアレンジした料理は、見た目もゴージャス。

🏠39C Harding Rd. ☎8031-9935 🕐11:45～14:00、18:00～22:00（土・日曜は11:30～15:00、18:00～22:00） ㊡無休 🚕中心部からタクシーで約20分
www.claudinerestaurant.com
`デンプシー・ヒル` ▶MAP 別P.6 A-2

## コロニアルな一軒家で洗練されたフランス家庭料理を

貴族の館のようなエレガントな内装にうっとり

---

夕方以降になると、仕事終わりのビジネスマンやOLでたちまちいっぱいに！

## で香り立てビールを堪能 好みの味を探そう

**ミックス・サテー**
**S$28**

チキン6串、ポーク6串のセット。ビールにぴったり！

醸造所直営！新鮮ビールを飲みくらべ

### レッドドット・ブルーハウス
RedDot Brewhouse

シンガポール初の個人醸造家、アーネスト・ンの醸造所を併設するレストラン。提供するビールのほとんどを、敷地内の醸造所で1カ月かけて造っている。

🏠25A Dempsey Rd., #01-01 ☎6475-0500
🕐11:30～22:30（月曜は～22:00、金・土曜は～23:00）
㊡無休 🚕中心部からタクシーで20分
reddotbrewhouse.com.sg
`デンプシー・ヒル` ▶MAP 別P.6 A-2

---

🌴 ブルー・クッチーナのオリーブオイルは、オーナーの実家で作ったエクストラバージンオリーブオイル。購入もできる。

EAT

チキンライス

チリクラブ

ローカルフード

ホーカース

アジア各国料理

フュージョン料理

ナイトスポット

カフェ＆スイーツ

## 上空から夜景ビューor川沿いテラス席？
# ナイトスポットへ繰り出せっ！

ナイトスポットといえば、マリーナとリバーサイド。地元の人にも人気の店が目白押し！
両エリアの特徴をつかんで、どちらに繰り出すかレッツ☆シンキング！

Marina
マリーナ

夜景の眺めにこだわって！

涼しげなプールサイドにあるランタン。夜景はもちろん、マリーナやプールの水面に映る景色にも思わずうっとり

## ローカルに聞いたおすすめPoint！

各店に関する耳より情報をインタビュー！ 地元のクチコミだけに、信用度もMAX！

日本のテレビ番組にも登場したよ！
@ランタン

MBSを見ながらカンパーイ！ @スモーク・アンド・ミラーズ

マリーナベイ・サンズのプールが見られます
@セ・ラ・ヴィ・スカイバー＆クラブラウンジ

フードメニューも豊富に揃う@スモーク・アンド・ミラーズ

ミニ和牛バーガー
S$34
流行のスライダーバーガー。旨みたっぷり

クリスピーフライ
S$12
おつまみにぴったりのフレンチフライ

都会の夜景を優雅に楽しむ

### ランタン
Lantern

フラトン・ベイ内にあるおしゃれなルーフトップバー。目線にマリーナベイ・サンズが輝く。

⌂ 80 Collyer Quay（フラトン・ベイ・ホテル・シンガポール内）☎3129-8229 ◉17:00〜23:15LO(金・土曜、祝前日は〜24:15LO) ⊗無休 ⊗MRTラッフルズ・プレイス駅から徒歩10分
www.fullertonhotels.com
[マリーナ] MAP 別P.8 B-2

お洒落な夜景を見晴らせる

### セ・ラ・ヴィ・スカイバー＆クラブラウンジ
CÉ LA VI SKYBAR & CLUB LOUNGE

サンズ・スカイパークにあるオープンエアのバー。マリーナを見下ろしながら、食事やアルコールが楽しめる。

⌂ 1 Bayfront Ave., Level 57 Tower 3（マリーナベイ・サンズ内）☎6508-2188 ◉16:00〜深夜 ⊗無休 ⊗MRTベイフロント駅から徒歩5分
www.celavi.com/en/singapore
[マリーナ] MAP 別P.9 C-2

海の幸・肉の幸が味わえる

### スモーク・アンド・ミラーズ
Smoke & Mirrors

ナショナル・ギャラリー・シンガポール（→P.164）の最上階。目の前が開けているのでマリーナ全体の夜景が望める。

1 St. Andrew's Rd., #06-01（ナショナル・ギャラリー・シンガポール内）☎8380-6811 ◉18:00〜24:00（木〜土曜は〜翌1:00、日曜は17:00〜）⊗無休 ⊗MRTシティ・ホール駅から徒歩5分
www.smokeandmirrors.com.sg
[シティ] MAP 別P.11 D-3

EAT

チキンライス

チリクラブ

ローカルフード

ホーカーズ

アジア各国料理

フュージョン料理

ナイトスポット

カフェ&スイーツ

## 盛り上がるのは？

オフィス終わりの18:00頃から。金・土曜の夜は深夜24:00過ぎまで大にぎわい。なかでも、クラーク・キーの店が一番遅くまで営業している。

## ハッピーアワーを狙え！

店によって違うが、だいたい16:00〜18:00頃がハッピーアワーと呼ばれるオフタイム。この時間ならドリンクがお得に飲めたり、リーズナブルなセットメニューがある場合も。

Riverside
リバーサイド

### 川沿いのテラス席を絶対にキープ！

バーやパブ、レストランが集結。毎晩、ナイトタイムを楽しむ人で活気づく。テラス席で飲むお酒はさらにおいしい！

## ローカルに聞いたおすすめPoint！

定番のナイトスポット。毎晩多くの人たちが集まるリバーサイドの魅力とは！？

テラスは早い者勝ち。キープするなら予約を@ハリーズ

オリジナルのビールもある@ハリーズ

店が密集しているので、はしごが楽しい！@ハリーズ

本格的な料理に大満足@オクタパス

エビとエシャロット、トマト、パプリカのサルサあえ
S$19

さっぱりとした味わい。エビはプリプリ！

## オクタパス
### Octapas

クラーク・キーの目の前にある店。ライトアップした橋を見ながら、お酒に合う本格的なタパス料理が味わえる。

Blk 3E River Valley Rd., #01-07（クラーク・キー内）
☎6837-2938 ◎17:00〜翌3:00
⊗無休 ⊗MRTクラーク・キー駅から徒歩5分
www.octapasasia.com
リバーサイド▶MAP別P.13 C-2

ハリーズジャズバーガー
S$25

定番の人気メニューはボリューム満点！

## ハリーズ
### Harry's

ビジネスマンに人気のダイニングバー。テラス席からは見晴らしのいいマリーナの景色が広がる。オリジナルのビールやカクテルがおすすめ。月に1度、ライブも開催。

28 Boat Quay ☎8268-8243 ◎11:00〜翌1:00
⊗無休 ⊗MRTラッフルズ・プレイス駅から徒歩5分
www.harrys.com.sg
リバーサイド▶MAP別P.13 F-3

ガーデンカフェの先駆け

# 人気のPS.カフェをはしごする

ローカルに絶大な人気を誇るコンセプトカフェ、PS.カフェ。
いくつも支店があるけれど、どこもテーマが違って個性的。
はしごして、独特の世界観に浸っちゃおう!

緑に囲まれて
ブレイクタイム

ゆっくりと
くつろいで

スタッフのフレディ(左)と
ポール(右)

自然と共にティータイム

## PS.カフェ・アット・
## ハーディング・ロード
PS. Cafe at Harding Road

2005年にオープンした、PS.カフェ
の第1号店。鳥のさえずりが聞こえ
るテラス席は、全身で自然を感じら
れる。店内の席でも、大きな窓ガラ
スから存分に景色を楽しめる。

🏠28b Harding Rd. ☎6708-9288
🕗8:00～21:30LO ✖無休 🚖中
心部からタクシーで20分
www.pscafe.com
デンプシー・ヒル ▶MAP 別P.6 A-2

## PS.カフェの人気POINT

店内を彩る花々

Point
1
### 花に注目!

最大の特徴は、店内を華やかに
演出している花々。全支店に必
ず、彩り鮮やかな花が飾られて
いる。どんな花がディスプレイ
されているか注目してみよう!

トリュフ・フライ
S$18
トリュフとチーズがか
かったポテトフライ

Point
2
### 絶品料理に大満足

豊富なメニューをそろえた食べ応えのある料
理も好評。オーナーが世界中を旅して気に
入ったメニューも取り入れている。

和牛バーガー
S$32

大きなバンズで挟んだ
肉はジューシーな味わ
いで、食べ応えよし!

ミント&ライム
ソーダ
S$10.50

ライムの甘酸っぱさ
と、ミントの爽やか
さが口いっぱいに広
がりスッキリ

## PS.カフェ

おしゃれカフェの代名詞的存在。元はファッションブティック内のカフェだったが好評のため独立、2005年に1号店をオープン。PS.とはブティックの店名「プロジェクト・ショップ」の略。

家族連れや友人同士で来る人でいつもいっぱい！緑に囲まれた人気のテラス席は運がよければ、小動物に出合えることも

### Point 3 店ごとに異なるコンセプト

テイクアウトできる店、バータイプの店など店舗によってテーマが違うのも特徴。メニューや内装も異なるので、さまざまなタイプのPS.カフェを楽しんで！

パレ・ルネサンス店はシックな雰囲気

### Point 4 おしゃれな内装

思わず写真を撮りたくなるような、おしゃれな内装も人気の秘密。細部まで凝った空間にいるだけで、気分がアガっちゃう！

雑誌がおしゃれにディスプレーされている

---

## 1号店だけじゃない！
## PS.カフェの支店

街歩きの休憩にぴったり
### PS.カフェ・アット・パレ・ルネサンス
**PS. Cafe at Palais Renaissance**

ショッピングモール内にある。床に装飾されたシックなタイルが目を引く、コロニアル調の内装。

♠390 Orchard Rd., #02-09A（パレ・ルネサンス内）
☎6708-9288　🕙11:00～21:00LO　㊡無休
Ⓜ MRTオーチャード駅から徒歩12分
`オーチャード・ロード` ▶MAP 別P.20 C-2

2024年1月ニューオープン
### PS.カフェ・ジプシー・アット・パークランド・グリーン
**PS. Cafe Jypsy at Parkland Green**

郊外の海沿いにある。リゾートを意識した内装が素敵。海を見渡せる開放的なテラス席もある。

♠920 East Coast Pkwy., #01-25/26/27（パークランド・グリーン内）☎6708-9288　🕙17:00～23:00（金曜は11:00～16:00、17:00～24:00、土曜は8:00～16:00、17:00～24:00、日曜は8:00～16:00、17:00～23:00）㊡無休　Ⓜ中心部からタクシーで20分
`郊外` ▶MAP 別P.7 F-2

大人限定のディープなカフェ
### PS.カフェ・アット・アン・シャン・ヒル・パーク
**PS. Cafe at Ann Siang Hill Park**

18歳以上の人しか入店できないバータイプのカフェ。3階建ての店内は大人な雰囲気があふれる。

♠45 Ann Siang Rd., #02-02　☎6708-9288　🕙11:30～15:00LO、17:00～21:00LO　㊡無休　Ⓜ MRTテロック・アヤ駅から徒歩6分
`チャイナタウン` ▶MAP 別P.15 D-2

- - - - - - - - - - - -

## 🍴 PS.カフェ経営のレストランも！ 🍴

アレンジされた点心が人気
### チャプスイ・カフェ・アット・デンプシー・ヒル
**Chopsuey Cafe at Dempsey Hill**

PS.カフェが経営する中華料理店。おすすめは親しみやすいように西洋風にアレンジした点心。

♠Block10 Dempsey Rd., #01-23　☎6708-9288
🕙11:00～21:30LO
㊡無休　Ⓜ中心部からタクシーで20分
`デンプシー・ヒル` ▶MAP 別P.6 A-2

EAT｜チキンライス｜チリクラブ｜ローカルフード｜ホーカーズ｜アジア各国料理｜フュージョン料理｜ナイトスポット｜カフェ＆スイーツ

コーヒー×スイーツでひと休み

# タイプで選ぶおしゃれカフェ

最近、シンガポールにはカフェが急増中！各国の文化が入っているからか、
カフェも実に個性的。自分好みのカフェを見つけて、癒やしのひと時を過ごそう。

本場オーストラリア仕込みの
サードウェーブの先駆け

**カフェ・ラテ**
**S$6.50**

軽めに焙煎されたコーヒー豆で熟したチェリーや石果、ミルクチョコレートの香りが漂う

---

シンガポールにもブーム到来！
## スペシャルティコーヒー

**牛ほほ肉のエッグ・ベネディクト**
**S$28**

風味豊かな人気フード

オーストラリア直伝のレシピ
### コモン・マン・コーヒー・ロースターズ
Common Man Coffee Roasters

世界的ブームのサードウェーブコーヒーを楽しめる。世界中から厳選されたコーヒー豆を使用し、バリスタが淹れるシングルオリジンなどのさまざまなコーヒーが人気。

🏠22 Martin Rd. ☎6836-4695
🕐7:30～18:00 休旧正月初日、クリスマス 🚇MRT フォート・カニング駅から徒歩13分
commonmancoffeeroasters.com
リバーサイド ▶MAP 別P.12 C-2

コーヒー豆の販売も行っている。シグネチャーブレンドとシングルオリジンはS$19.50～

一杯一杯丁寧にバリスタが淹れてくれる

 What is

### サードウェーブカフェ

ファースト（インスタント）、セカンド（チェーン店）に続く第3の波を意味するコーヒーショップ。自家焙煎した豆を店内で淹れるスタイル。

## エキゾチック系

トルコスイーツが楽しめる

イスラムタイルが美しいカフェ

### イスタンブール・ターキッシュ・レストラン

Istanbul Turkish Restaurant

トルコ料理やデザートが味わえるカフェ。色鮮やかなイスラムタイルが貼られた店内は異国情緒あふれる雰囲気。テラス席からはスルタン・モスクも眺められる。

🏠 25 Baghdad St. ☎9130-3043
🕐11:00〜23:00 ㊡無休
🚃MRTブギス駅から徒歩7分
アラブ・ストリート ▶ MAP 別 P.18 C-2

まるでトルコに来たかのよう！

カフェ・マキアート
S$6〜

カラフルな建物が目印です

イスタンブール・スペシャル
S$17.90

ピスタチオとハチミツを重ねたトルコ菓子バクラヴァとバニラアイス

スタッフのハシムさん

---

## デザイナーズ系

有名デザイナーがプロデュース

デザインカフェの先駆的存在

### キス・カフェ

Kith Café

シンガポール人デザイナーが内装を手掛けたカフェ。組み木のテーブルや壁は和の要素も感じられる。

🏠 9 Raffles Blvd., #01-44/45（ミレニア・ウォーク内）☎6333-4438 🕐7:30〜22:00 ㊡旧正月初日 🚃MRTプロムナード駅から徒歩5分
kith.com.sg
シティ ▶ MAP 別 P.11 F-2

キス・チョコレート・ラバー・ケーキ
S$13.95

フォークを入れるとチョコが染み出し、思わずテンションがアガる

和のテイストで不思議とくつろげる ♪♪

キス・ブレックファスト
S$24.95

典型的な英国風の朝食。一日中オーダー可

キス・スーパー・サラダ
S$17.95

野菜やキヌアたっぷりのヘルシーサラダ

---

## ヘルシー系

グルテンフリーのケーキがずらり

話題のヘルシーカフェ

### ティアンズ

Tiann's

体に優しいメニューが魅力の、ベーカリーカフェ。グルテンフリーのパンやスイーツを提供する。

🏠 71 Seng Poh Rd., #01-35
☎6222-1369 🕐8:30〜16:30（金曜は〜21:30）
㊡月曜、旧正月4〜5日間 🚃MRTチョン・バル駅から徒歩10分
チョン・バル ▶ MAP 別 P.24 C-3

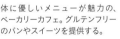

グルテンフリーが話題のカフェ

アボカドとサーモンのセイヴァリー・ワッフル
S$24.50

アーモンドパウダーとチアシードを使用。口当たりが軽く、さっぱり！

ストロベリーショートケーキS$8.80とワッフルジェラートS$26

食材にもこだわっています

オーナーシェフのティアンさん

---

🎋 コモン・マン・コーヒー・ロースターズには、オーストラリア伝統のフラットホワイトもある。カフェ・ラテよりもさらに泡がキメ細かい。　109

### EAT

チキンライス

チリクラブ

ローカルフード

ホーカーズ

アジア各国料理

フュージョン料理

ナイトスポット

カフェ＆スイーツ

暑〜いシンガポールの定番スイーツ！

# 氷デザートでクールダウン

少し外を歩いただけで、汗ばんでしまうほど暑いシンガポール。
だからこそ、水分補給とクールダウンが超重要。
ひやっと冷たい氷デザートを食べて、すっきりリフレッシュ！

灼熱の国では、冷たいアイスが欠かせない！

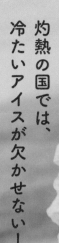

定番から変わり種まで勢ぞろい

## メイ・ヒョン・ユェン・デザート
Mei Heong Yuen Dessert

20種類以上ものスイーツが豊富にそろう店。氷は6時間かけて固めていく。小豆やパンダンリーフ入りのチェンドルや、マンゴー味のスノーアイスも好評。

🏠 63-67 Temple St.　☎ 6221-1156
🕐 12:00〜21:30　🈲月曜　🚇MRTチャイナタウン駅から徒歩5分　カード不可
www.meiheongyuendessert.com.sg
チャイナタウン ▶MAP 別P.14 C-2

さっぱりした
ライチ味

甘酸っぱい
スイカ味

**スイカ＆ライチ
スノーアイス
S$8**

ライチとスイカがミックスしてフレッシュ！ 口に入れるとふんわり溶ける

プチッと弾ける
ライチゼリー

フレッシュ
ライチ

 **What is**

## スノーアイス

台湾発祥のかき氷。専用の機械で氷を削ると、ふわっとした不思議な食感が生まれる。しっとりとしていながら、一瞬で溶けるほど軽い口あたり。

休憩しに
立ち寄ってね！

自然派ジェラートのパイオニア

## バード・オブ・パラダイス・ジェラート
### Birds of Paradise Gelato

最高級の素材にこだわり、添加物や着色料を使わず味付けするジェラートを提供。フレーバーは期間限定も含め20種類ほど揃う。

🏠53 Craig Rd., #01-01　☎9823-40
91　⊕12:00〜22:00　⊛無休　⊗
タンジョン・パガー駅から徒歩5分
birdsofparadise.sg

`チャイナタウン`　▶MAP 別P.14 C-3

シンガポールフレーバーも！
ナチュラルジェラート専門店

**カップ（ダブル）**
**S$9**
鮮やかなマンゴーソルベと濃厚なマカダミアバタフライビー

**コーン（ダブル）**
**S$10.30**
ストロベリーバジルとライチラズベリー。コーンも手作りしている

---

今や絶滅危惧種の
ローカルスイーツがずらり

🦄 **What is**

### アイスカチャン

シンガポール伝統のかき氷。数種類のシロップや小豆、コーン、仙草ゼリーなどをのせたボリューム満点のスイーツ！

細かく砕かれたピーナッツ

**チェンドル**
**S$2.50**

オーソドックスなチェンドル。口溶けのいいスノーアイスと濃厚シロップが◎

**ピーナッツアイスカチャン**
**S$2**

細かく砕いた香ばしいピーナッツとコーン、シロップに氷が意外とマッチ♪

懐かし氷デザートならここに

### ジン・ジン・デザート
### Jin Jin Dessert

ホーカースにある氷デザート専門店。アイスカチャンやチェンドルなど、今やめったに見かけない昔ながらのローカルスイーツを扱う。

🏠6 Jalan Bukit Merah, #01-21（ABCブリックワークス・マーケット・フード・センター内）
☎9093-2018　⊕11:30〜21:30
⊛水曜、旧正月1週間　⊗MRTレッドヒル
駅から徒歩20分　`カード不可`
`郊外`　▶MAP 別P.6 A-2

コーンと仙草ゼリー入り

🦄 **What is**

### チェンドル

ココナッツミルクを使った氷の下に緑色のパンダンリーフのゼリーを敷き詰めたローカル味。餡や黒糖シロップをかける。

ジュースやカットでサクっと☆
# 南国フルーツ味くらべ

シンガポールはフルーツ王国！ 国内で作られる果物は少ないけれど、アジア各国から
旬のフルーツがやって来る。ジュースやカットで、甘ーいフルーツをいただこう！

こってり

### Durian
**ドリアン (榴莲)**
果物の王様。トゲのある殻の中の実はねっとり濃厚で甘いが、とても臭い。6〜8月と11〜12月が旬。

### Mango
**マンゴー (芒果)**
南国フルーツの代名詞的存在。定番のアーウィン種のほかキーツやペリカン種など。濃厚で甘い。

### Jackfruit
**ジャックフルーツ (波萝蜜)**
重さ40kg以上にもなる巨大な果実で、甘くておいしい。ドリアンほどではないが独特の匂いがある。

### Banana
**バナナ (香蕉)**
日本でもおなじみ。長くなく、短くて太めの品種もある。甘さもさまざま。

### Soursop
**サワーソップ (刺果番荔枝)**
「グヤバノ」とも呼ばれる繊維質な果物。甘みと酸味のバランスがよく、ヨーグルトのような味わい。

甘い

### Papaya
**パパイヤ (木瓜)**
熟すと鮮やかな黄色になる果実。実は濃厚だがしつこくなく、さわやか。冷やして食べるのが美味。

### Guava
**グアバ (番石榴)**
ピンク色の果実がかわいい。種が多く、そのまま食べるのには向いていない。ジュースで味わおう。

### Watermelon
**スイカ (西瓜)**
日本でもおなじみ。東南アジアのスイカはまん丸ではなく、細長い。縞模様も日本とは異なる。

### Dragon Fruit
**ドラゴンフルーツ (火龙果)**
真っ赤なサボテンの実。果肉は赤と白の両方があり、赤は濃厚で甘みがあり、白はあっさりした味。

### Rambutan
**ランブータン (红毛丹)**
ゲジゲジの付いた見た目がユニークなフルーツ。実は白く、ジューシーでライチのような味がする。

あっさり

## When

### フルーツの旬の時期

シンガポールには、旬という概念が少ない。というのも、ほとんどが周辺諸国からの輸入のため、一年中フルーツが食べられる。

## Pineapple
### パイナップル（菠蘿）

シンガポールでも定番の果物。品種によりシーズンや味が異なるが、甘みと酸味のバランスがよい。

## Passion Fruit
### パッションフルーツ（百香果）

硬い殻に覆われた果実。甘酸っぱい味は暑い日にぴったり！種は果肉と一緒にスプーンで食べる。

## Lychee
### ライチ（荔枝）

凹凸のある皮をむくと半透明の実が出てくる。ジューシーで甘みが強いが後味はさっぱりしている。

## Mangosteen
### マンゴスチン（山竹果）

フルーツの女王と呼ばれる。硬い殻に覆われた白い実は、爽やかであと引くような甘さが特徴。

酸っぱい

## Calamansi
### カラマンシー（四季柑）

ライムに似た柑橘系のフルーツ。そのままだと酸っぱいので、砂糖を溶かしてジュースにする。

## Star Fruit
### スターフルーツ（楊桃）

断面が星に見えることからこの名になった。見た目ほど甘くなく、サラダのような感覚で食べる。

---

## How to

### どうやって味わう？
### シンガポールのフルーツ

#### 生ジュースで味わう

ジューススタンドのほか、ホーカースやフードコートなどでも販売している。なかには、生のフルーツをそのまま搾ってくれるところも。料金はフルーツの種類によっても異なるが、1杯S$3~5くらいが目安。

**生フルーツジュースの専門店**
## SF フルーツ
**SF Fruits**

マーライオン公園のそば、橋の下にあるジューススタンド。その場で搾る生ジュースやスムージー、シェイクが人気。カットフルーツもある。

🏠 3 Fullerton Rd. ☎なし
🕐 8:30~23:00頃 ㊡無休 Ⓜ MRTラッフルズ・プレイス駅から徒歩6分
sfsingapore.com
[マリーナ] ▶ MAP 別 P.8 B-1

（左）フルーツを混ぜたミックスジュースもある（右）生ジュースは1杯S$4.90~。こちらはサワーソップジュースS$5.90

#### ホーカースでカットフルーツ

観光地やショッピングセンターのフードコートでよく見かけるのが、いろいろなカットフルーツの盛り合わせ。少しずつさまざまな種類を食べたいならこれがおすすめ。料金はS$10程度とやや割高。

歩きながらでも食べられる

#### マーケットで丸のまま購入

チョン・バルやリトル・インディア、カトンなどでは、屋外の屋台やホーカース併設のマーケットで生のフルーツを販売している。一つ単位で購入でき、頼めばその場でむいて食べさせてくれる。

新鮮なフルーツを思う存分味わいたい

---

🍴 ホーカースでフルーツを丸のまま買う場合は、傷んでいないかくれぐれも注意を。黒ずんでいるものは避けたほうが無難。

# ハレときどきタビ

## ホーカースで元気になる食べ物探しの巻

ここから！

ホーカースに来ました

いろんな屋台が並んでいるね

いろいろあって迷う〜

私にまかせて！元気になるものを選んであげる！

キョロキョロ

タビなりの「おいしい」表現

ヒュ

どれもおいしそう いただきます!!

〜人気メニュー3品〜

召し上がれ〜

漢方たっぷり バクテー ❶

滋養強壮 チキンライス ❷

亀ゼリー入り チェンドル ❸

うふふ

君の瞳にカンパイ

この後 MBSの屋上のバーに行かない？ ❹

うれしい！行ってみたかったの〜

どれも最高〜

私たくさん食べる人好き！

え!? ボク!?

今日はどうもありがとう

よければ明日買い物行かない？

もちろん！

あっ…あ…

チュウしたかった〜

ぼくも楽しかったよ

夢が叶ったわ〜楽しかった〜

そ〜っと…

スッ

ースペクトラー

キミの方がキレイだよ

すごい！キレイ！！

❶ ポークリブを煮込んだ薬膳スープ。ニンニクもたっぷり ❷ 鶏づくしのローカルフードだよ。あっさり味で、暑くてもぺろりさ！ ❸ ローカルかき氷。下に真っ黒なゼリーが入っているよ ❹ シンガポール人は3ケタのアルファベットに略すのが大好き！MBSはマリーナベイ・サンズの略称なんだ

# SHOPPING

## 🛒 HOW TO SHOPPING

# シンガポール「買う」事件簿

シンガポールで買いたいおみやげリストに、困らないための技＆知識をぎゅっと詰め込んでお届け！

### 🔍 事件ファイル1

**シンガポールのおみやげって、何も思い浮かばない…**

念願のシンガポール旅行に行くことになったけど、どんなものをおみやげにしたらいいのか、正直なーんにも思い浮かばない…。センスがよくって、さらに喜ばれるおみやげってどこにあるの？

### 解決！

**ローカルグルメにアジア料理、最近はデザイン雑貨も人気！**

おみやげがない！ なんてもう昔のこと。今は食べ物から雑貨までよりどりみどり。定番とは少し違ったものがいい人は、クリエーターがシンガポールをイメージして作ったデザイン雑貨がおすすめ。

### 🛍 人気のおみやげをCheck！

| ジャンル | 種類 | ページ |
|---|---|---|
| 食みやげ | 紅茶＆中国茶 | P.141 |
| | ローカルフード | P.124、P.144 |
| | アジア料理 | P.124、P.144 |
| | クッキー＆ケーキ | P140 |
| 雑貨 | インド雑貨 | P.127 |
| | 中国雑貨 | P.126 |
| | プラナカン雑貨 | P.128 |
| | クリエーター雑貨 | P.138 |
| | マーライオン雑貨 | P.142 |
| ファッション | バティック | P.132 |
| | 靴 | P.136 |
| コスメ | アーユルヴェーダ | P.156 |

### 🔒 こんなに使える！ クレジットカード活用術

**カード払いが一般的**

シンガポールはカードの普及率が非常に高く、カードでの支払いが便利で安全。店によって使用可能なカードブランドが限られていることがあるので、異なるブランドのカードを複数持ち歩くと安心だ。

**持っているといろいろ便利！**

● レジでのお会計がスムーズ
● ATMから現地通貨引き出し可能
● ホテル宿泊時のデポジット代わりにも
● 万が一なくしたときはすぐに利用停止

現地でカード支払い時に「円かS$か」と聞かれることがあり、円だと両替手数料が上乗せされることがある。何も聞かれず自動的に円が選択される場合もあるので、サイン前にレシートをチェックして。

※詳しい利用条件および制限についてはカード発行金融機関に確認を

### 💳 カードが使えるスポットリスト

| レストラン | ○ | ほとんどの飲食店で普及。利用可能カードブランドは入り口のステッカーで確認。 |
|---|---|---|
| スーパー | △ | 混んでいるレジでもサッとお会計。小銭を探す必要もなく、非常にスマート。 |
| ショップ | ○ | 多額の現金を持ち歩くのは危険。高級品の買い物にはカード払いが安全。 |
| ホテル | ○ | 中級～高級ホテルならまず使える。デポジットとして求められる場合も多い。 |
| 交通機関 | △ | イージー・リンク・カードのチャージやタクシーで可。まれに使えないタクシーも。 |

## 🔍 事件ファイル 2

### ショッピングセンターが広すぎて
### お店の場所が分からない！

いろんな店が集まるショッピングセンターなら、楽ちんに買い物できると思ってた。でも、甘かった。地上 4 階、地下 4 階…広すぎて目当ての店にたどり着けない（泣）。

### 解決！

### インフォメーションやナビを
### 利用しよう

各ショッピングセンターには必ずインフォメーションがあるので、迷ったらそこへ。有人カウンターのほか機械のナビシステムもあり、きちんと操作すれば英語が話せなくても目的の店まで矢印で誘導してくれる。

#### ナビの使い方

**Step 1**
**タッチパネルで**
**行きたい店を検索する**
まずは行きたい店の名前を探す。アルファベット順やジャンル別から選択。

**Step 2**
**ジャンル、店名を確認し**
**タッチする**
店の名前を見つけたら、すかさず画面にタッチ！ 同じ店が2つある場合も。

**Step 3**
**現在地から店までの**
**道のりが表示される**
矢印が表示され、店まで詳しく案内してくれる。フロアが違っても大丈夫。

## 🔍 事件ファイル 3

### 靴のサイズが 37、38…
### これってどういうこと？

シンガポールって、安くてかわいい靴が Get できるって聞いたから、喜び勇んでお店へ！ でもちょっと待って、何？　このサイズ表示。見たことも聞いたこともないんだけど……。

### 解決！

### 靴はヨーロッパサイズで
### 表示されている

シンガポールブランドのショップの場合、販売している靴のサイズはヨーロッパサイズか、まれにアメリカサイズでの表記となっており、日本とはかなり違う。サイズの換算は下記の表を参照のこと。

#### 🥿 靴のサイズ早見表

**レディース**

| 日本サイズ | 22 | 22.5 | 23 | 23.5 | 24 | 24.5 | 25 | 25.5 |
|---|---|---|---|---|---|---|---|---|
| ヨーロッパサイズ | 35.5 | 36 | 36.5 | 37 | 37.5 | 38 | 38.5 | 39 |
| アメリカサイズ | 4.5 | 5 | 5.5 | 6 | 6.5 | 7 | 7.5 | 8 |

**メンズ**

| 日本サイズ | 25 | 25.5 | 26 | 26.5 | 27 | 27.5 | 28 | 28.5 |
|---|---|---|---|---|---|---|---|---|
| ヨーロッパサイズ | 40 | 40.5 | 41 | 41.5 | 42 | 42.5 | 43 | 43.5 |
| アメリカサイズ | 7 | 7.5 | 8 | 8.5 | 9 | 9.5 | 10 | 10.5 |

#### 👕 洋服のサイズについて

洋服のサイズは、シンガポールブランドなら S、M、L の3サイズが普通だが、日本よりも大きい場合が多いので、買う前に必ず試着を。まれにアメリカ表記（S＝6、M＝8、9、L＝10）やヨーロッパサイズ（S＝36、M＝38、40、L＝42）という場合も。

ショッピングセンターの有人カウンターの場合、紙などに行きたい店の名前を書いておき、「I want to go to this shop.」などと言えば案内してもらえる。　117

SINGAPORE CASE FILES

# 今、最もHOTなS.C.はココ！
# ザ・ショップス アット マリーナベイ・サンズへ

270もの店舗が軒を連ねる巨大ショッピングセンター（S.C.）。
ブランド店はもちろん、レストランも名店がずらり。ショッピングもグルメも満喫しよう！

ショッピングとグルメを一緒に楽しもう！

サンパンライド
店内の運河に浮かぶボートに乗ってのんびり♪　1人S$15

一流ブランドからスーパー、セレブレストランにフードコートまで幅広い店が並ぶ

運河が流れる巨大S.C.

## ザ・ショップス アット マリーナベイ・サンズ
### The Shoppes at Marina Bay Sands

マリーナベイ・サンズに直結した超大型ショッピングセンター。170以上のブランドが出店しており、日本未上陸のブランドもたくさん。

🏠10 Bayfront Ave.　☎6688-8868
🕐10:30 〜 23:00（金・土曜は 〜 23:30）（店舗により異なる）　休無休　🚇MRTベイフロント駅直結
www.marinabaysands.com

マリーナ　▶MAP 別P.9 D-2

---

## 👗 fashion　シンガポールオリジナル＆日本未上陸ブランドに注目！

国内発のシックなサンダルブランド
### ペドロ
Pedro

チャールズ・アンド・キース（→P.136）の姉妹店。レザーを使った大人なデザインが中心。メンズ用品も豊富。

🏠#B2-97　☎6488-3688
🕐10:30 〜22:00（金・土曜は〜23:00）
休無休　www.pedroshoes.com

カジュアルにもフォーマルにも使えそうなサンダル

S$69.90

S$139.90

シックなショルダーバッグは色サイズとも豊富

日本未上陸のファッションブランド
### ビンバ・アンド・ローラ
BIMBA Y LOLA

日本未上陸の、スペイン発レディースブランド。大きめの柄がプリントされた洋服がシンガポーリアンに人気。

🏠#B2-100A　☎6509-1106
🕐10:30 〜22:00（金・土曜は〜23:00）
休無休　www.bimbaylola.com

涼しげなワンピースがおすすめ

プラナカンモチーフのジュエリー
### サンズ
Suns

プラナカン文化からインスピレーションを受けたライフスタイルブランド。ジュエリーや磁器を販売。

🏠#B2-118　☎8118-1791
🕐10:30 〜22:00（金・土曜は〜23:00）
休無休　www.suns.com.sg

S$159

「祝福」を意味するBLESSシリーズのリング

カラフルなカラーリングのプラナカンシリーズの食器

S$499

S$599

## cosmetics
### 世界で人気の高いブランドが狙い目♪

各S$3.50〜

ホーカースなど
で活躍する消毒
用ハンドジェル

アメリカ発ボディケアブランド
## バス・アンド・ボディ・ワークス
Bath & Body Works

ボディクリームなどのボディケア用品や
バスアイテムが人気の、日本未上陸ブラ
ンド。ほとんどの商品が試せるうえ、まと
めて購入すると割引があるのがうれしい。

S$24
人気が高い
桜の香りの
ボディクリーム

🏠#B2-60 ☎6723-8080 🕙10:30〜
22:00(金・土曜は〜23:00)
㊡無休　www.bathandbodyworks.com.sg

レスレクション
アロマティック
ハンドソープ

オーストラリア発のスキンケアブランド
## イソップ
Aesop

レスレクション
アロマティック
ハンドバーム

日本でも人気の高い、スキンケアブラン
ド。スキンのほかボディ、ヘアなど
全身ケアできるアイテムが揃う。商品
はすべて試すことが可能。

🏠#B2-90A ☎6688-7318
🕙11:00〜22:00(金・土曜は〜23:00)
㊡無休　www.aesop.com

---

## souvenir
### 海外ならではのローカルメニューがおすすめ

S$5.40〜
ツバメの巣入りドリンクは
さっぱりとして飲みやすい

S$113.30
ツバメの巣のシ
ロップ漬け。6
個セットで販売

ツバメの巣で美肌を目指す!
## ドラゴン・ブランド・バーズ・ネスト
Dragon Brand Bird's Nest

ツバメの巣を使ったドリンクが健康によいと人気の店。高
麗人参やコラーゲンなど、健康に配慮したフレーバーも豊
富にそろう。乾燥させたツバメの巣もあるが、非常に高額。

🏠#B1-01D ☎6688-7311 🕙10:30〜22:00(金・土曜は
〜23:00) ㊡無休　dragonbrand.com.sg

S$6.95
チリクラブ味
のスナック菓
子。おつまみ
にもぴったり

ローカル系の高級スーパー
## ジェイソンズ・デリ
Jasons Deli

ショッピングセンター内にある唯一の
スーパー。スナックやローカル感満点
の食品などおみやげにぴったりのア
イテムがずらり。生鮮食品も扱っている。

🏠#L1-29 ☎6509-6425
🕙10:00〜22:00(金・土曜は〜23:00)
㊡無休

S$8
シンガポールスリ
ングは持ち運びし
やすい瓶入り

---

## gourmet
### 上質レストランやローカルフードに舌鼓

食事も安くあげるなら
フードコートへ

セレブシェフの豪華な
レストランがひしめく

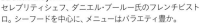
シーズナブル・オイス
ター(ハーフサイズ)
S$40

新鮮なシーフードをフレンチで
## dbビストロ・アンド・オイスター・バー
DB Bistro & Oyster Bar
セレブリティシェフ、ダニエル・ブールー氏のフレンチビスト
ロ。シーフードを中心に、メニューはバラエティ豊か。

🏠#B1-48 ☎6688-8525 🕙12:00〜23:00(月曜は〜
22:00、土曜は11:00〜、日曜は11:00〜22:00)
㊡無休　www.marinabaysands.com

多彩な店ぞろいで迷っちゃう!
## ラサプラ・マスターズ
Rasapura Masters

シンガポールのローカルフードから洋風料理まで楽しめる
フードコート。いろいろ頼んでシェアするのも楽しい。

🏠#B2-50 ☎なし 🕙24時間(店舗により異なる)
㊡無休
www.marinabaysands.com

滋養がたっぷりの
バクテーセット
S$19.80

SHOPPING
ショッピングセンター
オーチャード・ロード
ムスタファ・センター
中国＆インド雑貨
ファッション
定番みやげ
雑貨
スーパーマーケット

👣 1階中央に位置するレイン・オキュラスでは滝のように水が流れるパフォーマンスが見られる。　119

探している物がきっと見つかる

# 個性派S.C.の注目店をチェック

ファッションからエンタメ要素まで！
"楽しい"が詰まった最新モール

写真映えするアートなスポットがそこかしこに

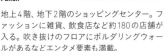

今が旬の
ショッピングセンター
## フナン
Funan

地上4階、地下2階のショッピングセンター。ファッションに雑貨、飲食店など約180の店舗が入る。吹き抜けのフロアにボルダリングウォールがあるなどエンタメ要素も満載。

🏠 107 North Bridge Rd.　☎6970-1665
🕙10:00～22:00（店舗により異なる）　㊡無休
🚇MRT シティ・ホール駅から徒歩4分
www.capitaland.com/sg/malls/funan/
en.html　シティ　▶MAP 別P.10 C-2

---

## ✦ 最旬シンガポールファッション

若者に人気のファッションブランドが多い。
最新のファッションはここでチェック。

ガーリー系ファストファッション
### ▲ラブ・ボニート
Love, Bonito

S$75　S$559

東南アジアで展開するファッションブランド。カラフルからシックまで幅広いデザイン。

🏠 #02-09　☎なし
🕙11:00～22:00　㊡無休
www.lovebonito.com

（左）ビビッドカラーのワンピース　（右）シックなノースリーブワンピース

オリジナルストリートブランド
### ▲ビヨンド・ザ・バイン
Beyond the Vines

若者向けストリートブランド。看板商品は柔らかな素材を用いたバッグ。洋服もある。

S$69　S$69

🏠 #02-08　☎8157-0577
🕙11:00～21:00　㊡無休
www.beyondthevines.com

（左）ブランド定番のロゴ入りバッグ　（右）大容量のショルダーバッグ

ハンドメイドにこだわる
### ▲バーレハンド
Barehands

天然素材を使い、職人が手で作った洋服を販売。ゆったりシルエットで着心地抜群。

S$88

🏠 #02-22　☎8758-2461
🕙11:00～21:00　㊡無休
ourbarehands.com

（右）細かなチェック柄のブラウス　（左）洋服のほかシンガポールブランドのアクセもある

---

## ✦ 雑貨もサステナブルで選ぶ時代

環境や情勢に配慮したこだわりの雑貨店をチョイス。
おみやげにもぴったりのアイテムが揃う。

自然派セレクトショップ
### ■グリーン・コレクティブ
The Green Collective

雑貨から洋服までさまざまなアイテムが並ぶ。シンガポールのほか途上国のアイテムが多く、ナチュラル志向で意識高め。

🏠 #02-18　☎なし
🕙11:00～21:00　㊡無休

S$98～

S$45

S$50

インドの手作りシューズ

シンガポールの木で作ったカッティングボード

S$18

各S$12

アフリカ産のポーチ

オーガニックのクリーム。全身に使える

🍴 休憩はここで

ゴチャバー
gochabar

ローカルに人気のタピオカバー。フルーツたっぷりのタピオカドリンクは、どれも彩り鮮やか！テイクアウトが主。

🏠 #02-36　☎なし
🕙11:30～22:00　㊡無休

シンガポールでハズせないのが、多くの店が集まる大型ショッピングセンター（S.C.）。今も新しいモールが次々とオープンしている。トレンドを発信し続ける個性派S.C.でお買い物！

## Where is

### S.C. が集中するエリア

オーチャード、マリーナ、シティ・エリアは大型S.C.が充実。地元感を味わうなら、チャイナタウンやリトル・インディアがおすすめ。

# プチプラから高級志向まで！
# 若者が集まるモール

2つのS.C.が連結

## ブギス・ジャンクション＆ブギス・プラス
Bugis Junction & Bugis +

MRTブギス駅の目の前、道を挟んで2つのショッピングセンターが隣り合う。若者に人気のファストファッションの店が多く入っており、合わせて100以上の店舗がある。リーズナブルなレストランも多い。

🏠 200 Victoria St.（ジャンクション）、201 Victoria St.（プラス）　☎6557-6557（ジャンクション）、6631-9931（プラス）　🕙10:00〜22:00（店舗により異なる）　休無休　🚇MRTブギス駅から徒歩1分
アラブ・ストリート　▶MAP 別 P.18 B-2/A-2

ブギス・ジャンクションの建物は1930年代の歴史的建造物を改装

## シンガポールブランドで全身コーデ

ユニークな国内ブランドと、ナチュラル系シューズブランド。かわいい服と靴でコーディネート。

カラフルなバティックファッション
### 👗 ジェット・アミネ
JET'AMINE

バティックを使ったカラフルファッションが手に入る。パッチワークなどかわいいアイテムが多く、値段もリーズナブル。

🏠 #03-16（ブギス・ジャンクション）　☎なし　🕙10:00〜22:00　休無休

S$42.90
S$45.90
S$2.50

カラフルなハイカラーノースリーブトップス　　パッチワークスカート　　ハンドメイドのバティックシュシュ

楽ちんぺたんこ靴
### 👠 アナザーソール
anothersole

シンガポール発祥のレザーシューズブランド。現地の若い女性に圧倒的な支持があり、街で履いている人を見かけることもしばしば。

🏠 #02-18C（ブギス・ジャンクション）　☎なし　🕙11:00〜21:00　休無休
www.anothersole.com

一番人気のぺたんこレザーシューズは S$140〜

## 世界的人気コスメショップ

日本にはないコスメセレクトショップと、ハイセンスなコスメ。この店のコスメを見つけよう。

NY生まれの有名コスメ
### 💄 キールス
Kiehl's

ニューヨークの薬局を発祥とするスキンケアブランド。基礎化粧品のコスメが基本で、日本で買うよりもややリーズナブル。

S$67
肌に優しいフェイシャルトナー

🏠 #01-13（ブギス・ジャンクション）　☎6336-9022　🕙10:00〜22:00　休旧正月2日間　www.kiehls.com.sg

オリジナルからインポートまで
### 💄 セフォラ
Sephora

フランスのコスメ専門店で、オリジナルからセレクトまでさまざまなアイテムを扱う。一度にたくさんのコスメをチェックできる。

🏠 #02-06〜09（ブギス・プラス）　☎6341-9386　🕙11:00〜22:00　休無休　www.sephora.sg

スキンケアからメイクアップまでさまざまに揃う

🍴 休憩はここで

### ハリアンス・ニョニャ・テーブル
HarriAnns Nonya Table

ニョニャ・クエ（プラナカンのお菓子）を販売するショップ。外にあるテーブルでイートインができる。ドリンクもある。

🏠 #01-01（ブギス・ジャンクション）　☎6238-1200　🕙10:00〜18:00　休無休

# 欲しいもの別にS.C.を賢く回る
# オーチャードで買い物三昧！

シンガポールの買い物スポットといえば、ショッピングセンターが並ぶオーチャード・ロード。
週末になると、観光客や地元客でごったがえす。
オーチャード・ロードを代表する4つのモールで、注目ショップをチェック！

## トレンドファッションならココ

### オーチャード・ロードの象徴
### アイオン・オーチャード
ION Orchard

オーチャード・ロードのシンボル的な存在。オーチャード駅の上にあるモール内には、高級ブランドや人気ファッションブランドが充実している。

🏠 2 Orchard Turn ☎6238-8228
🕙10:00〜22:00（店舗により異なる）
🈲無休 🚇MRTオーチャード駅から徒歩2分
www.ionorchard.com

`オーチャード・ロード` ▶MAP 別P.21 D-2

---

B1F

### 世界唯一のカフェを併設
### ✖ マリメッコ
Marimekko

食器やファッション、バッグまで揃っています

日本でも大人気のフィンランドブランド、マリメッコのシンガポール店。世界でも唯一となるカフェを併設しており、マリメッコの食器でオリジナルスイーツを味わえる。

🏠 #B1-12 ☎8128-3286
🕙10:00〜22:00 🈲無休
www.marimekko.com

スイーツはS$11.90〜。人気はマンゴームースケーキなど

3F

### 日本未上陸のフランスブランド
### ✖ サンドロ
Sandro

シースルーのシャツワンピース

S$560

パリ発祥のファッションブランドで、エレガントなクラシックデザインが人気。海外セレブにもファンが多い。

🏠 #03-02 ☎6636-5972
🕙10:00〜21:30 🈲無休

---

## 定番ブランドならココ

### シンガポールS.C.のシンボル
### シンガポール髙島屋 S.C.
Singapore Takashimaya S.C.

専門店街と百貨店の2つのエリアから成るS.C.。高級ブランドや飲食店が入り、ゆったりと買い物できる。

🏠 391 Orchard Rd., Ngee Ann City
☎6738-1111 🕙10:00〜21:30（店舗により異なる、レストランは〜22:00）
🈲髙島屋百貨店は旧正月2日間。専門店街は店舗により異なる 🚇MRTオーチャード駅から徒歩6分
www.takashimaya.com.sg

`オーチャード・ロード` ▶MAP 別P.21 E-3

---

3F

### 香港発のファッションブランド
### ✖ シャンハイ・タン
Shanghai Tang

S$1875

S$1340

香港発祥のハイブランド。色使いの鮮やかな中国テイストの洋服を扱う。雲モチーフが特徴。

🏠 #03-05/06 ☎6737-3537
🕙10:00〜21:30 🈲旧正月2日間
www.shanghaitang.com

チャイナ風のかわいいデザインが揃う

シンガポールの人気店が一堂に会す

### シンガポール風のデパ地下へ

シンガポール髙島屋の地下には、国内最大級のデパ地下食品売り場がある。シンガポールの人気店のお菓子や食品が手に入るほか、日本のブランドも入っている。隣にはフードコートもある。

🏠 #B2 🕙10:00〜21:30
🈲無休

SHOPPING

ショッピングセンター

オーチャード・ロード

ムスタファ・センター

中国＆インド雑貨

ファッション

定番みやげ

雑貨

スーパーマーケット

## What is

### オーチャード・ロード

オーチャード・ロードは、大きなS.C.が密集したメインストリート。遊歩道に沿って、リーズナブルから高級な百貨店まで、さまざまなタイプが軒を連ねる。

---

### ハイセンスアイテムならココ

センスのよさが際立つ

## マンダリン・ギャラリー
Mandarin Gallery

洗練されたショップが集まる。木を基調にした店内にはソファなどのおしゃれなインテリアが配され、落ち着いた雰囲気を演出している。

🏠 333A Orchard Rd.　☎6831-6363
🕐11:00〜22:00（店舗により異なる）　休無休　🚇MRTサマセット駅から徒歩7分
mandaringallery.com.sg
オーチャード・ロード ▶ MAP 別 P.21 E-3

---

ハンドメイドのビーズバッグ

### 🛍 クインテセンシャル
Quintessential

肩掛けもできるハンド＆ショルダーバッグ
S$169〜

シンガポールでデザインし、東南アジアで仕上げたビーズバッグ。動物から植物までモチーフはさまざまで、ほとんどが一点もの。

トートバッグもありますよ！

S$249

🏠 #02-20　☎6738-4811
🕐12:00〜20:00
休無休
quintessential.com.sg

---

日本雑貨をシンガポールに伝える

### 🛍 アトミ×ライフスタイル
atomi x lifestyle

日本人がオーナーを務める、日本雑貨を主に扱う店。シンガポールとコラボしたアイテムは必見！

波佐見焼のボウル。
小 S$24、
中 S$28、
大 S$44

🏠 #04-27　☎6887-4138
🕐11:00〜19:30　旧正月2日間
日本語OK　www.atomi-jp.com

---

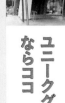

### ユニークグッズならココ

アートで彩られたS.C.

## オーチャード・セントラル
Orchard Central

12階建ての幾何学的な建物が印象的なモール。斬新なデザインのアート作品が階ごとに見られる。個性的なアイテムが欲しい人におすすめ！

🏠 181 Orchard Rd.　☎6238-1051
🕐11:00〜22:00（店舗により異なる）　休無休　🚇MRTサマセット駅から徒歩5分　www.fareastmalls.com.sg/en/orchard-central
オーチャード・ロード ▶ MAP 別 P.21 F-3

---

スペイン生まれのファストファッション

### 👗 デジグアル
Desigual

派手な柄の洋服が並ぶ、スペインのブランド。メンズや子ども服もあるので、家族でおそろいのコーディネートもできる。

🏠 #01-11　☎6509-9805　🕐11:00〜22:00　休無休　www.desigual.com

シーズンによりディスプレイが変わる

---

ユニークグッズの宝庫

### 👗 レイチェルショップ
Rachelshoppe

レトロかわいいシャツや雑貨がずらり！ シャツはS$40前後からと値段もお手頃なものばかり。思わず笑っちゃう、ひとクセありなアイテムも。

柄物のシャツが種類豊富

🏠 #04-31/32　☎9145-5151
🕐11:00〜21:30　休無休
rachelshoppe.com

---

S$100以下でこんなにそろう

# ムスタファ・センターで爆買い！

リトル・インディアで楽しむショッピングの目玉といえば、ココで決まり！
食料品から衣料品、コスメや雑貨まで何でもそろう。破格の安さでたくさん買い物しちゃおう！

何でもそろう
ディープな買い物スポット

迷路のように、無造作に陳列された商品がずらり！ 掘り出しものがあちらこちらに散らばっているので見つけてみて

世界中の商品が集う

## ムスタファ・センター
Mustafa Centre

膨大な品数を誇る、ショッピングセンター。世界のあらゆる商品をお手頃価格で買える。深夜まで営業なので買い忘れたときに便利！

🏠 145 Syed Alwi Rd. ☎6295-5855
🕘9:30〜翌2:00 🈺無休 🚇MRT
ファーラー・パーク駅から徒歩5分
www.mustafa.com.sg

`リトル・インディア`
▶ MAP 別 P.17 D・E-2

買い物天国へ
ようこそ！

## How to

### 買い物のコツ
ごちゃごちゃとした店内は、慣れないと少し買い物しにくい。
知っておくと役立つ裏情報をご紹介。

🕐 **ベストな時間帯**
平日の朝やお昼頃は、人が少なく買い物しやすい。週末の夜は、インド人でごったがえし、かなり混雑するので避けよう。

🧺 **荷物を預ける**
万引き防止対策のため、大きな荷物は持ち込めない。各入り口にあるカウンターで預けよう。

💳 **会計はどこでもOK**
売り場に関係なく、どの階でも会計OK。すいている時間帯でも行列ができるので、別のレジを探して賢く会計を済ませよう。

**持ち込む場合**
エコバッグやリュックを持ち込む場合は、入り口で結束バンドで口を固定してもらう。

💲 **便利な両替所**
現金がなくなってしまったら、本館の西側1階にある両替所へ行こう。

**ビニール袋も固定**
店内で買い物したビニールのレジ袋も全てその場で結束バンドで口を閉じられる。

🏢 **FLOOR GUIDE**

本館と新館の2つの棟から成る。2階と地下2階に連絡通路がありそれぞれを行き来できる。

| 本館 | | 新館 | |
|---|---|---|---|
| 4F | 本、文房具、雑貨 | 4F | 駐車場 |
| 3F | 衣料品、雑貨 | 3F | 雑貨 |
| 2F | 食料品 ← 連絡通路 → | 2F | 食料品 |
| 1F | コスメ、医薬品、アクセサリー | 1F | コスメ、医薬品 |
| B1F | 靴、衣料品 | B1F | 衣料品、アクセサリー |
| B2F | おもちゃ、電化製品など ← 連絡通路 → | B2F | 電化製品 |

## FOOD

**本館・新館 2階**

果物や野菜、スナックはもちろん、さまざまな調味料がずらり。おみやげにぴったりの商品も多数。

**S$2.90**
お家で簡単に本格的なビリヤニを作れる素

**S$1.50**
おみやげに人気のおかきに似たスナック菓子

**S$1.90**
インド料理でよく使うターメリックパウダー

**S$3.95**
味付けのアクセントに使いたいミックスハーブ

**合計8点 S$34.05（約3800円）**

**S$8.70**
名物チリクラブのインスタントチリソース

いい香り！

**S$4.20**
紅茶の本場、インドの有名ブランドティー

**S$7.50**
ジッパー付きがうれしいドライマンゴー

**S$3.40**
パームシュガーで作る甘〜いカヤジャム

## HEALTH

**本館・新館 1階**

アーユルヴェーダ商品が種類豊富に並ぶ。コスメや香水も、かなりリーズナブルなので要チェック！

**S$12.50**
乾燥したかかとが潤うかかとクリーム

**1個S$3.50**
大人気、メディミックスの石けん

**S$2**
タイのマダム・ヘンの石けん

**S$2**
小麦麦芽とニンジンの種を使ったリップ

**S$1.90**
香りのよいフェイスマスクはいくつあってもうれしい

顔つるつる

**S$5.90**
メディミックスのフェイススクラブ

**S$1.80**
100%天然のココナッツオイルは料理にもOK

**5個S$5**
有名アーユルヴェーダブランドの石けん

**合計8点 S$34.60（約3850円）**

## ACCESSORY

**本館 1階**

色彩豊かできらびやかなアクセサリーは、まとめ買いが断然お得。バラマキみやげにもおすすめ。

**S$1.50**
自分でヘナタトゥーができちゃうアイテム

**S$2.50**
インド人女性がよくおでこにつけているシール

ハデかわいい！
**S$12**
洋服のワンポイントになるバングルは、種類豊富！

**S$6**
大ぶりのイヤリング。目立つこと間違いなし

**S$3.80**
髪の毛専用のシール。一気にゴージャスに変身！

**合計5点 S$25.80（約2900円）**

ムスタファ・センターの周辺にあるインド料理の飲食店は夜遅くまで営業しているところが多く、深夜までにぎやか。

パゴダ・ストリートとリトル・インディア・アーケードで

# 安カワ中国&インド雑貨発掘

各エリアの店は、ローカル商品が並ぶ穴場。他国のグッズが買えるのも
シンガポールの醍醐味。安くて手作り感あるアイテムを見つけてみて！

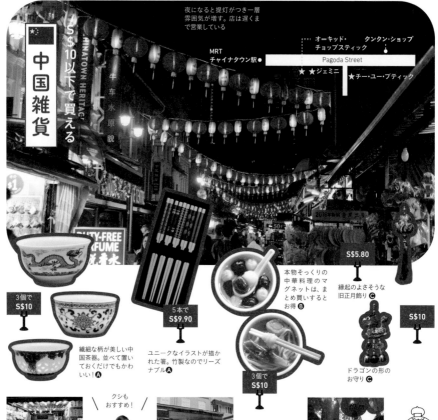

夜になると提灯がつき一層
雰囲気が増す。店は遅くま
で営業している

MRT
チャイナタウン駅 ●

オーキッド・
チョップスティック

タンタン・ショップ
↓

Pagoda Street

★ ★ジェミニ

★チー・ユー・ブティック

S$10以下で買える

中国雑貨

3個で
S$10

S$5.80

本物そっくりの
中華料理のマグ
ネットは、まと
め買いすると
お得 B

縁起のよさそうな
旧正月飾り C

S$10

繊細な柄が美しい中
国茶器。並べて置い
ておくだけでもかわ
いい！A

5本で
S$9.90

ユニークなイラストが描か
れた箸。竹製なのでリーズ
ナブル A

3個で
S$10

ドラゴンの形の
お守り C

クシも
おすすめ！

A 伝統的な雑貨をそろえる
## オーキッド・
## チョップスティック
Orchid Chopsticks

高品質の伝統的な中華雑貨を扱う
ショップ。中華箸と天然の木を使った
クシが自慢。高価なものからリーズナ
ブルなものまで幅広く取りそろえる。

🏠65 Pagoda St. ☎6423-0488
🕐10:00～22:00 🈺無休
🚇MRTチャイナタウン駅から徒歩1
分
チャイナタウン ▶MAP 別P.15 D-2

B 中華小物が充実
## チー・ユー・ブティック
Qi Yu Boutique

パゴダ・ストリートから少し脇道に
入ったところにある。おみやげによさ
そうなプチプラの雑貨がたくさん。お
守りなどの定番もある。

🏠5 Trengganu St. ☎9850-9467
🕐12:00～20:00頃 🈺不定休 🚇
MRTチャイナタウン駅から徒歩3分
チャイナタウン ▶MAP 別P.15 D-2

C 中華のイベントグッズが満載！
## ジェミニ
Gemini

店頭にはお守りや提灯など中国のイ
ベントに使用するグッズがぎっしり！
おみやげになりそうな縁起物も多く、
いつも大にぎわい。

🏠57 Pagoda St. ☎9008-1568 🕐
11:00～18:00 🈺月曜 🚇MRTチャ
イナタウン駅から徒歩1分
カード不可
チャイナタウン ▶MAP 別P.15 D-2

### パゴダ・ストリート

MRTチャイナタウン駅の出口Aから一直線にのびる通り。中華料理の飲食店やギフトショップが所狭しと軒を連ねる。観光客で常ににぎわいをみせる、チャイナタウンで最もアツい場所。

### リトル・インディア・アーケード

MRTリトル・インディア駅から徒歩5分の場所にある。インド雑貨やアーユルヴェーダ、ヘナ・アートの店が集まる。店の前を通るだけで、店員が流暢な日本語で積極的に話しかけてくる。

🇮🇳 インド雑貨

まとめ買いがお得！

色とりどりのアイテムがずらり。小さな店だが、品ぞろえ豊富。くまなく探してお宝を見つけてみて！

S$160

S$6

S$25

S$38

S$25

S$25　手描きのタッチがかわいい、商売や学問の神様として有名なガネーシャの像

オリジナルの小物入れ。キラキラ光るデザインがインドっぽい！

コロンとした形がかわいらしいミニバッグ。ピンクや緑色もある

S$28　カシミヤウールのクッションカバー。鮮やかな色使いの刺繍が目を引く

S$8　ネパールの手作りウールコースター。モコモコしたデザインがキュート！

お手頃価格が魅力

### GMギフト・オブ・セレニティ
**GM Gifts of Serenity**

インド雑貨がぎっしり陳列された、おみやげ店。高品質のパシュミナがリーズナブルな値段で買える。紅茶や石けん、衣料品まで勢ぞろい！

🏠 48 Serangoon Rd., #01-75（リトル・インディア・アーケード内）
☎6297-6629　🕘9:00〜21:00
⊕無休　⊗MRTリトル・インディア駅から徒歩4分

リトル・インディア　▶MAP 別 P.16 C-3

## 値引き交渉にTRY！

高いと思ったら、値引きに挑戦してみて！まとめて買うと安くしてくれる。

①「How much~?」
**値段を聞く**
欲しいアイテムを見つけたし、まずは店員にいくらか聞いてみよう。

②「Discount please.」
**値引きを頼む**
安くしてほしいとお願いし、希望の値段より安く伝えるのが賢いやり方。

③「If you buy two~」
**まとめ買いを提案される**
店員から、もう一つの商品を一緒に買うと値引きすると提案される。

④「OK! Thank you.」
**交渉成立！**
値段に納得したら、交渉が成立！粘り強く値切れば、かなり安くなる。

思わず買いそろえたくなる
# プラナカン雑貨を即買い

パステルカラーに上品な模様が美しいプラナカン雑貨。一目見た途端に、
その華やかさに見惚れる。色も豊富なのでセットで買って帰ろう！

ミルキーなピンク色
の4段ランチボック
スと、シックなグリー
ンの3段ランチボッ
クス

華麗なプラナカングッズに
一目惚れ！

（左）さまざまなサイズがある、色とりどりのプレートはS$35〜 （中）サン
ダルS$650〜。つま先が空いていないものが少しお高め
（右）ティーセットや茶碗などさまざまなアイテムがそろう

## What is

### プラナカンカラー

プラナカン雑貨の最大の特徴は、鮮やかな色。
プラナカンカラーといわれているのは、ピンク
とミントグリーンの色合わせ。

ピンクやブル
ーなどさまざ
まな組み合わ
せがある

### プラナカン柄

代表的なプラナカン柄は、主に3種類ある。
それぞれに込められた意味にも注目してみて！

**鳳凰**
プラナカン陶器でよく
目にする有名な柄。繁
栄の象徴として古くか
ら親しまれている。

**牡丹**
鳳凰と同様に、頻繁に
使われる富を表す柄。
鳳凰と一緒に描かれる
ことも多い。

**蝶**
ニョニャを代表する洋
服「クバヤ」やビーズ刺
繍でよく目にする柄。華
麗さをさらに演出する。

## MUST BUY プラナカン陶器

各S$30

Ⓐ カムチャンと呼ばれるフタ付きポットのミニサイズ。人気のカラーはピンクとミントグリーン。小さなお菓子入れにおすすめ

各S$15

Ⓐ 鳳凰が描かれたスプーン。小さいサイズなので、スイーツにぴったり！

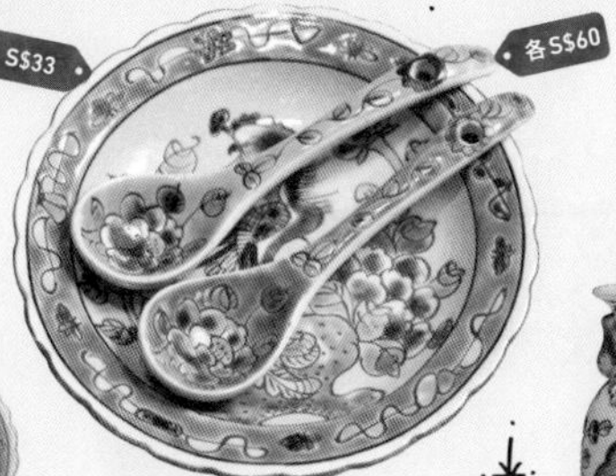
S$33
各S$60

Ⓐ 鳳凰が描かれた小皿と、牡丹が描かれた大きめサイズのティースプーン。スプーンはレッドやイエローもある

S$55

Ⓑ 大きな陶器製のポット。用途はいろいろ

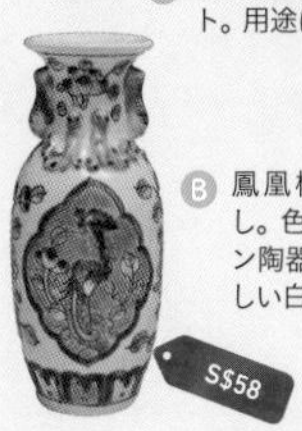
S$58

Ⓑ 鳳凰柄の一輪挿し。色はプラナカン陶器としては珍しい白

各S$50～

Ⓐ 全色集めたくなる、手のひらサイズの丸皿。波打つフチがキュート！

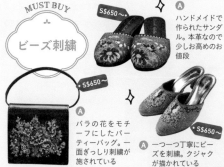

## MUST BUY ビーズ刺繍

S$650～

Ⓐ ハンドメイドで作られたサンダル。本革なので少しお高めのお値段

S$650～

Ⓐ バラの花をモチーフにしたパーティーバッグ。一面ぎっしり刺繍が施されている

S$650～

Ⓐ 一つ一つ丁寧にビーズを刺繍。クジャクが描かれている

## MUST BUY プラナカンタイル

Ⓒ 額縁入りのアンティークタイル

各S$40.50

Ⓒ レプリカのプラナカンタイルのマグネット

Tiger
各S$15.95

Bazaar

Ⓐ プラナカングッズの老舗

### ルマー・ビビ Rumah Bebe

ビーズサンダルやバッグ、ニョニャの民族衣装であるクバヤ、プラナカン陶器を扱う。サンダルやクバヤはオーダーメイドも可能。

113 East Coast Rd. ☎6247-8781 営9:30～18:30 休月～水曜、旧正月前日、旧正月3日間、クリスマス・イブ、クリスマス 交中心部からタクシーで20分
www.rumahbebe.com
カトン ▶MAP 別P.24 B-2

Ⓑ 博物館のそばにある小さな店

### トゥルー・ブルー・ショップ True Blue Shoppe

プラナカン博物館そばにあるショップ。こぢんまりとしているが、中国で作られたプラナカン陶器が充実している。

47/49 Armenian St. ☎6440-0449 営11:30～21:30 休日曜、旧正月4日間 交MRTシティ・ホール駅から徒歩6分
truebluecuisine.com
シティ ▶MAP 別P.10 B-2

Ⓒ プラナカンタイルの専門店

### プラナカン・タイル・ギャラリー Peranakan Tiles Gallery

露店が並ぶパゴダ・ストリートにある。プラナカンタイルを扱い、アンティークからレプリカまで種類豊富。アンティークは値段も張るが一生もの。

37 Pagoda St. ☎6684-8600 営12:00～18:00 休無休 交MRTチャイナタウン駅から徒歩3分
asterbykyra.sg
チャイナタウン ▶MAP 別P.15 D-2

トゥルー・ブルー・ショップはプラナカン博物館に向かって右手。奥にはニョニャ料理を楽しめるレストランがある。

# 全部欲しくなる！
# アラブ香水瓶で女をアゲる

本場のアラブ香水が手に入る、アラブ・ストリート。
アルコール不使用のパフュームは、日本人観光客に大人気。お気に入りの香水瓶を探そう！

同じように見えても、微妙にデザインが異なっているので、
細部までよく見てお気に入りを見つけよう

①レモングラスやジンジャー、ラベンダーなどの定番から、イランイランやクミンなどアラビアンらしい香りまで豊富に取りそろえている　②ガラス製の香水瓶が整然と並ぶ　③店はアラブ・ストリートのメイン通りに立つ

多彩な香水を取りそろえる
## ジャマール・カズラ・アロマティックス
### Jamal Kazura Aromatics

1933年にオープンした老舗ショップ。ノンアルコールの本格的なアラブ香水を200種類以上も扱う。エジプトで作られた大小さまざまなタイプの香水瓶も好評で、日本人観光客が絶え間なく訪れる。

🏠21 Bussorah St.　☎6293-3320
🕘9:30～18:00　㊡ハリ・ラヤ・ハジ、ハリ・ラヤ・プラサ　Ⓜ MRTブギス駅から徒歩8分
日本語OK

アラブ・ストリート ▶MAP 別P.19 D-2

〰 PERFUME
オリジナル香水を
作ってみよう 〰

店が混雑していなければ、自分好みに香水をカスタマイズしてくれる。値段は6mℓS$15、12mℓS$30。

お気に入りを
見つけてね

1 ベースの香りを選ぶ
まずは、いろいろな香りを試して、ベースをチョイス！

2 ほかの香りをチョイス
ベースに合う、別の香りを選ぶ。組み合わせる数は自由。

3 香りをミックス
香りを混ぜたら、どんな香りになったか確認しよう。

4 振る
満足いく香りになったら、香水瓶に入れて振れば完成！

## What is

### アラブ香水

植物から抽出したオイルタイプの伝統的なアラブパフューム。アルコールを使用していないため肌に優しい。6時間ほど香りが持続する。

### 香りの種類

200種類の中からお気に入りを見つけるのは大変。店員に何系の香りが好みか伝えると、候補をあげてくれる。

フローラル系…ローズやジャスミン、スズランなどの花を使った華やかな香り。

シトラス系…グレープフルーツなどの柑橘類を使った香りが爽やか。

オリエンタル系…ムスクなどの独特な香りをベースに甘い香りをミックス。

---

**ANIMAL 動物** 動物や魚が香水瓶の形になったおもしろデザイン。

ラクダだよ!

price S$40
勇ましく歩くライオンの背中にフタが付いている

price S$20
人気商品のラクダ。似たようなデザインでゾウもある

**UNIQUE ユニーク** インテリアとして飾っておける個性派はこちら!

price S$40
手で装飾した、おとぎ話に出てきそうなアラビアンポット

price S$30
金ピカに光るゴージャスな香水瓶。ハート形がかわいい

---

**SIMPLE シンプル** シンプルだけど、日に当たるとキラキラ光る。

ミニサイズもキュート

角度によって色が変わる!

price S$40
ドットが控えめに装飾された小さいサイズの香水瓶

price S$15
手で絵付けされている。反対側は店名の頭文字「J」の模様が

price S$45
横から見ると透明だが、角度を変えると七色に変身!

---

**COLORFUL カラフル** 色のバリエーションも豊富。全色そろえたい。

華やかなレッド

price S$12
オレンジ色のスタイリッシュなデザインのミニボトル

price S$15
真ん中が透明になっている。波打つふりふりの装飾が特徴

price S$15
よく見ると丸く膨らんだ部分に、花模様が描かれている

price S$15
きゅっとしたくびれがラブリーな明るいイエローの香水瓶

---

香水瓶はガラス製でかなり割れやすいので取り扱いに注意しよう。購入すると割れないように箱に入れてくれる。

# 細かな柄が美しい
# バティックファッションコーデ

バティックは、マレーシアやインドネシア伝統の染め物。
花や動物などさまざまなパターンがろうで絵付けされている。
伝統的なものや今風にアレンジされた洋服を着て、エキゾチックに変身しよう。

街着にできる
バティックが
揃っています！

カラフルバティックのドレスで
ローカル気分を盛り上げる！

スタッフさんたち。洋服はすべて自社ブランドのもの

バティックを今ドキにアレンジ！

## ヤオママ・バティック
### YeoMama Batik

バティックを現代的なデザインにアレンジしたファッションブランド。大胆＆カラフルなパターンが多く、南国気分を盛り上げてくれること間違いなし！

🏠 65 Ubi Rd., 1 #01-87（オクスリー・ビズハブ内） ☎なし ⏰12:00～19:00 ㊡日～火曜、旧正月3週間 🚕中心部からタクシーで20分
yeomamabatik.com
郊外 ▶MAP 別 P.7 E-1

黄色にグリーンや青で
花を描いたワンピース

Dress
S$268

Dress
S$298

バティック柄の
オリジナル
クッション

S$28

かわいいバティック
チャームの付いた
ネックレス

S$149

チャイナドレス風に
シェイプされたノー
スリーブワンピース

🦁 **How to**

## サロンの巻き方

サロンは、男女共に身につけられ1枚の大きな布地を腰に巻く。通気性に優れていて、一年中常夏のシンガポールで大活躍。クラシカルとモダンなもので巻き方が異なる。

### クラシカル

**① 巻く**
メインの模様が正面にくるようにして、きつめにしっかりとサロンを巻く。

**② 折り込む**
布の切れ端が横になっているか確認し、紐で縛りウエストに折り込む。

### モダン

**① 巻く**
布の切れ端を正面にして巻き、片方の切れ端がふんわりするように出す。

**② 飾りをつける**
片方の切れ端をねじって、正面にくるようにアクセサリーを通す。

**③ 折り込む**
ねじった切れ端を後ろにもっていき、結ぶ。結び目を折り込んで完成！

プラナカンバティック専門店
## トッコー・アルジュニード
Toko Aljunied

カラフルなプラナカンバティックを扱う老舗。ハンドメイドの高額クバヤや手頃な値段のサロンなど、さまざまな商品を販売する。

🏠 91 Arab St. ☎ 6294-6897 ⏰ 10:30～18:00（日曜、祝日は11:00～17:00）🚫ハリ・ラヤ・ブラサ、ハリ・ラヤ・ハジ 🚇MRTブギス駅から徒歩6分

`アラブ・ストリート` ▶ MAP 別P.18 C-2

クバヤの繊細な網目模様は全て手作り。ボトムスは手織りされた、シルク素材のニョニャサロン

Tops
**S$350**

Bottoms
**S$800**

 S$580

プラナカンの幸運の象徴とされるクジャクが描かれたクバヤ

プラナカンバティックは艶やかな色あいやクジャク・鳳凰などの柄が特徴

高級な一点ものを扱う
## アカモティフ
AkaMotif

タングリン・モール内にあるアジアンテイストな雰囲気が漂う専門店。上質な高級バティックや一点ものの洋服、小物を販売する。

🏠 163 Tanglin Rd., #01-01/02（タングリン・モール内）☎ 9176-8381 ⏰10:00～20:00 🚫旧正月2日間 🚇MRTオーチャード・ブールバード駅から徒歩2分

`オーチャード・ロード` ▶ MAP 別P.20 A-2

Dress
**S$119**

 S$6.90

サテンシルクを使った肌触りのよいサロンは店の人気商品

バティック生地を使ったパッチワークコースター

メンズ用のTシャツや子ども服も充実。アジアンテイストの小物もある

小物から洋服まで全部おまかせ！
## ウェリー・バティック・ファッション
Wellie Batik Fashion

マレーシアのバティックを扱う専門店。店内は無数のバティックに埋めつくされている。洋服やバッグなどは全てハンドメイド。

🏠 211 Holland Ave., #03-06（ホーランド・ロード・ショッピングセンター内）☎ 9171-5662 ⏰10:00～18:30（日曜は11:30～）🚫旧正月2日間、クリスマス 🚇MRTホーランド・ビレッジ駅から徒歩2分 www.welliebatik.com

`郊外` ▶ MAP 別P.4 C-2

Bag
**S$20**

Dress
**S$99**

手作りのワンピースは木の型のスタンプで模様をつけている

トラディショナルなものからモダンな模様までずらり！

# 東南アジアの織物
# バティック大図鑑

## インドネシア発祥の美しき染め織物

インドネシアやマレーシアで作られる伝統の染め織物、バティックBatik。特にインドネシアのジャワ島のものが有名で、別名「ジャワ更紗」とも呼ばれている。染色においては柄となる部分を蝋で防染し、周囲を染めていくロウケツ染めで行われる。また更紗とはインドを起源とする総柄の木綿布。つまり、「ロウケツ染めで染色された総柄の木綿布＝バティック」ということになる。

バティックは、腰に巻き付ける「サロン」をはじめ、スカーフやショールといった衣類として使われることが多い。プラナカンの伝統衣装であるサロン・クバヤも、バティックを使っている。その起源は古代ヒンドゥー・ジャワ王国の王宮文化にあるとされ、元々は王族や貴族だけが身につけることを許された格式高いもの。その後時代と共に大衆化され、柄もモダンに変化していった。

風通しもよく着やすいワンピース

## バティックの歴史

### 王宮のシンボルとして登場

**起源**

実は、バティックの起源に関する具体的な年代などは現在も分かっていない。ただ、古代ヒンドゥー・ジャワ王国の時代に、王族や一部貴族だけが身につけることを許された王宮衣装であったことから、この時期を起源としている。柄は王族を象徴する文様になっており、またインドネシアがイスラム教の支配を受ける前だったため、偶像禁止下ではありえないガルーダやナーガ（龍）などの柄も一般的だった。

### ヨーロッパで大流行！

**18世紀後半〜**

18世紀になると、オランダ領東インドの宗主であるオランダにより、ヨーロッパに輸出され人気を博した。西洋的なパターンを取り入れた柄はモダンになり、色使いもやわらかなものが増えた。19世紀半ばにはそれまで手作業であった柄と染色に「チャップ」と呼ばれる銅製のスタンプを用いるようになった。これにより生産性が一躍向上し、より安価になり一気に大衆化していったと言われる。

### オリジナル柄が続々誕生

**日本統治時代**

第一次世界大戦以降、バティックで使用される布のほとんどは日本からの輸入だった。1942年にインドネシアが日本軍の占領下に置かれると、プカロンガンというジャワ島の北部で「ジャワ・ホーコーカイ」という着物をモチーフとしたバティックが作られた。日本らしい桜や菊などの柄が見られたという。インドネシア独立後は伝統文化の象徴として、国家としてのアイデンティティ擁立にも役立った。

## バティックの今

### シンガポールのバティック

実はシンガポールではバティックの生産は行われておらず、ほとんどがインドネシアからの輸入品。しかし、プラナカンやシンガポール航空のようにオリジナルの柄は多数ある。最近人気なのが、バティックを利用したワンピースやシャツなどのリメイクもの。モダン柄のワンピースは南国の気候によく合うデザインで、若い女性を中心に人気を集めている。

財布やポーチなどの小物類で、ワンポイントとしてバティックを取り入れてみて

## バティックの絵柄バリエーション

### Traditional

昔ながらのものは、草花やナイフなどの幾何学的な柄が特徴。
色は、ブラウンやブラックなどの落ち着いたシックな印象。

腰に巻いて身につけるサロン。異なるパターンをいくつか組み合わせている。
絵柄:ソロ
染め方:機械
生産地:ジャカルタ

赤や青、紫など多彩な色を使用した、花と鳥が描かれた上品なバティック。
絵柄:チェンドラワシ
染め方:機械
生産地:ジャカルタ

紺色の生地いっぱいに、インドネシアらしい草木や蝶、鳥が描かれている。
絵柄:ソロ
染め方:機械
生産地:ジャカルタ

ナイフモチーフの幾何学的な柄が、勇ましい。男性におすすめのバティック。
絵柄:パラング
染め方:機械
生産地:ジャカルタ

上質なコットンを使用。模様が入った生地の上に、さらに柄を重ねている。
絵柄:バティックプリント
染め方:ハンドスタンプ
生産地:ジョグジャカルタ

伝統的なバティックとモダンを、パッチワークのようにミックスしたもの。
絵柄:バティックプリント
染め方:機械
生産地:ジャカルタ

### Modern

インドネシアの伝統的なバティックを、西洋風にアレンジしたもの。
明るい色使いや、花や蝶などの華やかな柄が多い。

シンガポール航空の制服に使われている、知名度の高いモチーフ。
絵柄:SQプリント
染め方:機械
生産地:ジャカルタ

街なかでよく目にするバティック。シンガポールの国花、ランが描かれている。
絵柄:オーキッドモチーフ
染め方:機械
生産地:ジャカルタ

植物や野菜の天然染料で手染めしている。ナチュラルな風合いが優しい印象。
絵柄:フラワーモチーフ
染め方:ハンドスタンプ
生産地:プカロンガン

ブルーやオレンジなどのパステルカラーが鮮やかなサロン。
絵柄:フラワー＆バタフライモチーフ
染め方:ハンドスタンプ
生産地:プカロンガン

白地に手書きしたブルーの花々がちりばめられている。プレミアムコットンを使用。
絵柄:オリジナルデザイン
染め方:ハンドドロー
生産地:チルボン

中国の雲モチーフを取り入れた、有名なバティック。4度染めしている。
絵柄:メガムンドゥン
染め方:ハンドドロー
生産地:チルボン

撮影協力:ウェリー・バティック・ファッション(→P.133)

気になる人はいろいろ聞いてみて！

### バティックを買うときのチェックポイント

ひとくくりにバティックといっても、色や柄、染め方から素材まで、その種類はさまざま。直感で決めるのもいいけど、せっかく買うなら細部までこだわって、お気に入りのバティックを見つけよう。

**Pattern**
#### 絵柄
主に、2種類に分かれる。伝統的なものは、草木や紋章などでシックな印象。一方、モダンな柄は、花や蝶など優美なものが多い。

**Material**
#### 素材
ほとんどのバティックは、コットンを使用。肌触りを重視するなら、値は張るが上質なコットンやシルクを使ったものがおすすめ！

**Dye**
#### 染め方
染め方は、2種類。ロウを溶かして、道具を使い手書きでモチーフを描くタイプと、絵柄の描かれたスタンプを押して染める方法がある。

**Region**
#### 生産国・地域
インドネシアやマレーシアで作られたものが多い。インドネシアのジャワ島は特に盛んで、さまざまな地域で生産されている。

バティックの使い道は、業者に頼んでシャツを作ってもいいし、そのままソファカバーにしても、かわいい。

SHOPPING
ショッピングセンター
オーチャード・ロード
ムスタファ・センター
中国＆インド雑貨
ファッション
定番みやげ
雑貨
スーパーマーケット

シーン別にセレクト！
# 安カワ靴をわがままオーダー

### Order 01
楽ちん&かわいい
サンダルが欲しい！

S$49.90

S$65.90

S$73.90

足元が涼しげなサンダル。ヒールはないので履きやすい🅐

流行のウェッジソール&厚底サンダル。軽いので疲れにくい🅐

落ち着いたブランカラーが大人な雰囲気を醸し出している🅑

### Order 02
ピンヒール靴で
美脚になりたい！

S$59.90

S$59.90

S$79.90

バイソン柄&ピンヒールがキュート。足がキレイに見える🅐

リゾートシーンでも履けそうなミュールタイプのサンダル🅐

シンプルなミュール。キラリと光るビーズがアクセント🅑

### Order 03
疲れないぺたんこ靴
ありません？

S$53.90

S$73.90

S$69.90

光るピンクがグッド。フェミニンな服装に合わせて履きたい🅐

ゴールドのバレエシューズ。人気の太パンツにもよく合う🅑

ニット素材の個性派サンダル。伸縮性があって履きやすい🅑

### Order 04
フォーマルでも
イケル靴が欲しいの

S$59.90

S$59.90

S$69.90

ヘビ柄とビットが挑戦的。モノトーンコーデのアクセントに🅐

ころんとしたミッドソールサンダル。スーツにも合いそう！🅐

白エナメルが清楚な印象。どんなスタイルも邪魔しない一足🅐

---

**🅐**
女性人気ナンバーワン！
## チャールズ・アンド・キース
**Charles & Keith**

地元で絶大な人気を誇るシューズブランド。アジアを中心に進出しており、日本にも支店がある。トレンドを押さえたスタイリッシュな靴やバッグを豊富にそろえる。

🏠 313 Orchard Rd., #02-46〜49（313@サマセット内）
☎6509-5040　🕚11:00〜22:00
㊡旧正月2日間　⊗MRTサマセット駅から徒歩6分
www.charleskeith.com/sg
オーチャード・ロード ▶MAP 別P.21 E-3

**🅑**
フェミニンさが魅力
## プリティ・フィット
**prettyFIT**

1994年にオープンした、地元で愛されている店。ビーズやラメなどを使ったラブリーなデザインが多い。さまざまな素材を使った、カラフルなバレエシューズもおすすめ。

🏠 435 Orchard Rd., #B1-30/31（ウィスマ・アトリア内）
☎6732-5997　🕥10:30〜21:30
㊡旧正月2日間　⊗MRTオーチャード駅から徒歩6分
prettyfit.com.sg
オーチャード・ロード ▶MAP 別P.21 D-2

おしゃれは足元から

常夏のシンガポールは、涼しいサンダルやパンプスが必需品。シンガポーリアン行きつけのリーズナブルなシューズショップが多彩で、どれも今すぐ履いて出かけたいキュートな靴ばかり。自分用のおみやげにも買っていこう！

S$69.90

S$36.90

S$39.90

S$83

元気なオレンジとワンポイントのゴールドがおしゃれ**B**

かかとをストラップで留めるタイプのサンダル。歩きやすい**C**

カジュアルなつっかけサンダル。近所に出るときにも重宝**C**

デニム生地のサンダル。ヒールがあるのでキレイめにも**D**

S$79.90

S$59.90

S$59.90

S$86

大きなリボンがかわいいサンダル。ヒールストラップ付き**B**

7cmのピンヒールサンダル。シンプルでTPOを選ばなそう**C**

ブラックレザーがシック。大人っぽいコーデに合わせよう**C**

光沢のあるシルバーが目を引く。ハードすぎず好印象**D**

S$36.90

S$39.90

S$89

S$89

ひとつは持っていたいパンプス。オフィスにも履いていけそう**C**

大ぶりのリボンをトゥにデザイン。どんなスタイルにも合う**C**

コロンとした形のコンフォートシューズ。大きな花が特徴的**D**

折りたたんで持ち歩ける。かかとは潰しても立ててもOK**D**

S$79.90

S$83

S$89

S$96

シンプルだが美しいシルエット。ビーズの装飾がアクセント！**B**

スクエアトゥとビットがおしゃれ。パンツでもスカートでもOK**D**

ビーズをちりばめたハイヒール。見る場所により光り方が違う**D**

トゥの装飾がゴージャス。ヒールはないので見た目より履きやすい**D**

---

**C**
エレガントなサンダル
## ディー・アンド・シー
D&C

店名の由来は「Design & Comfort」から。その名のとおり、デザインと履きやすさを両立させたシューズがそろう。シンガポール国内に約20店舗を展開している。

🏠3 Temasek Blvd., #02-429（サンテック・シティ・モール内）　☎6908-4007　⏰10:30〜21:30
㊡旧正月2日間　🚇MRTエスプラネード駅から徒歩5分
シティ ▶MAP 別P.11 E-1

**D**
大人なモードスタイル
## パッション
Pazzion

シックな内装が印象的なシューズ店。リボンやクロス柄のや、子ども用もあるので親子でおそろいも楽しめる。

🏠435 Orchard Rd., #B1-09/10（ウィスマ・アトリア内）
☎6876-9134　⏰10:30〜21:30（金・土曜は〜22:00）
㊡旧正月2日間　🚇MRTオーチャード駅から徒歩6分
www.pazzion.com
オーチャード・ロード ▶MAP 別P.21 D-2

🌼 どの店も片方の靴しかディスプレイされていないので、試し履きしたいときは近くの店員に声をかけて出してもらう。

地元クリエーターが手掛けた
# オンリーワンアイテムが欲しい

日本×シンガポール
コラボ商品

商品の背景をじっくり
感じてもらえるように
ディスプレイされている

オリジナルの
グッズが
びっしり

豊富な商品がセンス
く陳列されている。
板ネコにも会えるか

各 S$24

スーパーママオリジ
ナルのぬいぐるみ。
ゆるかわで手触りも
よい

ブラナカン風
デザインのプ
レート

各 S$28

S$88

有田焼と地元のアーティ
ストがコラボし、爆発的
にヒットしたお皿

各 S$9.90

ブラナカンタイルをモチー
フにしたティッシュケース

選び抜かれたハイセンス雑貨店
## スーパーママ
Supermama

日本の伝統工芸品とシンガポール人デザイナーがコラボ
した商品を中心に扱う店。オーナー自らデザイナーや生産
者を訪ね、質の高いシンガポールみやげを発信し続ける。

🏠 213 Henderson Rd.　☎ 9615-7473
🕐 11:00～18:00　㊡ 日曜
🚕 中心部からタクシーで15分
supermamastore.com

郊外 ▶ MAP 別 P.6 B-2

ハンドメイド雑貨がずらり
## キャット・ソクラテス
Cat Socrates

こぢんまりとした、セレクトショップ。おみやげにぴった
りなお手頃なグッズがそろう。若手デザイナーが活躍で
きる場を提供するため、積極的に商品を展開する。

🏠 448 Joo Chiat Rd.　☎ 6348-0863
🕐 11:00～20:00（月曜は～18:00、日曜は～19:00）
㊡ 月曜、旧正月3日間　🚕 中心部からタクシーで20分
catsocrates.wixsite.com/catsocrates

カトン ▶ MAP 別 P.24 B-2

シンガポールでは近年、地元アーティストが手掛けた雑貨がブーム！彼らを応援しようと、地元クリエーター雑貨を集めた店も次々とオープンしている。ここでしか手に入らないオンリーワンアイテムを手に入れよう！

## What is

### クリエーターグッズ

シンガポールみやげのクオリティを向上させようと、地元アーティストが観光名所などをモチーフにした商品を手掛ける。

オリジナルのイラストが彩る生活雑貨にひと目ぼれ♡

ちんまりした店内に所狭しと素敵なイラストの商品が並ぶ

ショッピングストリートの新たなランドマークに！

シンガポールのデザイナー70名以上の作品を扱っている

各 S$12.90

シンガポールならではのイラストが描かれたバンブープレート

S$25

気分が上がりそうなエコバッグ

S$42

エレガントなプラナカン柄のネームタグとパスポートケース

S$27.50

シンガポールのローカルフードが一堂に会すポーチ

各 S$15.90

S$12.90

シンガポールの風景を描く

北欧を思わせるデザインの鍋つかみ

国内デザイナーのセレクトショップ

かわいい靴下。右はカヤトースト、左はドリアン柄

## ヤニドロウ＆フレンズ
### Yenidraws & Friends

オーナーのヤニさんのイラストをプリントした雑貨が話題。プレートや鍋敷きなどのキッチン用品からバッグなどファッション系までバラエティ豊か。

🏠 55 Tiong Bahru Rd.
☎ なし　🕙 10:00 ～ 17:00（日曜は～ 16:00）　🈳 無休
🚇 MRT チョン・バル駅から徒歩12分
yenidraws.com

`チョン・バル` ▶ MAP 別 P.24 C-3

## デザイン・オーチャード
### Design Orchard

シンガポールの若手デザイナー作品を扱うセレクトショップ。雑貨からファッションまで幅広い品揃え。オーガニック系のコスメも人気。

🏠 250 Orchard Rd.
☎ 6513-1743　🕙 10:30 ～ 21:30
🈳 無休　🚇 MRT サマセット駅から徒歩6分
www.designorchard.sg

`オーチャード・ロード` ▶ MAP 別 P.21 F-3

# シンガポールのテッパンみやげは
# お菓子と老舗ティーで決まり！

**パイナップルタルト**
台湾のローカルスイーツだが、シンガポールの定番みやげとしても有名。

SS15.80～

しっとり

SS24

**ムーンパイ**
日本でいう月餅のこと。シンガポールでは、中秋節になるとお供えする。

甘いパイナップル餡が詰まっている。温めて食べるとさらにおいしくなる Ⓒ

パンダンリーフやコーヒーなどの8種類の味が入ったムーンパイ Ⓒ

SS42

SS49

バウムクーヘンのように層になったクエ・ラピス。スパイシーな味がする Ⓐ

パンダンリーフのバウムクーヘン。缶までパンダンリーフ色 Ⓑ

甘い ← → ビター

SS49

**パンダンリーフ**
スイーツの香り付けや色付けによく使われる植物。ほんのり甘い香り。

SS24-27

大人気のクッキーシリーズ。カシューナッツやアーモンドナッツ味もある Ⓐ

SS23

着色料や保存料を使っていないクッキー。パッケージが豪華！ Ⓑ

ショートブレッドクッキー。TWGの紅茶フレーバーがそろう Ⓓ

SS19

# Cookie&Cake
**クッキー＆ケーキ**
シンガポール人御用達のローカルスイーツからおみやげ用まで、たくさん！

サクサクとした歯応えのいい、程よい苦さのチョコレートクッキー Ⓒ

サクサク

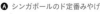

**Ⓐ シンガポールのド定番みやげ**
## ブンガワン・ソロ
Bengawan Solo

1979年創業、国内に25の支店があるスイーツ店。看板商品は、彩り豊かなパッケージのオリジナルクッキー。ローカルスイーツを個々でも買える。

⌂ 2 Orchard Turn, #B4-38（アイオン・オーチャード内）
☎6238-2090 ⊙ 10:00～21:30
㊡ 旧正月2日間
Ⓜ MRTオーチャード駅から徒歩2分
www.bengawansolo.com.sg
オーチャード・ロード ▶MAP 別P.21 D-2

**Ⓑ ハイカラなクッキー専門店**
## クッキー・ミュージアム
The Cookie Museum

ルネッサンス調の豪華な缶に入ったクッキーが好評のクッキー専門店。4カ月ごとに新しいフレーバーを次々と販売する。紅茶もおすすめ。

⌂ 252 North Bridge Rd., #B1-K4（ラッフルズ・シティ内）
☎6749-7496
⊙ 11:00～21:00
㊡ 無休
Ⓜ MRTシティ・ホール駅から徒歩3分
thecookiemuseum.tumblr.com
シティ ▶MAP 別P.10 C-2

**Ⓒ 地元の人に親しまれるローカル店**
## LEカフェ
LE Cafe

地元客が絶え間なく訪れる、創業50年以上の老舗ローカルショップ。素材にこだわった全て手作りのバラエティ豊かなスイーツをそろえる。

⌂ 31/33 Mackenzie Rd.
☎6337-2417 ⊙ 10:30～18:30（日曜、祝日は～16:30）
㊡ 旧正月10日間
Ⓜ MRTリトル・インディア駅から徒歩4分
www.lecafe.com.sg
リトル・インディア ▶MAP 別P.16 B-3

バラマキみやげにも、自分用にもできるフードはおみやげに欠かせない定番！　地元の食材を使ったローカルスイーツに、シンガポーリアン愛飲のティーはハズせない。凝ったデザインのパッケージにも注目してみて。

## How to
### お茶の選び方

お茶の種類が豊富なシンガポールは、品ぞろえもたくさん。味や香りが少しずつ違うので、試飲して好みの味をチョイスしよう。

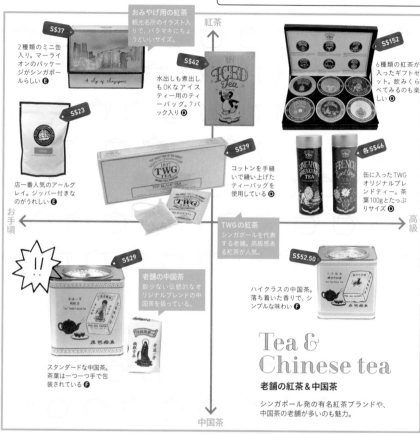

紅茶

**おみやげ用の紅茶**
観光名所のイラスト入りで、バラマキにちょうどいいサイズ。

S$37
2種類のミニ缶入り。マーライオンのパッケージがシンガポールらしい E

S$42
水出しも煮出しもOKなアイスティー用のティーバッグ。7パック入り D

S$152
6種類の紅茶が入ったギフトセット。飲みくらべてみるのも楽しい D

S$23
店一番人気のアールグレイ。ジッパー付きなのがうれしい E

S$29
コットンを手縫いで縫い上げたティーバッグを使用している D

各S$46
缶に入ったTWGオリジナルブレンドティー。茶葉100gとたっぷりサイズ D

お手頃　←　→　高級

TWGの紅茶
シンガポールを代表する老舗。高級感ある紅茶が人気。

S$29

**老舗の中国茶**
数少ない伝統的なオリジナルブレンドの中国茶を扱っている。

S$52.50
ハイクラスの中国茶。落ち着いた香りで、シンプルな味わい F

スタンダードな中国茶。茶葉は一つ一つ手で包装されている F

中国茶

## Tea & Chinese tea
### 老舗の紅茶&中国茶

シンガポール発の有名紅茶ブランドや、中国茶の老舗が多いのも魅力。

---

D 国内から世界まで大人気
## TWG ティー・ガーデンズ・アット・マリーナベイ・サンズ
The 1872 Clipper Tea

TWG Tea Gardens at Marina Bay Sands

高級ホテルでも使用される、シンガポール発の高級ティーブランド。店舗で扱う茶葉は常時850種以上。

🏠 2 Bayfront Ave., #B2-65/68A（ザ・ショップス アット マリーナベイ・サンズ内）
☎ 6565-1837　🕐 10:00～22:00（金・土曜、祝前日は～23:00）　休 無休　🚇 MRTベイフロント駅直結
日本語OK　twgtea.com
マリーナ　▶ MAP 別P.9 D-2

---

E 有名茶葉会社の紅茶店
## 1872 クリッパー・ティー
The 1872 Clipper Tea

国内で有名な茶葉輸入会社のティーショップ。おみやげ用の紅茶も多く扱う。ここの店舗では、試飲ができオリジナルのエクレアも販売している。

🏠 2 Orchard Turn, #B4-07（アイオン・オーチャード内）
☎ 6509-8745　🕐 10:00～22:00
休 無休　🚇 MRT オーチャード駅から徒歩2分
clippertea.com.sg
オーチャード・ロード　▶ MAP 別P.21 D-2

---

F 伝統的な中国茶を扱う
## ペク・シン・チョーン
Pek Sin Choon

1925年創業の中国茶専門店。伝統的な製法を守り抜いた茶葉を扱う。人気のレトロ缶入りは全部で9種類あり、ランクによって値段が異なる。

🏠 36 Mosque St.
☎ 6323-3238　🕐 8:30～18:30
休 日曜、祝日、旧正月5日間
🚇 MRTチャイナタウン駅から徒歩3分
カード不可
peksinchoon.com
チャイナタウン　▶ MAP 別P.15 D-2

# 永遠不滅のアイドル♡
# マーライオングッズ大集合!

## オリジナルイラストのマーライオングッズ

**ポーチ**
さわやかなブルーのポーチ。コスメなどを入れるのにぴったり
いくつあってもうれしい!
オススメ No.1
S$3

**ソーイングキット**
旅先などで重宝するソーイングキット。大容量で安心
身だしなみ大事です
S$4

**折りたたみ傘**
急な雨に便利な傘。周囲の注目の的になること請け合い
S$12.90

**長財布**
ジップタイプの長財布。金運アップ間違いなし!?
旅用の財布に使ってみる?
S$4

**ポーチ**
やや小ぶりのポーチ。ティッシュを入れるのにいいサイズ
S$3

**コースター**
ドリンクを置くと光るコースター。3枚セットでこの値段
飲むのが楽しくなる
S$6

## 日本人好みのセレクトが光る☆

**パイナップルクッキー**
オリジナルのパイナップルクッキー。マーライオン型
オススメ No.1

**カレンダー**
日付の横に木彫りのマーライオンがちょこりと
オススメ No.2
繰り返し使えます
S$9

**トートバッグ**
マーライオンなどシンガポールのアイコンをデザイン
マチ付きでたくさん入る
S$18

シンガポールみやげが勢ぞろい
## メリッサ
Melissa

日本人オーナーが経営するギフトショップ。定番からオリジナルまで、こだわりのある高品質の商品が手に入る。

🏠 333A Orchard Rd., #04-29/30（マンダリン・ギャラリー内）☎6333-8355 ⏰ 11:00〜19:00 🚫 月曜、旧正月2日間 ⊗ MRTサマセット駅から徒歩7分 日本語OK
www.melissazakka.com
オーチャード・ロード ▶MAP 別P.21 E-3

**インセンス（お香）**
口から煙を吐き出すお香立て。お香もセットでうれしい
S$35
Sandalwood
S$10

**ハンドクリーム**
さわやかなグレープフルーツの香りのハンドクリーム
S$8

**ミニタオル**
凜々しいマーライオンの横顔が刺繍してある
こだわりのワンポイント
オススメ No.3
S$8

マーライオンは、国を代表するアイコンとして愛され続けてきた。リアルなルックスのものから、個性的なものまで、いろいろな姿にアレンジされている。お気に入りのマーライオンを連れて帰ろ♪

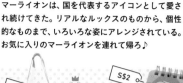

見るだけで癒やされる

オススメ No.3

各S$6
**ぬいぐるみキーホルダー**
オリジナルマーライオンのぬいぐるみ。キーホルダーになる

S$6

ひょっこりかわいい

S$2

**メモ帳**
手のひらサイズのメモ帳。思いついたことを書き留めて

**文房具セット**
エンピツや定規などのセット。新学期はこの文房具で!

S$4

**SINGAPORE SG**
**トートバッグ**
マーライオンがひょっこりと見つめる。意外と丈夫な作り

S$6

バラマキみやげに!

**チョコレート**
定番のマーライオンチョコレートもこの値段なら文句なし!

**MERLION COOKIES SINGAPORE**

S$4

**クッキー**
キュートなマーライオン型のクッキー

オリジナルグッズがずらり
## ギフトマスター
Giftmaster

チャイナタウンのパゴダ・ストリートにある老舗のおみやげ店。2023年にオリジナルのマーライオンを扱う店にアップデート!

🏠70 Pagoda St. ☎なし
🕐10:00〜22:00 🈺無休 🚇MRT
チャイナタウン駅から徒歩1分
チャイナタウン ▶MAP 別P.15 D-2

S$3

S$3

**キーホルダー**
バッグなどに付けたいキーホルダー。小銭入れ付き

**キーホルダー**
小さなマーライオンのぬいぐるみが付いたキーホルダー

個性派マーライオンを探しているならココ

つるんと高級感あり

S$10

オススメ No.1

S$10

**青磁皿＆カップ**
ぬくもりのある淡いグリーンの皿とカップ

オススメ No.2
**木彫り**
木彫りのオブジェ。旅の思い出にどうぞ

ギャンブルはダメよ

S$5

S$14

**トランプ**
マーライオンをプリント。料金は3つセットの値段

各S$5

**箸置き**
青磁の箸置き。これで食事もマーライオンと一緒♡

大きさはさまざま

オススメ No.3

オリジナルグッズが豊富
## ファー・イースト・ファイン・アーツ
Far East Fine Arts

こぢんまりとしたローカル感あふれるショップ。オーナーのチョーさんがデザインした味のあるアイテムが並ぶ。

🏠304 Orchard Rd., #03-50(ラッキー・プラザ内) ☎6235-1536 🕐11:00〜16:00 🈺日曜、旧正月2日間 🚇MRTオーチャード駅から徒歩4分 日本語OK
オーチャード・ロード ▶MAP 別P.21 D-2

S$22

**マトリョーシカ**
木彫りのマーライオンが次々と出てくる!

S$15

**トートバッグ**
マリーナベイ・サンズとのコラボ風景をバッグにプリント

SHOPPING **13**

ローカル気分に浸っちゃおう！
# 地元スーパーをフル活用

地元っ子も利用するスーパーでお買い物！ 物価の高いシンガポールでも、
スーパーなら安心価格。自分用、バラマキ用といろいろ買おう。

Supermarket

### ローカル色満点の
### カラフル食品に思わず目移り

シンガポール高島屋地下
のスーパー、コールド・ス
トレージ。食料品売り場
をメインに、調味料やビ
ン詰めなどの棚がある

---

【高級系】

日本食も充実の高級スーパー
## コールド・ストレージ
Cold Storage

シンガポール国内最大手のスーパ
ーチェーン。店舗によりコンセプト
が少しずつ異なり、ここシンガポー
ル高島屋（→P.122）地下の店は高
級志向で、日本食も多く扱う。

🏠 391A Orchard Rd. Ngee Ann
City, #B2-01-1（シンガポール高島
屋S.C.内） ☎6735-1266
🕐10:00～21:30
㊡無休 🚇MRTオーチャード駅か
ら徒歩6分
coldstorage.com.sg

【オーチャード・ロード】 ▶MAP 別P.21 E-3

---

利用術❶

## ローカルグルメをGet！

シンガポールならではの調味料は、食卓を東南アジアチックに変えてくれる。
旅で感動した思い出の味は、ファストクックで手軽に再現してみて！

温めるだけでOKな
チキンライスの素
**S\$9.15**

ピリッと辛い
ラクサ（→P.80）の
インスタント麺。4
袋入り
**S\$12.95**

食卓を東南
アジアに！
**S\$3.80**
ローカルフードに欠か
せないサンバルソース

青トウガラシのピクル
ス。付け合わせの定番
**S\$2.90**

お湯で
カンタン！
**S\$4.50**
アラブ式ミルクティー、
テ・タリの粉

144

**How to**

## スーパーの利用
シンガポールと日本、少しだけ違うスーパー事情をご紹介。

**見つけ方**
路面店はほとんどなく、たいていのショッピングセンターに入っている。地下にある場合が多いが、まれに上層階にある場合も。

**カートの取り方**

カートはロック付きのチェーンで連結されている。デポジットのコインを投入し、ロックを外そう。

**レジ袋は有料**
レジ袋は有料。手持ちのカバンに詰めるか、エコバッグを。スーパーオリジナルのバッグもある。

**カード使用OK！**
たいていはVISAなどの国際クレジットカードが利用できる。サインレスで暗証番号入力の場合も多いので、番号を暗記しておこう。

---

**利用術②** プライベートブランドに注目！

コールド・ストレージのプライベートブランドは「Meadows」。低価格・高品質がモットー。

↘ 日持ちもします

フィリピン産のドライマンゴー
 **S$6.45**

素朴な味のアーモンド
**S$3.95**

---

**利用術③** アジアの味をまとめ買い

東南アジア最大の貿易国であるシンガポールには、世界各国の商品が集まる！本格的なアジアの味もよりどりみどり。

本場顔負けのおいしさ
マレーシア、ペナン島の伝統料理ホッケンミーの袋麺
**S$6.90**

スリランカの紅茶は種類も豊富
**各 S$10～**

---

**利用術④** フルーツを買って、その場でパクリ

南国ならではのフルーツも盛りだくさん！そのまま味わえるものもあるので、ぜひ。日本のフルーツはやや高め。

季節によりさまざまなフルーツがそろっている
マーケットより安心です

---

**利用術⑤** デリでテイクアウトグルメ

人気のお総菜コーナー。サラダからサンドイッチ、寿司など種類豊富。基本はグラム単位の量り売りとなっている。

オリーブなどはおつまみにちょうどいい。S$10くらいあればいろいろ買える

懐かしの日本の味をお弁当に
寿司コーナーはシンガポールでも人気

---

##  シンガポールの主なスーパー
高級系とディスカウント系、大きく2種類のスーパーがある。

**ディスカウント系**

食料品の品ぞろえは随一！
### ジャイアント
Giant

シティ・エリアにあるショッピングセンター、サンテック・シティ・モールの地下1階。シティでは珍しいディスカウント系のスーパー。アジアはもちろん世界中の食材を扱っている。

🏠 3 Temasek Blvd., #B1-154/155/156（サンテック・シティ・モール内）　☎6336-6779　🕘9:00～22:00　🚫無休
Ⓧ MRT プロムナード駅から徒歩4分
giant.sg

**シティ** ▶ MAP 別 P.11 E-1

**ディスカウント系**

まとめ買いでさらにお得に！

まとめ買いに便利な庶民派スーパー
### フェア・プライス
Fair Price

シンガポール内に店舗数200以上という激安スーパー。庶民向けのため郊外にある店舗が多いが、リトル・インディアのシティ・スクエア・モール内にある店なら使いやすい。

🏠 180 Kitchener Rd., #B1-09/10（シティ・スクエア・モール内）　☎6509-6260　🕘8:00～23:00　🚫無休
Ⓧ MRT ファーラー・パーク駅から徒歩3分
www.fairprice.com.sg

**リトル・インディア** ▶ MAP 別 P.17 E-2

---

🌿 肉製品（加工品を含む）や生の果物はほぼ日本に持ち込めないので、シンガポールで食べてしまおう。　145

bar

SHOPPING

ショッピングセンター｜オーチャード・ロード｜ムスタファ・センター｜中国＆インド雑貨｜ファッション｜定番みやげ｜雑貨｜スーパーマーケット

# BEAUTY

# ✦ HOW TO BEAUTY

## シンガポール「磨く」事件簿

スパにも、現地ならではのルールや決まりがある。事前にチェックして、いざ極楽のマッサージへ！

---

### 🔍 事件ファイル1

**マッサージを受けたら、翌日体中が痛いんだけど……**

ちょっと強めのマッサージを受けた翌日、体が軽くなってすっきりするどころか、だるさが残っていてしかもじんわり痛いんですけど……。施術が強すぎて、筋でも痛めてしまったのかしら……。

### 解決！

**ハードな中国式やタイ式マッサージは「もみ返し」がある**

その症状はずばり「もみ返し」。筋肉痛と似た症状で、普段使っていない筋肉や筋を押したりのばしたことにより起こる。放っておけば治るし、治ったあとは体がさらに軽く感じるはず。

#### 知っておきたいスパの注意点

☑ **食後すぐの施術は避けよう**

満腹状態で施術を受けると、血流が速くなってしまい胃に血が行きにくくなって、消化不良になりがち。食後すぐは避け2〜3時間おいたほうがいい。また空腹時に受けると気分が悪くなることもあるので、ビスケットなどを口にしてから受けよう。

☑ **手ぶらで訪れてOK！**

体を拭くためのタオルや施術時にはく下着類は全てスパで貸してもらえるので、手ぶらで訪れて大丈夫。ハンドバッグなどの手荷物は受付で預かってもらうか、ロッカーに預ける。着替えは自分で行い、ベッドに横になれば準備OK！

☑ **アレルギーは事前に相談を**

お肌のアレルギーや高血圧、現在治療中の病気などがある場合は、施術の前に受付スタッフやセラピストに「I have allergies」と伝えておくこと。そうすることによりトリートメントの種類やオイルが変わることも。マッサージを断られることはまずないので安心を。

---

## スパ選びのCHECK POINT

### ✦ "Spa" 表示の路面店に注意！

街の至る所で目にするのが「Spa」の看板の付いた店。こうした中には男性向けの「サービス」をする店もある。特に2階に店舗を構え、中が覗けない店は要注意。なお、普通の店は店名のみ表示。

### ✦ マッサージの種類を確認

シンガポールのスパでは、西洋式や東洋式、さまざまなマッサージを1つの店で受けられる。メニューからマッサージを選ぶとき、どんな様式が人気があるのか聞いてみよう。

### ✦ 足ならリフレクソロジーへ

高級スパでもフットマッサージはあるが、気軽に受けたいならリフレクソロジーの専門店へ！ 空いていれば、スピーディにマッサージが受けられ、わずか30分で足の疲れが取れ気分爽快に！

## 事件ファイル **2**

### 予約なしで行ったら、
### いっぱいで受けられなかった！

なんとなく時間が空いたから、スパへ行くことに。炎天下で数軒回ったけれど、全て満室！ 歩き回って、すっかりへとへと。こんなはずじゃなかったのになぁ……。

### 解決！

### スパは必ず事前予約を。
### 電話のほかメールでもできる

セラピストは人数が限られており、予約が入っていない日は人数が少ない場合も。飛び込みで受けられることは非常にレアなので、予約はマスト。運がよければ、当日の電話で予約が取れる場合も。

---

#### スパの予約方法

**📞 電話で**

最もてっとり早い方法。ただし、たいていのスパは英語しか通じない。最初に「I would like to book~」と言い、そのあと時間や名前を伝える。英語に自信がないなら、宿泊ホテルのコンシェルジュに予約をお願いするのも手。

**✉ メールで**

eメールでの予約もポピュラー。数回のやりとりのあと予約が完了する。最後のメールをプリントアウトして持っていけば安心。

**💻 ホームページから**

ホームページに予約フォームがある場合も。氏名や年齢、希望の時間を打ち込み、予約する。予約確認書を持参しよう。

> **CHECK !**
>
> **メニューはその場でOK！**
> 予約時に施術メニューまで聞かれることもあるが、こちらは予約当日に受付で決めてもOK。時間を大幅にオーバーしなければ対応してもらえる。

---

## 事件ファイル **3**

### 楽しみにしていたアーユルヴェーダ、
### 最初にいろいろ聞かれてなんだか怖い…

生まれて初めてのアーユルヴェーダ体験！ でも、なんか怪しげな衣装を着た人が私の目を見てつぶやいてる……。「ドーシャ・カバ・シロダーラ……」って、何かの呪文！?

### 解決！

### 問診をし、体質に合った施術をするのが
### アーユルヴェーダ

アーユルヴェーダはインドの伝統医療で、ヴァータ、ピッタ、カバという3つのドーシャ（体質）に基づいて行われる。なので、施術される人がどのドーシャなのかを問診して調べているのだ。

---

#### アーユルヴェーダの人気メニュー

**アヴィヤンガ**

アーユルヴェーダを代表するオイルマッサージ。セラピスト2人が1組になり、シンクロしながら行われるのが本場式だが、最近はセラピスト1人で行う簡易バージョンも。

**シロダーラ**

「脳のマッサージ」とも呼ばれるトリートメント。額にある「第3の目」ことチャクラに薬用のオイルを垂らし、精神の安定をもたらす。頭痛や眼精疲労、不眠に効果がある。

豊かな自然に囲まれて

# ガーデンスパで疲れを癒やす

恵まれた環境を生かした、ガーデンの中にあるスパ。緑あふれる空間で心地よいひと時を堪能できる。自然を全身で感じながら癒やされよう。

自然の恵みを体いっぱいに浴びてリラックス

気持ちよくスイスイ

開放感たっぷりの広々としたメインプール。19:30～21:00には映画も上映され、ロマンチックな雰囲気に

**スパのテーマパーク**

## ソフィテル・スパ
Sofitel SPA

セントーサ島にある大きな規模のリゾートスパ。屋外プールやガーデン、ラビリンスなどの充実した施設が魅力。ココナッツを取り入れたメニューなど、さまざまなトリートメントをそろえる。

🏠 30 Artillery Ave.
☎ 6708-8358
🕘 9:30～21:00　㊡ 無休
🚌 セントーサ・エクスプレスのビーチ駅からセントーサ・バスBで7分、バス停ソフィテル・スパ向かい側下車、徒歩1分。ビボ・シティとパラゴンからシャトルバスあり
www.sofitel-singapore-sentosa.com

セントーサ島　▶MAP 別 P.22 C-2

What is

### ガーデンスパ

自然豊かな環境を生かした、緑に囲まれたスパのこと。植物が生い茂り、森の中にいるようなリラックスしたスパタイムを満喫できる。

| MENU | | |
| --- | --- | --- |
| ◆ エグジラレイティング・マッサージ | 75分 | S$230 |

| OTHER MENU | | |
| --- | --- | --- |
| ◆ リジュビネイティング・フェイシャル | 75分 | S$230 |
| ◆ ウェルネス | 105分 | S$290 |
| ◆ ソー・アジアン | 150分 | S$380 |

RECOMMENDED POINT
1

**プール利用自由**

滝が流れるプールと大きなプールがある。利用客は入りたい放題。水着を忘れずに。

RECOMMENDED POINT
2

**泥パック体験**

ミネラルを豊富に含んだ泥パックを自由に利用できる。美白や美肌効果があるのもうれしい！

RECOMMENDED POINT
3

**美しいガーデン**

ヤシの木などの南国ムードたっぷりの植物が生い茂るガーデンも魅力。屋根付きのベンチもある。

# How to

## スパ体験　大まかな流れを把握しておいて、スパを堪能しよう。予約の20分前には到着しておくこと。

**Step 1　予約**
2、3日前に必ず予約する。ハイシーズンや週末は1週間前に連絡しておこう。

**Step 2　問診**
持病やアレルギーの有無、その日の体調や要望を記入または直接伝える。

**Step 3　着替え**
施術の前に、更衣室であらかじめ用意されたバスローブや下着に着替える。

**Step 4　施術**
施術中に、激しい痛みを感じたら我慢せずにセラピストに伝えよう。

BEAUTY

ガーデンスパ

ホテルスパ

各国スパ

アーユルヴェーダコスメ＆漢方

リフレクソロジー

パーク内に佇むスパ
## アラムサ〜ザ・ガーデンスパ
### Aramsa〜 The Garden Spa

ビシャン・パーク内の閑静な場所にあるスパ。一歩足を踏み入れると、青々と生い茂るガーデンが広がる。ホットストーンを使ったサーマル・アースも人気。

🏠 1384 Ang Mo Kio Ave.1 Bishan Park 2
☎ 6456-6556　⏰ 10:00〜21:00（木〜土曜は〜22:00）　休 無休　🚇 MRTアン・モ・キオ駅から市バス262番で8分、バス停Opp Ang Mo Kio Swim Complex下車、徒歩2分
www.aramsaspas.com

郊外　▶MAP 別P.5 D-2

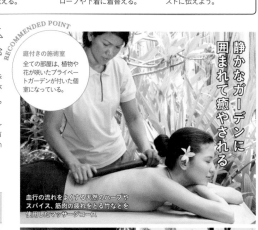

RECOMMENDED POINT
庭付きの施術室
全ての部屋は、植物や花が咲いたプライベートガーデンが付いた個室になっている。

血行の流れをよくする天然のハーブやスパイス、筋肉の疲れをとる竹などを使用したマッサージコース

### MENU
◆ アラムサ・タッチ ……………… 60分　S$168

### OTHER MENU
◆ フェイシャル ………………… 75分　S$198
◆ エキゾチック・ココナッツ・トリート … 150分　S$388

①トリートメントルームは全部で13室。全て個室　②スパ内は約2000種類の植物や花が生い茂る

②

ラッフルズの誇るウェルネス体験

RECOMMENDED POINT
滞在しながらスパ体験
宿泊しながら、トリートメントやヨガ、ワークショップなどビューティ尽くしの日々を過ごせる。宿泊者以外の利用もOK。

リラクゼーションスペースも贅を尽くした造り

ガーデンの中の癒やし空間
## ラッフルズ・スパ
### Raffles Spa

ラッフルズ・シンガポール（→P.188）のスパ。緑のガーデンに囲まれた隠れ家のようなスパで、オリジナルのトリートメントを受けられる。施術前の更衣室でサウナや小さい温水プールを利用できるなど、至れり尽くせり。

🏠 328 North Bridge Rd., #01-31（ラッフルズ・アーケード内）　☎ 6412-1377　⏰ 9:00〜21:00（施術は10:00〜）　休 無休　🚇 MRTエスプラネード駅から徒歩4分
www.raffles.com/singapore

シティ　▶MAP 別P.11 D-1

### MENU
◆ ラッフルズ・シグネチャー・ジェムストーン・マッサージ
　　　　　　　　　　　　　　90分　S$390〜430

### OTHER MENU
◆ バソルト・ホットストーン・マッサージ
　　　　　　　　　　　　　　90分　S$380〜420
◆ クラシック・フェイシャル ……… 60分　S$260〜285

①ジェムストーン・マッサージとは、宝石の自然治癒力を生かしたオリジナルマッサージ。オイルとの組み合わせでリラックスできる　②25mのプールを備えている

①

## BEAUTY 02

自分へのご褒美に

# 高級ホテルで至福のスパタイム

有名ホテルに泊まったら贅沢にスパも満喫してみよう。ホテルスパは、
高い技術とサービスが魅力。ラグジュアリーなひと時を過ごそう。

マンダリン・オリエンタル

ゴージャスな空間でハイクラスのスパ体験

シックな色で統一されたカップル・スイートルーム。落ち着いた雰囲気の中で癒やしのスパタイムを満喫できる

① ②

豪華さ、テクニック共にピカイチ！

### スパ・アット・マンダリン・オリエンタル
The Spa at Mandarin Oriental

有名高級ホテル内にあるスパ。ハイクオリティの技術やオリジナルトリートメントに定評がある。体調や肌に合うメニューを指導するカウンセリングが自慢。

🏠 5 Raffles Ave.（マンダリン・オリエンタル内）
☎ 6885-3533　🕘 9:30～21:00
🈺 無休　Ⓜ MRTエスプラネード駅から徒歩7分
www.mandarinoriental.com

シティ　▶MAP 別P.11 E-2

**イチオシ MENU**
◆ シグネチャー・オリエンタル・
　エッセンス　　　　　90分　S$320～
◆ オリエンタル・ハーモニー　120分　S$820～
◆ アロマテラピー　　　90分　S$320～

①ゴージャスなデザインのエントランス。オイルなどのオリジナル美容製品も販売する　②リラックスできるプール付きのカップル・スイートルームもある

タイの伝統技術を堪能

### バンヤンツリー・スパ・マリーナベイ・サンズ
Banyan Tree Spa Marina Bay Sands

高層ホテルの55階にある、タイ生まれの老舗高級スパ。マリーナの絶景を見下ろしながら、伝統的なトリートメントなど35種類のメニューを受けられる。

🏠 10 Bayfront Ave.,55F（マリーナベイ・サンズタワー1内）　☎ 6688-8825
🕘 10:00～23:00（金・土曜は～翌1:00）
🈺 無休　Ⓜ MRTベイフロント駅から徒歩5分
www.banyantreespa.com
日本語メニュー有　日本語OK

マリーナ　▶MAP 別P.9 E-2

**イチオシ MENU**
◆ ハーモニー・バンヤン　210分　S$1591.30～
◆ ロイヤル・バンヤン　150分　S$686.19～
◆ トラディショナル・
　インドネシア　　　120分　S$543.77～

①トリートメントのあとは55階からの眺めを楽しみながらティーラウンジでリラックスタイム　②デラックス・ダブル・スパ・スイートは大きなバスタブ付き

マリーナベイ・サンズ

高層スパで老舗のトリートメントを受ける

2人の訓練を積んだセラピストが施すハーモニー・バンヤン。ランの花のオイルなどを用いたマッサージを行う

① ②

BEAUTY

ガーデンスパ

ホテルスパ

各国スパ

アーユルヴェーダコスメ＆漢方

リフレクソロジー

フラトン

歴史的な建物内の優雅なスパ施設

5室のシングルと2室のカップルルームを備えている

オリジナルのトリートメントが自慢

# フラトン・スパ
## The Fullerton Spa

クラシカルなフラトン・ホテル・シンガポール内のスパ。世界的なスパブランド、ESPAと共同開発した各種トリートメントが受けられる。

♠1 Fullerton Sq.（フラトン・ホテル・シンガポール内）☎6877-8182 ⊗10:00〜22:00 ㉁無休 ⊗MRTラッフルズ・プレイス駅から徒歩4分 www.fullertonhotels.com/fullerton-hotel-singapore/spa

マリーナ ▶MAP 別P.8 B-1

### イチオシ MENU

| | | |
|---|---|---|
| ◆ アジアン・ヘリテージ・シグネチャー | 90分 | S$260 |
| ◆ フラトン・シグネチャー・フェイシャル | 60分 | S$220 |

①リラクゼーションラウンジでくつろげる　②受けるメニューや使用するオイルの種類などはカウンセリングで選べる

---

ユニークなメニューが特徴

# アウリガ・スパ
## Auriga Spa

セントーサ島の熱帯雨林に囲まれたホテル内にあるスパ。人気メニューは、月の周期が及ぼすエネルギーを取り入れたユニークなトリートメント。

♠1 The Knolls（カペラ・シンガポール内）☎6591-5023 ⊗8:00〜22:00(施術は9:00〜) ㉁無休 ⊗セントーサ・エクスプレスのインビア駅から徒歩13分。ショッピングセンターのビボ・シティからシャトルバスあり capellahotels.com

セントーサ島 ▶MAP 別P.22 C-2

### イチオシ MENU

| | | |
|---|---|---|
| ◆ リジュビネイティング・ボディ・トリートメント | 120分 | S$395 |
| ◆ アウリガ・シグネチャー・ムーン・リチュアル | 180分 | S$595 |

カペラ

月の周期に応じた個性派スパ

①シンプルだが緑を見ながら施術を受けられる　②小さなバイタリティプールやハーブスチームルームを備えている　③全ての部屋にはプライベートガーデンが付いているため、落ちついた空間で施術を受けられる

---

フェアモント

定番から伝統的なトリートメントを導入したものまで豊富

多彩なリラクゼーションを体験

一流の本格スパ

# ウィロー・ストリーム・スパ
## Willow Stream Spa

都会の中にあるオアシススパ。アーユルヴェーダのシロダーラを取り入れた伝統的なものから、定番のトリートメントまで種類豊富。

♠80 Bras Basah Rd.（フェアモント・シンガポール内）☎6431-5600 ⊗10:00〜21:00 ㉁無休 ⊗MRTエスプラネード駅から徒歩3分 www.fairmont-singapore.com

シティ ▶MAP 別P.11 D-2

### イチオシ MENU

| | | |
|---|---|---|
| ◆ ドリーム・タイム・リチュアル | 90分 | S$380 |
| ◆ ピュア・エナジー | 90分 | S$280 |

シックな施術室のほか、3種類のプール、スチームルームやサウナルームなども併設する

本場のスパ体験ができる

# 各国スパで自分磨き

シンガポールには、世界各国のスパが集結している。アジアからヨーロッパ、アメリカまで幅広い。本格的な各国のスパに挑戦してみよう！

リバーサイドのマッサージ店

## サバーイ・サバーイ・トラディショナル・タイ・マッサージ
### Sabaai Sabaai Traditional Thai Massage

リバーサイドに並ぶショップハウスの2階。本場タイさながらの各種マッサージを受けられる。全身ほぐすならトラディショナル、リラックスしたいならアロマテラピーやハーバルマッサージがおすすめ。

🏠 49a Boat Quay
☎ 6536-3306
🕐 11:00〜22:00 🈚 無休
🚇 MRT ラッフルズ・プレイス駅またはクラーク・キー駅から徒歩6分
www.sabaaisabaai.com

リバーサイド ▶ MAP 別 P.13 F-3

施術前にはハーバルティーが振る舞われる

ハーバルボールを使い、バックを中心にマッサージをする

その他のメニュー
◆ハーバル・コンプレス・マッサージ…60分 S$98

MENU
◆トラディショナル・タイ・マッサージ…60分 S$88

タイ式

全身を揉みほぐす
本格タイマッサージで
昇天☆

全身がバッキバキ！

その他のメニュー
◆オーガニック・アロマテラピー・マッサージ…60分 S$98

気軽に寄ってみてください

オリジナルのアロマオイルを使ったボディマッサージ

---

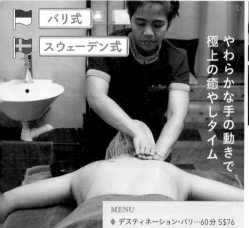

バリ式
スウェーデン式

やわらかな手の動きで極上の癒しタイム

MENU
◆デスティネーション・バリ…60分 S$76

①

②
③

①施術室はシングルのほかカップルルームもある　②トリートメントの前に足をほぐしてリラックスさせてくれる　③オリジナルのオイルを使用

各国トリートメントが勢ぞろい！

## ニンブル・ニード
### nimble knead

チョン・バルにある隠れ家スパ。タイ式やスウェーデン式など数種類から選べ、人気はリラックス効果のあるバリ式。

🏠 66 Eng Watt St., #01-28
☎ 6438-3933 🕐 11:00〜22:00
🈚 旧正月3日間
🚇 MRTチョン・バル駅から徒歩12分
www.nimbleknead.com

チョン・バル ▶ MAP 別 P.24 C-3

その他のメニュー
◆スウェード＆サッシー（スウェーデン式マッサージ）…60分 S$76
◆ボディスクラブ…45分 S$69

BEAUTY

ガーデンスパ

ホテルスパ

各国スパ

アーユルヴェーダコスメ＆漢方

リフレクソロジー

# 🧜‍♀️ What is

## 各国スパ

各国のスパの特徴を押さえて、自分の体調に合うトリートメントを選ぼう。

**タイ式**
全身を使って体をほぐしていく。アロマを使ったマッサージも。

**バリ式**
アロマオイルを用いて、じっくりと揉みほぐす。

**スウェーデン式**
オイルを使い、ゆっくりと筋肉をほぐしていく。

**中国式**
指先でつぼを押していく。少し刺激が強い。

**アーユルヴェーダ**
生命と生活のバランスに基づいたインドの伝統医学。

---

リーズナブルな料金がうれしい

## ネイチャーランド
Natureland

シンガポール国内に14店舗を展開するスパ。内装は豪華なのに料金は安め。マッサージは中国式と各国式のミックス。

🏠 541 Orchard Rd., #02-01/#03-01（リアット・タワー内）☎ 6767-6780 🕐 9:00〜翌2:00 🈺無休 🚇 MRTオーチャード駅から徒歩3分 www.natureland.com.sg

`オーチャード・ロード` ▶MAP 別P.20 C-2

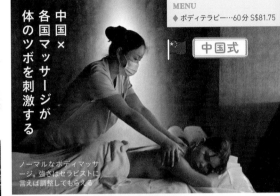

**中国×各国マッサージが体のツボを刺激する**

MENU
◆ ボディテラピー…60分 S$81.75

中国式

ノーマルなボディマッサージ。強さはセラピストに言えば調整してもらえる

**その他のメニュー**
◆ トゥイナマッサージ…60分 S$87.20

筋骨格系の痛みをやわらげる整体マッサージ

**その他のメニュー**
◆ フットリフレクソロジー…30分 S$43.60

専用ルームで受けるリフレクソロジー（足つぼ）

---

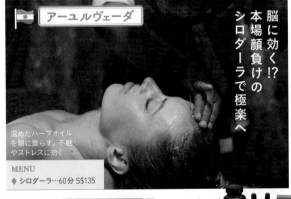

アーユルヴェーダ

**脳に効く!? 本場顔負けのシロダーラで極楽へ**

温めたハーブオイルを額に垂らす。不眠やストレスに効く

MENU
◆ シロダーラ…60分 S$135

本場仕込みのアーユルヴェーダ体験

## ナフフィールド・アーユルヴェディック・ウェルネス・スパ
Nuffield Ayurvedic Wellness Spa

専門医師のカウンセリングをもとに、本格的なアーユルヴェーダのマッサージが受けられる。ホテルの中にあり、受付も施術室も清潔。

🏠 11 Cavenagh Road, B1-01（ホリデイ・イン・オーチャード・シティ・センター内）☎ 6950-2868 🕐 9:00〜21:00 🈺 無休 🚇 MRTサマセット駅から徒歩8分 ayurvedicwellness.com.sg

`オーチャード・ロード` ▶MAP 別P.6 C-2

アーユルヴェーダの薬品やコスメも販売している

**その他のメニュー**
◆ アヴィヤンガ…60分 S$91.80
◆ シンクロナイズド・アヴィヤンガ（4ハンドマッサージ）…60分 S$183.60

①施術前に専門医師のカウンセリングを受ける
②リラックス効果があるソルトルーム

---

💆 アーユルヴェーダのシロダーラは、オイルで髪の毛がぎとぎとになるので、一日の終わりに行くのがおすすめ。　155

体を内側からキレイに！

# アーユルヴェーダコスメ&漢方

体の部分別

## Ayurveda
[ アーユルヴェーダ ]

**What is**

### アーユルヴェーダ
心身を均等に保つことに重きを置くインドの医学療法。エネルギーとなる3つのドーシャが基本。

| 3つのドーシャ | | |
|---|---|---|
| | ヴァータ | 空や風から成る、動きのエネルギー |
| | ピッタ | 火と水から成る、熱のエネルギー |
| | カパ | 水と地から成る、結合のエネルギー |

## Hair

① S$5
② S$40

③ 各S$11

①頭に塗ると気分がすっきりするジンジャーペースト ②頭痛用の飲み薬。旅先で頭痛に襲われたときにも役立つ ③天然成分配合のシャンプー。保湿効果抜群

## Supplement

S$13　S$12

サプリメントも豊富にある。左はストレスケア、右は目の疲れに効くサプリ

## Foot

S$5

主にかかとに使うクリーム。ひび割れに効果あり。かさついた唇ケアにも効果アリ

## Face

① S$10
② S$7　S$11

①ニキビや吹き出しものなどに効くクリーム。患部に直接塗るタイプ ②有名ブランド「Himalaya」のフェイスウォッシュ ③目の下にできたクマやシミを消してくれるアイジェル

## Shoulder

S$20

インドの老舗メーカーのオイル。塗るだけで肩こりを解消してくれる

## Skin

①
各S$11
S$1.50
②
S$2.50

①美白、美肌クリーム。右はミルク、左はフルーツ配合 ②肌がきれいになるニームの石けん ③香りのよいサンダルウッドの石けん

---

アーユルヴェーダ専門店

### オム・アーユルヴェーダ
Om Ayurveda

専属のドクターがいる本格的なアーユルヴェーダの薬局。カウンセリングを受けてアドバイスがもらえる。本場のマッサージも体験できる。

🏠43 Tessensohn Rd.
☎6297-2670　🕐9:00～20:30（日曜は～18:00）　㊡無休
🚇MRTファーラー・パーク駅から徒歩8分
www.omvedicheritage.com.sg
リトル・インディア ▶MAP 別P.17 E-1

小さなアーユルヴェーダ薬局

### ジャヤム・ライジングスター
Jayam Rising Star

リトル・インディア・アーケード内にある小さな薬局。オープン時間は不定期なのでやっていなければ何度か覗いてみよう。

🏠48 Serangoon Rd., #01-59/K2（リトル・インディア・アーケード内）　☎8788-2041　🕐10:00～21:00頃　㊡不定休
🚇MRTリトル・インディア駅から徒歩4分
リトル・インディア ▶MAP 別P.16 C-3

伝統的な医学療法が有名なインドと中国。
シンガポール人の身近な薬として親しまれている。
本場のアーユルヴェーダコスメと漢方で体を浄化しよう。

丁寧に
調合しています

♦ BEAUTY

ガーデンスパ

ホテルスパ

各国スパ

アーユルヴェーダコスメ＆漢方

リフレクソロジー

効能別

**What is**

## 漢方
[ カンポウ ]

### 漢方
中国で誕生した自然の植物を組み合わせた薬のこと。気、血、水に基づき、体質を診断する。

| 3つの要素 | | |
|---|---|---|
| 気 | 自律神経などの生命エネルギー |
| 血 | 体を循環する血液を表す |
| 水 | 免疫システムなどの血液を除いた体液 |

---

**美肌**

S$63.90
S$8.50

①高級食材として有名なツバメの巣。肌がプルプルになる　②薬膳スイーツの亀ゼリーは人気商品

**腸**

S$3.90　S$8.90

①生姜の実は紅茶に入れて飲むのもおすすめ　②食欲を増進させる効果があるキットタイプの漢方

---

**エネルギー**

薬膳料理も！

S$10.90　S$26.50　S$23.90

①自宅でも手軽に漢方が楽しめるセット。おみやげにもちょうどいいサイズ　②薬膳料理として親しまれているバクテーの素　③12パック入りの人参茶

**女性の病気**

S$13.90　S$50.90

①生理不順に効果のあるローズティー　②婦人薬として知られる白鳳丸。月経不順のほか、PMSにも効果あり

---

**痛み止め**

S$12.50　S$13.50

①炎症などの体の痛みを鎮めるオイル
②ビワ味の飴は、喉の痛みを和らげる。生姜味もある

**デトックス**

漢方コスメも！

S$17.50　S$16.90

①体内の毒素を出す効果があるといわれるアロエベラ入りドリンク　②健康茶として親しまれている菊茶。体内の老廃物を流す

---

定評のある老舗漢方店

漢方茶の試飲も行っています

## ユー・ヤン・サン
### Eu Yan Sang

1879年創業の漢方薬品店。アジアにも多くの支店を持つ。本格的な漢方から、家で簡単に作れるキットタイプや漢方グッズまで幅広く販売。量り売りもしているので、自分に合う漢方を調合してもらえる。

🏠 133 New Bridge Rd.,#B1-35 (チャイナタウン・ポイント内)
☎ 6222-0372　🕙 10:00～21:00
㉕ 日曜、旧正月2日間　🚇 MRTチャイナタウン駅から徒歩5分
www.euyansang.com.sg
**チャイナタウン** ▶ MAP 別 P.15 D-1

①広い店内にずらりと漢方が並ぶ。奥には、ユー・ヤン・サンの歴史が学べるギャラリーもある　②カウンターで薬を調合する。ドクターがいる場合もある

主要エリアでイチオシの
# 足つぼで歩き疲れにサヨナラ！

Reflexology

街歩きに疲れたら、足つぼで疲れを吹き飛ばそう。シンガポールでは
リフレクソロジーが身近で店が至るところにある。エリアごとのおすすめへGO！

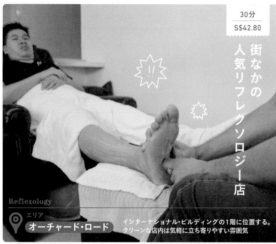

30分
S$42.80

街なかの
人気リフレクソロジー店

Reflexology

エリア
**オーチャード・ロード**

インターナショナル・ビルディングの1階に位置する。
クリーンな店内は気軽に立ち寄りやすい雰囲気

街なかにある人気店
## フットワークス
footworks

オーチャード・ロードの中心にある。気軽
に立ち寄れる立地のよさから地元客も多
く利用する。腕のいいスタッフが要望に
応じた施術をしてくれる。死海の塩を使っ
たフットバスやスクラブが人気。

🏠360 Orchard Rd., #01-04/05/06（
インターナショナル・ビルディング内）
☎6737-3555　🕐10:00〜22:00
🈵旧正月3日間
🚇MRTオーチャード駅から徒歩4分
www.footworks.com.sg
**オーチャード・ロード** ▶MAP 別 P.20 C-2

腕　　　肩

**コチラもオススメ！**

45分
S$96.30

## 全身コース

足つぼだけでは物足りない人は、リフ
レクソロジー、腕、肩、背中をマッサ
ージしてくれる全身コースがおすす
め。フットバスとスクラブ付きのメ
ニューもある。

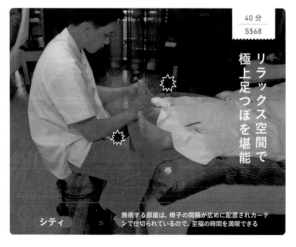

40分
S$68

リラックス空間で
極上足つぼを堪能

シティ

施術する部屋は、椅子の間隔が広めに配置されカーテ
ンで仕切られているので、至福の時間を満喫できる

ワンランク上のリフレクソロジー
## ケンコー・ウェルネス
Kenko Wellness

国内で定評のあるスパ。オリジナルのマ
ッサージや本格的な中国式マッサージが
受けられる。暖色の照明がうっすら灯る
ムーディな雰囲気が漂う店内で、極上の
リラックスした時間を過ごせる。

🏠6 Raffles Blvd., #02-167/168（マリ
ーナ・スクエア内）　☎6988-3636　🕐
10:00〜21:00　🈵無休　🚇MRTエス
プラネード駅から徒歩5分
www.kenko.com.sg
**シティ** ▶MAP 別 P.11 E-2

奥には、バスタブ
付きのプライベー
トルームもある

# How to

## リフレクソロジーの流れ
店舗によって差はあるが、大まかな流れを把握しておこう！

**Step 1　受付**
受付でコースを選ぶ。週末は混むので予約しておくのがベター。

**Step 2　問診**
フットワークスは問診を行う。ない場合も、要望を伝えよう。

**Step 3　汚れを落とす**
マッサージを始める前に、足の汚れを洗い流し角質を落とす。

**Step 4　マッサージ開始**
体をリラックスさせて、リフレクソロジーを堪能しよう。

---

30分 S$15

リーズナブルな価格が魅力

チャイナタウン

こぢんまりとした店内で整然と並んだ椅子に座り施術を受ける

ローカル感あふれる店

## テオ・チュウ・ミン・リフレクソロジー・センター
### Teo Chew Meng Reflexology Centre

ローカルな雰囲気たっぷりのリフレクソロジー店。小さな店だが、お手頃な値段で足つぼができるとあって、多くの客が訪れる。4階に少し広めの支店がある。

🏠 1 Park Rd., #03-K79（ピープルズ・パーク・コンプレックス内）
☎ 6223-1268　🕐 9:00〜21:00
🗓 旧正月3日間　🚇 MRTチャイナタウン駅から徒歩1分
日本語メニュー有　カード不可

チャイナタウン ▶MAP 別 P.14 C-2

---

40分 S$48.15

受賞歴のある高技術が自慢

リトル・インディア

強さが心地よい。座り心地のよいマッサージチェアもグッド

丁寧な施術が魅力

## ワン・ヤン
### Wan Yang

国内に15の支店を持つ、くつろげる空間の店。数々の受賞歴があり、丁寧な施術が魅力。足の裏から膝までのコースや背中と肩のマッサージも人気がある。

🏠 180 Kitchener Rd.,#B2-34（シティ・スクエア・モール内）
☎ 6509-3633　🕐 10:00〜22:15
🗓 旧正月3日間
🚇 MRTファーラー・パーク駅から徒歩3分

リトル・インディア ▶MAP 別 P.17 E-2

---

30分 S$30

ふらっと気軽に立ち寄れる

アラブ・ストリート

フットマッサージは1階で。2階はボディマッサージの部屋がある

ショートコースも用意あり

## アン・チ・スパ
### An Qi Spa

フットマッサージは15分、ボディマッサージは10分から受けられる、24時間営業の店。人気は30分ボディ＆30分フットのコース。店内はきれいで女性一人でも行きやすい。

🏠 275 Beach Rd.
☎ 6291-0882
🕐 24時間
🗓 無休
🚇 MRTブギス駅から徒歩9分

アラブ・ストリート ▶MAP 別 P.19 D-2

---

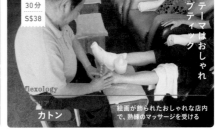

30分 S$38

テーマはおしゃれブティック

カトン

絵画が飾られたおしゃれな店内で、熟練のマッサージを受ける

信頼のおける好評店

## フィート・ヘイブン・リフレクソロジー
### Feet Haven Reflexology

ブティックをコンセプトにしたリフレクソロジー店。技術のあるセラピストによる指圧が自慢で受賞歴もある。頭と肩がセットになったリフレクソロジーもおすすめ。

🏠 136 East Coast Rd., #01-01
☎ 6344-7311　🕐 10:00〜22:00
🗓 無休　🚖 中心部からタクシーで20分　feethaven.com

カトン ▶MAP 別 P.24 C-2

---

日本人の利用客が多いワン・ヤンなどでは、スタッフが日本語を交えながらどこの臓器が悪いのか教えてくれる。

BEAUTY

ガーデンスパ

ホテルスパ

各国スパ

アーユルヴェーダコスメ＆漢方

リフレクソロジー

159

ハルとまどまどタビ

キアスに振り回されるの巻

# TOWN

# City~Marina
## シティ〜マリーナ

昼も夜も楽しい

シンガポール発祥の地となった歴史的なシティ・エリア
と、マーライオンやマリーナベイ・サンズ（MBS）が並ぶ
マリーナ・エリア。博物館などの観光スポットやレスト
ランも目白押しで、朝から夜まで一日中楽しめる。

🚶 ぐるっと歩いて
2時間
MAP 別 P.8〜9、
10〜11

🚉 最寄り駅
【EW線・NS線】
ラッフルズ・プレイス駅、
シティ・ホール駅
【DT線・CE線】
ベイフロント駅

昼：◎ 夜：◎

昼は観光やショッピン
グ、夜は夜景やバーな
ど夜遊びもばっちり。

---

♬ City~Marina **01**

# MBSのカジノで
# オトナの遊び

海外ならではのカジノに挑戦してみては？ マリ
ーナベイ・サンズ内のカジノは設備も最新で、エ
ンタメ性も高い。服装はスマートカジュアル。

**G** シンガポール国立博物館 >>>P.165
**J** スーパーママ・ミュージアム・ストア >>>P.165

**K** ロング・バー >>>P.166
**L** ラッフルズ・ブティック >>>P.167
**M** 藝 イ・バイ・ジェローム・レオン >>>P.167

**F** プラナカン博物館
>>>P.164

**Q** ラッフルズ・シンガポール
>>>P.188

フォート・カニング・
パーク

MRTシティ・ホール駅

MRTエスプラ
ネード駅

**E** ナショナル・ギャラリー・
シンガポール >>>P.164
**I** ギャラリー・ストア
バイ・アブリー >>>P.165

**N** オクタパス
>>>P.105

島に2つしかないカジノ
### マリーナベイ・サンズ
### カジノ **A**
Marina Bay Sands Casino

600台以上のゲームテーブルを
備える。入場無料だが21歳以
上からで、パスポート必須。

🏠 10 Bayfront Ave.（ザ・ショッ
プス アット マリーナベイ・サ
ンズ内）☎ 6688-8868 🕐 24
時間 🈲 無休 🚇 MRTベイフ
ロント駅直結

`マリーナ` ▶ MAP 別 P.9 D-2

MRTクラーク・
キー駅

**C** ラッフルズ記念像
>>>P.163

エスプラネード・シアター・
オン・ザ・ベイ

**H** アジア文明博物館
>>>P.165

**B** マーライオン・パーク
>>>P.24

**O** ハリーズ
>>>P.105

徒歩5分

### リバーサイドは
### ナイトスポットいっぱい！

ボート・キーやクラーク・キーなど川沿
いのエリアは、バーやレストランが立
ち並び深夜までにぎわう。
オクタパス**N** >>>P.105
ハリーズ**O** >>>P.105

MRTラッフルズ・
プレイス駅

### 話題＆クラシカル
### ホテルにステイ

一度は宿泊したい憧れのホテルが
多く集まるのもこのエリア。夜景
や夜遊びを思う存分満喫しよう。
マリーナベイ・サンズ
**P** >>>P.30、186
ラッフルズ・シンガポール
**Q** >>>P.188

N

**D** レベル33
>>>P.163

川を進むシンガポール・リバー・クルーズ（→P.29）

シンガポール最古の橋、カヴェナ橋

## ◎ City~Marina 02

# 昼も夜も！
# マー様＆MBSと記念撮影

マリーナベイ・サンズを背景にしたマーライオンは人気の写真スポット！ 夜にはライトアップされ、夜景とのコラボが楽しめる。

いつでもシャッターチャンス☆
## マーライオン・パーク Ⓑ
Merlion Park
>>>P.24

## ◎ City~Marina 03

# シンガポール発祥の
# 地で決めポーズ☆

シンガポールをイギリス領植民地として発展させたラッフルズ卿が初上陸した場所に立っている。腕を組み、斜め右上を見ながら、ハイチーズ！

ここからシンガポールは始まった！
## ラッフルズ記念像 Ⓒ
Statue of Raffles

🏠 59 Boat Quay
Ⓜ MRT ラッフルズ・プレイス駅
から徒歩10分
シティ ▶ MAP 別P.10 C-3

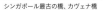
シンガポール・フライヤー

飲み比べビールセット
$26.90

## 🍴 City~Marina 04

# 世界最高所！
# 地ビールパブでイッパイ

マリーナベイ・サンズを見下ろしながら、極上のクラフトビールを堪能できる。夜景の見えるテラス席で飲むビールは最高！

Ⓐ マリーナベイ・
サンズ カジノ
>>>P.162

Ⓟ マリーナベイ・サンズ
>>>P.30、186

近未来植物園は
マストで行きたい！
植物園はマリーナベイ・
サンズのすぐ裏手。
ガーデンズ・バイ・ザ・
ベイⓇ >>>P.32

醸造所のあるパブ。オリジナルビールやこだわりの食材を使った料理を楽しめる。

🏠 8 Marina Blvd.,＃33-01（マリーナベイ・ファイナンシャル・センター・タワー１内）
☎ 6834-3133
🕐 12:00〜24:00
Ⓗ 無休 Ⓜ MRT ベイフロント
駅から徒歩10分
level33.com.sg
マリーナ ▶ MAP 別P.8 C-3

33階にある絶景ブルーパブ
## レベル 33 Ⓓ
LeVeL 33

MRTベイフロント駅

Ⓡ ガーデンズ・バイ・
ザ・ベイ
>>>P.32

🌿 上記のラッフルズ記念像は実は複製。オリジナルはビクトリア・シアター・アンド・コンサート・ホールの庭に立つ。

163

🚶 TOWN

シティ〜マリーナ

チャイナタウン

チョン・バル

リトル・インディア

アラブ・ストリート

ハジ・レーン＆バリ・レーン

カトン

セントーサ島

## ◎ City~Marina 05

# 4大ミュージアムで
# アート&ヒストリーに浸る

多民族国家のシンガポールゆえ、展示する歴史や文化も
幅広い。各国の文化が入り交じる芸術や歴史を学ぼう。

4館を回る MODEL ROUTE

```
┌─────────┐  🚶徒歩    ┌─────────┐  🚶徒歩
│アジア文明│  4分      │プラナカン│  5分
│博物館   │ ─────→   │博物館   │ ─────→
└─────────┘           └─────────┘
┌─────────────┐ 🏃徒歩   ┌─────────────┐
│ナショナル・  │ 10分    │シンガポール │
│ギャラリー・  │ ─────→ │国立博物館   │
│シンガポール │         └─────────────┘
└─────────────┘
```

ここに注目！
19世紀以降の東南アジアの芸術作品を展示。

西洋の技法に影響された東南アジアの絵画

絵画以外の作品も多く展示されている

シンガポール人アーティストの肖像画

2つの歴史的建造物をリノベ！

## ナショナル・ギャラリー・シンガポール **E**
### National Gallery Singapore

シンガポールや東南アジアの作品を8000点以上収蔵する、世界最大級の美術館。かつての最高裁判所とシティ・ホールを改装しており、その面影が館内のあちこちに見られる。2棟はつながっている。

🏠1 St. Andrew's Rd. ☎6271-7000 ⏰10:00～19:00
（最終入場18:30）⑭無休 💰大人 S$20～、シニア・子ども S$15～ 🚇MRT シティ・ホール駅から徒歩5分
www.nationalgallery.sg
シティ ▶MAP 別P.10 C-2

## 🏛 Floor Guide

| Supreme Court Wing（旧最高裁判所側） | | City Hall Wing（旧シティ・ホール側） | |
|---|---|---|---|
| 5F | 東南アジアギャラリー、グラス・ルーム | 6F | バー、展望デッキ |
| 4MF | 最高裁判所法廷 | 5F | ルーフガーデンギャラリー |
| 4F | 東南アジアギャラリー | 4F | 特別展 |
| 3MF | プリント＆絵画ギャラリー | 3F | 特別展、シティホール会議場 |
| 3F | 東南アジアギャラリー | 2F | シンガポールギャラリー、レストラン |
| 2F | 展示なし | 1F | ショップ、カフェ |
| 1F | ロビー、レストラン | B1F | 受付 |

ここに注目！
結婚式で使われた華麗な装飾品がたくさん。

19世紀後半から20世紀前半にペナンの結婚式で使われていた冠

プラナカンの全てが分かる

## プラナカン博物館 **F**
### Peranakan Museum

プラナカンの歴史や文化を紹介する博物館。いくつかのセクションに分けて、繊細なビーズ細工を施した洋服や金の装飾品、アンティーク陶器や貴重な家具が展示されている。

🏠39 Armenian St. ☎6332-7591 ⏰10:00～
19:00（金曜は～21:00）⑭無休 💰大人 S$12、
シニア・子ども S$8 🚇MRT シティ・ホール駅から
徒歩7分
www.nhb.gov.sg/peranakanmuseum
シティ ▶MAP 別P.10 B-2

## 🏛 Floor Guide

| | |
|---|---|
| 3F | バティック・装飾織物・ファッション・ジュエリーギャラリー |
| 2F | 陶磁器・食文化・生活・家具ギャラリー |
| 1F | 受付、歴史・起源ギャラリー |

ビーズ細工を施したテーブルクロス

結婚式など特別な催しごとに使われる陶器

1942年から1945年まで日本軍により占領された

ここに注目！
国の歴史や文化に関する展示がある。

シンガポールの歴史を学ぶ
## シンガポール国立博物館 Ⓖ
National Museum of Singapore

国内で最も古い博物館。見どころは、臨場感ある展示が魅力のシンガポールの歴史を学べるギャラリー。ほか、洋服や娯楽品など国民の暮らしにフォーカスした展示もある。

🏠 93 Stamford Rd. ☎6332-3659 ⏰10:00〜19:00 🚫無休 💰大人S$10、シニア・学生S$7 🚇MRTブラス・バサー駅、またはベンクーレン駅から徒歩4分 www.nhb.gov.sg/nationalmuseum
シティ ▶MAP 別P.10 B-1

🏛 Floor Guide

| 2F | イギリス植民地時代、日本統治時代、独立後など各時代ごとのギャラリー、自然史コレクション |
| 1F | 受付、歴史ギャラリー、ショップ、カフェ |

タイなど近隣国の影響が分かる10世紀頃の仏像

ここに注目！
交易や移民で移動したアジア圏の文化を展示。

東南アジアの文化と歴史を知る
## アジア文明博物館 Ⓗ
Asian Civilisations Museum

シンガポールに伝わる、中国や東南アジア、インドなどアジア全域の文化や歴史を展示する博物館。企画展も随時開催している。

🏠 1 Empress Place ☎6332-7798 ⏰10:00〜19:00（金曜は〜21:00） 🚫無休 💰大人S$15、シニア・子どもS$10 🚇MRT ラッフルズ・プレイス駅から徒歩10分 www.nhb.gov.sg/acm
シティ ▶MAP 別P.10 C-3

🏛 Floor Guide

| 3F | 中国陶器ギャラリー |
| 2F | イスラム・古代宗教・仏教ギャラリー |
| 1F | 受付、難破船・交易品・現代美術ギャラリー、カフェ |

🛒 City~Marina **06**

# ミュージアムショップでデザイン雑貨探し

ミュージアムに併設されているギフトショップでは、センスのよいオリジナルデザインや、地元アーティストの作品などがバラエティ豊かにそろう。お気に入りの品を探そう☆

展示品とのコラボ商品は要チェック！
## ギャラリー・ストア・バイ・アブリー Ⓘ
Gallery Store by ABRY

展示作品とコラボした雑貨のほか、ストールやシャツなどの衣類も販売。カフェも併設している。

🏠 ナショナル・ギャラリー・シンガポール内 ☎8869-6970 ⏰10:00〜19:00 🚫無休 abry.global
シティ ▶MAP 別P.10 C-2

S$134
南国柄のハンドバッグ

各S$19.50
かわいいイラストが描かれたホーローマグ

地元アートの雑貨がざくざく！
## スーパーママ・ミュージアム・ストア Ⓙ
Supermama, Museum Store

シンガポール国立博物館のロビーにあるショップ。地元アーティストの手がけた雑貨が豊富に揃う。

🏠 シンガポール国立博物館内 ☎9615-7473 ⏰10:00〜19:00 🚫無休
シティ ▶MAP 別P.10 B-1

S$32
シンガポールのアイコンがプリントされたプレート

S$22
チキンライスの名店、チャターボックス（→P74）とコラボした食器

TOWN
シティ〜マリーナ
チャイナタウン
チョン・バル
リトル・インディア
アラブ・ストリート
ハジ・レーン＆バリ・レーン
カトン
セントーサ島

🔍 ナショナル・ギャラリー・シンガポールの建物には、ショップのほかカフェやレストランも入っている。　165

# Raffles Hotel Arcade
## ラッフルズ・ホテル・アーケード

憧れホテルのショッピングアーケード

高級ブランド店が集まるアーケード。
シンガポールの有名老舗ホテル、ラッフルズ・シンガポールに隣接している。
内部にはラッフルズのバーやギフトショップ、
レストランなどが入り、さまざまに楽しめる。

🏠1 Beach Rd.
☎6337-1886
(ラッフルズ・シンガポール内)
🚇MRT エスプラネード駅から徒歩2分
シティ ▶MAP 別P.11 D-1

高級店が軒を連ねる白亜のアーケード

---

🍴 City~Marina **07**

# レトロバーで本場の
# シンガポールスリングを味わう

世界中で有名なシンガポールスリングが生まれたバーは見逃せない。レトロな店内で、誕生当時から長年愛され続ける本場の味を堪能しよう！

シンガポールスリング発祥の老舗バー
### ロング・バー Ⓚ
Long Bar

アジアンテイストの店内は、ゆったりとした空気が流れている。お酒を頼むとついてくる落花生は、マレーシアの風習をまねて殻を床にぽいっと捨てるスタイルだ。ここで元祖シンガポールスリングを飲んでみよう。

☎6412-1816
🕐12:00〜22:30 ㊡無休
www.raffles.com/singapore
シティ ▶MAP 別P.11 D-1

クラシカルな内装

落花生は
食べ放題

シンガポールスリング S$39。酸味が効いた芳醇な味わい

---

**シンガポールスリングの作り方**

**材料を入れる**
初めに、6種類のお酒とジュースを入れる。

**シェイクする**
シェイカーに入れ、均等に混ざるように振る。

完成！

**完成！**
グラスに注ぎ、パイナップルとサクランボを差す。

**材料**
・ジン
・チェリーリキュール
・クラサオ
・ハーブリキュール
・グレナディン
・香り付けリキュール
・パイナップルジュース
・ライムジュース

1915年に考案されたオリジナルカクテル

---

ここでも
飲める！

**シンガポールスリング**

アーケードの中庭
### ラッフルズ・コートヤード
Raffles Courtyard

アーケードの中庭にある緑豊かなダイニング。シンガポールスリングやシンガポール料理も味わえる。

☎6412-1816
🕐14:00〜22:30 ㊡無休
シティ ▶MAP 別P.11 D-1

改装後のラッフルズ・ホテル・アーケード MAP

●ロング・バー

ラッフルズ・コートヤード

yi by Jereme Leung

ラッフルズ・ブティック

ラッフルズ・ホテル

**S$70**

ミニサイズのシンガポールスリング。
3本セット

## 🛒 City~Marina 08

# ラッフルズ・ホテル
# 限定グッズをGET！

ラッフルズ・シンガポールに来たら、ハズせないのが
限定グッズがそろうギフトショップ。自分用に買って
いきたいワンランク上のアイテムがずらり！

**S$39.90**

名物ドアマンの
ぬいぐるみ

ホテルオリジナルならここへ
### ラッフルズ・ブティック Ⓛ
Raffles Boutique

ラッフルズ・ホテルのオリジナルアイテムを販売する
ギフトショップ。上品な味わいの紅茶やお菓子はおみ
やげの定番だ。

☎6412-1143 🕙10:00～20:00 🈺無休
www.rafflesarcade.com.sg/raffles-boutique
シティ ▶MAP 別P.11 D-1

オリジナルのグッズがずらり

**S$25**

ホテルのイラストが
描かれたホーロー マ
グカップ

**S$26**

**S$26**

人気のグラス。左は
カクテル誕生100周
年を記念した限定品

**S$27**

ピリリとスパイシー
なラクサクッキー。
缶もかわいい

ランチ以外にディナータイムも営業している

## 🍴 City~Marina 09

# 上品な味付けの
# 飲茶をランチタイムに

アーケード内にはいくつかのレストランがあるが、おす
すめはこちら。伝統を受け継ぎながら独自のエッセンス
を加えた広東料理は、洗練の極み。

ラッフルズの高級中華
### 藝 イ・バイ・ジェローム・レオン Ⓜ
藝 yì by Jereme Leung

旬の食材を用いた、洗練された中
華料理が味わえる。ランチタイム
には飲茶も提供している。

☎6412-1331 🕙11:30～14:00、
18:00～21:30 🈺無休
シティ ▶MAP 別P.11 D-1

🚶 TOWN
シティ〜マリーナ
チャイナタウン
チョン・バル
リトル・インディア
アラブ・ストリート
ハジ・レーン＆
バリ・レーン
カトン
セントーサ島

中華の名店がたくさん！

シンガポールで最多の人口となる中国系の文化が色濃く残るエリア。シンガポール最大のエスニックタウンだが、徒歩でも歩ける程度の広さで、並ぶ店は多彩。チャイナタウンならではの圧倒的なパワーを感じてみて。

🚶 ぐるっと歩いて
2時間
MAP 別P.14〜15

🚉 最寄り駅
【NE線・DT線】
チャイナタウン駅
【DT線】
テロック・アヤ駅

昼：○ 夜：△

観光するなら昼。中華茶や漢方薬などの買い物もおすすめ。

---

📷 **Chinatown 01**

# シンガポール最大の
# 中国寺院に潜入！

メインストリート沿いにある大きな寺院は、外壁がビビッドな赤、内装は金色と、その存在感は圧倒的。華人の信仰が厚い寺院に参拝してみよう！

豪華絢爛な寺院は見どころたっぷり
## ブッダ・トゥース・レリック・
## テンプル・アンド・ミュージアム Ⓐ
BUDDHA TOOTH RELIC TEMPLE AND MUSEUM

2007年に建立された色鮮やかな中国寺院。内部には本堂や祈りの場のほか博物館やギャラリーがあり、仏像や仏具、仏陀の遺物などを展示。

🏠 288 South Bridge Rd. 🕿 6220-0220 🕖 7:00
〜17:00 (博物館は 9:00〜17:00) 😊無休 💴
無料 🚇 MRT マックスウェル駅から徒歩1分
www.buddhatoothrelictemple.org.sg
チャイナタウン ▶ MAP 別 P.15 D-2

---

**注目の チョン・バルエリアへ**

タクシーで5分ほどのチョン・バルはおしゃれなショップやカフェが多く、若者に人気のエリア。ぜひ寄ってみて。
**チョン・バル >>>P.170**

---

**パゴダ・ストリートで おみやげ探し！**

みやげ物店でにぎわう通り。中華風の小物や雑貨が手頃な価格で買えるので、おみやげにおすすめ。
パゴダ・ストリート Ⓓ >>>P.126

MRTチャイナタウン駅

Pagoda St.

New Bridge Rd.

← 徒歩3分

Ⓒ トンヘン
>>>P.169

Ⓐ ブッダ・トゥース・レリック・テンプル・アンド・ミュージアム
>>>P.168

マックスウェル・フード・センター

MRTマックスウェル駅

Ⓑ ティー・チャプター
>>>P.169

Maxwell Rd.

---

屋上
ランが咲くオーキッド・ガーデンと祈りの鐘が設置されている

4F
仏陀の歯が安置されている、聖なる光の間がある。内部撮影禁止

3F
世界各地の仏像を展示した博物館と、仏陀の遺物を納めた舎利殿

2F
寺院創設に関わる歴史や釈迦を紹介しているギャラリー

1F
本堂。本尊である黄金の弥勒仏の周りに100体の仏像が配されている

夜には、ずらりと並んだ提灯が一斉に輝く

仏様に熱心に祈りを捧げる信徒たち

🚶 TOWN

シティ〜マリーナ

チャイナタウン

チョン・バル

リトル・インディア

アラブ・ストリート

ハジ・レーン＆バリ・レーン

カトン

セントーサ島

## 🍴 Chinatown 02

ヤケドに気を付けて！

おいしいお茶の淹れ方

最初に、お湯を注いで使用する茶器を全て温めていく

量った茶葉を湯通しする。茶葉が開くと香りが立つ

お湯を注ぎ、茶壺にお湯をかけて温め、30秒蒸らす

# 本格茶室で
# 中国茶をたしなむ

本格茶室で伝統的な中国茶をいただこう。1杯目はお茶の香りを、2杯目は少しだけ口に含んで飲み、3杯目はゆったりと味わう。

茶葉は30種類以上から選べ、料金は茶葉により異なるが、1人S$8〜。お茶請けはS$1.50〜。

🏠 No.9 Neil Rd.　☎6226-1175
🕚11:00〜21:00(金・土曜は〜22:30)　㊡旧正月3日間　🚇MRT チャイナタウン駅から徒歩5分
teachapter.com

気軽にお茶の世界を楽しめる！

### ティー・チャプター B
Tea Chapter

チャイナタウン ▶MAP 別P.15 D-3

茶海にできたお茶を入れ、聞香杯に注ぎ分ける

E シアン・ホッケン寺院 >>>P.54

## 中国寺院にお参り

建立から180余年の歴史を持つ中国寺院。道教の神様である媽祖のほか、11人の神々を祀っている。
シアン・ホッケン寺院 E
>>>P.54

蓮の餡が入った月餅も人気商品。1個S$4.20

## 🛍 Chinatown 03

# おさんぽのお供に！
# エッグタルトを買う

小腹がすいたら、チャイナタウンのローカルスイーツ店に立ち寄ろう。地元で人気のエッグタルトは、一度食べたら虜になること間違いなし。

プルプルした絶妙な食感がたまらない1個S$2.40

チャイナタウン名物の濃厚タルト

### トンヘン C
Tong Heng

地元で親しまれている店。手作りしたローカルスイーツをバラエティ豊かにそろえる。

🏠 285 South Bridge Rd.
☎6223-3649　🕘9:00〜19:00
㊡旧正月6日間　🚇MRT チャイナタウン駅から徒歩5分　カード不可

チャイナタウン ▶MAP 別P.15 D-2

MRT タンジョン・パガー駅

💐 ティー・チャプターにはエリザベス女王がお茶を召し上がった部屋がある。別途テーブルチャージが必要。

ひと足のばして、最旬エリアへ
# Tiong Bahru
# チョン・バル

小綺麗な街並みに、いい雰囲気のカフェや雑貨店などが軒を連ねるエリア。おしゃれながらも、どこかのんびりとした空気が魅力。さんぽしながら店を回ろう。

MRTチョン・バル駅から徒歩10分
チョン・バル ▶MAP 別P.24

街歩きMAP

白壁の公共住宅が連続する

店内で焼き上げたパンがずらりと並ぶ

## 🍴Chinatown 04
# 行列ベーカリーで
# まったりひと休み

歩き疲れたら、シンガポール初のフレンチベーカリーへ。こだわりのパンを片手に、イートインでひと息つこう。朝から晩まで行列が絶えない人気店に。

酸っぱさが選べる
レモンタルト(Lv.2)
S$10.10

焼きたてパンでほっとひと息
## チョン・バル・ベーカリー Ⓐ
Tiong Bahru Bakery

2012年創業のベーカリー。フランス直輸入のバターや小麦粉など材料にこだわったパンを焼きたてで提供。

エッグマヨとスモークサーモンのサンドイッチ S$11.60

🏠56 Eng Hoon St., #01-70 ☎6220-3430 🕐7:30〜20:00 🈚無休(旧正月のみ休む可能性あり) 🚃MRT チョン・バル駅から徒歩12分
www.tiongbahrubakery.com
チョン・バル ▶MAP 別P.24 C-3

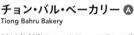

クイニー・アマン S$6.90

## 🍴Chinatown 05
# 超☆ローカルな食堂で
# 名物粥をすする

昔ながらの住宅街であるチョン・バルには、地元に愛されるローカル料理店がたくさん！どの店も庶民的な雰囲気で、とってもリーズナブル。ランチにぜひ。

ネギソースたっぷりのジンジャーチキン S$12

毎日食べたい中国粥
## アーチャン・ポリッジ Ⓑ
Ah Chiang's Porridge

創業50年以上の中国粥の名店。お粥は魚介や豚肉など全29種類。早朝からやっているので朝食に利用するのもおすすめ。

🏠65 Tiong Poh Rd. ☎6557-0084 🕐6:15〜22:30 🈚旧正月3日間 🚃MRTチョン・バル駅から徒歩13分 カード不可
チョン・バル ▶MAP 別P.24 C-3

お粥以外のメニューもあります

醤油や薬味で味を調整しよう。ミートボールのお粥 S$6(手前)、ミックスポークのお粥 S$5(奥)

## 🍴 Chinatown 06

# おしゃれすぎる
# フレンチカフェに潜入

最近、おしゃれなカフェが急増しているチョン・バル。スイーツ休憩におすすめなのが、どこを切り取っても「映える」と話題のフレンチカフェ。

2017年にチョン・バルに1号店をオープン。現在は数店舗を展開する

チアシード S$10

毎日通いたくなる居心地のよさ
### メルシー・マルセル C
Merci Marcel

フランス人オーナーが経営する人気カフェ。フランス流だけあって、フードは見た目もクオリティもハイレベル。

🏠 56 Eng Hoon St.　☎ 6224-0113
🕗 8:00〜23:30（木・金曜は〜24:00、日曜は〜23:00）
🈺 無休　🚇 MRTチョン・バル駅から徒歩12分
www.mercimarcelgroup.com

`チョン・バル` ▶ MAP 別 P.24 C-3

陽光が降り注ぐテラス席

スイカジュース S$6.50

---

個性的なデザインのアクセサリーや洋服がずらり

シルエットがきれいなVネックワンピース

ハイセンスなアイテムが並ぶ
### ナナ・アンド・バード D
nana & bird

トロピカルなフラミンゴ柄ポーチ

2人のシンガポーリアン女子が立ち上げたセレクトショップ。オリジナルブランドの洋服のほか、カバンやアクセサリーなどシンガポーリアン作家の作品も豊富にそろえる。

🏠 1M Yong Siak St.　☎ 9117-0430　🕗 11:00〜18:00（土・日曜、祝日は10:00〜17:00）　🈺 無休　🚇 MRTチョン・バル駅から徒歩12分　shop.nanaandbird.com

`チョン・バル` ▶ MAP 別 P.24 B-3

## 🛒 Chinatown 07

# こだわりセレクトが光る
# 雑貨店をチェックする

チョン・バルには、地元の若者たちに大人気のこだわりセレクトショップが増殖中。日常使いから特別な日にぴったりのとっておきアイテムまで、幅広い品ぞろえ。

気軽に寄ってみてね

花を生かした雑貨も販売
### ワン・オリーブ E
one olive

地元客に人気のフラワーショップ。希望を聞きながら一つずつデザインするカスタマイズブーケ S$150〜が好評。

🏠 61 Seng Poh Lane, #01-01
☎ 9680-3453　🕗 13:30〜18:30　🈺 日・月曜
🚇 MRTチョン・バル駅から徒歩12分
www.oneolive.net

`チョン・バル` ▶ MAP 別 P.24 C-3

プリザーブド加工のバラをアレンジしたインテリア

日本のバラをプリザーブド加工したブローチ

🚶 TOWN

シティ〜マリーナ

チャイナタウン

チョン・バル

リトル・インディア

アラブ・ストリート

ハジ・レーン＆バリ・レーン

カトン

セントーサ島

# Little India
## リトル・インディア

インド系の人々が多く住んでおり、活気にあふれているエリア。サリーを着た女性が行き交う街にはインド料理店などからスパイスの香りが漂い、ほかのどの街とも違う"原色のインド"を感じることができる。

遊ぶなら昼

🚶 ぐるっと歩いて
1時間30分
MAP 別 P.16〜17

🚉 最寄り駅
【NE線・DT線】
リトル・インディア駅
【NE線】
ファーラー・パーク駅

昼：◎ 夜：△

ヒンドゥー寺院の見学やプチプラ雑貨探し、インド料理を楽しんで。

---

🛒 Little India **01**

# 色鮮やかな
# サリーに魅せられる

インド系女性たちが身にまとうサリーは、赤やオレンジ、青、紫と色鮮やか！ ショールやパンジャビ・ドレスなら、チャレンジしやすくおすすめ。

見たいものを伝えれば広げて見せてくれる

インド直送サリーが豊富
### ナリ Ⓐ
Nalli

テッカ・センター近くにある、インド系服飾品の専門店。扱う商品は全てインドで作られたもの。

🏠 10 Buffalo Rd. ☎6299-3949
🕙 10:00 〜 21:30（土曜 は 〜 20:30）　🚫ディーパバリ
🚇 MRTリトル・インディア駅から徒歩6分
`リトル・インディア` ▶ MAP 別 P.16 C-3

MRT ファーラー・パーク駅

### シンガポールの
### ドン・キホーテ

何か足りず困ったらムスタファ・センターへGO！ 日用品から宝飾品、電化製品などなんでもそろう。
ムスタファ・センター Ⓔ >>>P.124

Ⓔ ムスタファ・センター
>>>P.124

Ⓕ スリ・ヴィラマカリアマン寺院
>>>P.55

### 壮麗なインド寺院に感動！

ヒンドゥー教の神シヴァの妻カーリーを祀る。寺院を飾る神々のリアリティたっぷりの表情にも注目。
スリ・ヴィラマカリアマン寺院 Ⓕ
>>>P.55

N

MRT リトル・インディア駅

Ⓐ ナリ
>>>P.172

Ⓒ タンダパニ
>>>P.173

Ⓖ テッカ・センター
>>>P.87

徒歩3分

### インド雑貨＆
### グルメならここへ

テッカ・センターのホーカースではインド料理を楽しめる。雑貨が豊富なアーケード街はおみやげ探しにぴったり！
テッカ・センター Ⓖ >>>P.87
リトル・インディア・アーケード Ⓗ >>>P.127

Ⓗ リトル・インディア・アーケード >>>P.127
Ⓓ セルヴィス >>>P.173

Ⓑ インディアン・ヘリテージ・センター
>>>P.173

サリーをまとった女性たちが街を行き交う

カラフルな花輪は寺院へ参拝するときの捧げ物

## ◉ Little India 02
# リトル・インディアの歴史を知る

インドやムスリム、ヒンドゥーなどさまざまな文化を持つ人々が暮らす街の歴史にふれてみよう。

インドネシアで8世紀末から9世紀初頭に作られたブッダ像の頭部

インド系の人々の歴史を学ぶ
### インディアン・ヘリテージ・センター Ⓑ
Indian Heritage Centre

シンガポールで暮らしてきたインド系の人々の歴史を、5つのテーマに分けて展示する博物館。

🏠5 Campbell Lane ☎6291-1601 ⏰10:00〜18:00 休月曜 料大人S$8、シニア・学生S$5 ⊗MRTリトル・インディア駅から徒歩5分 www.indianheritage.gov.sg/en
`リトル・インディア` ▶MAP 別P.16 C-3

## 🛒 Little India 03
# ノスタルジーな商店でスパイスをまとめ買い

インドカリーに必須のスパイスを買うならこの店で！生や乾燥スパイスのほか便利なミックススパイスまでが、驚きの激安価格で手に入る。

S$4.60

スパイス好きには見逃せない！
### タンダパニ Ⓒ
Thandapani

量り売りも行うスパイス専門店。カリーパウダーもいろいろ。

🏠124 Dunlop St. ☎6292-3163 ⏰10:00〜21:30 休ディーパバリ ⊗MRTリトル・インディア駅から徒歩7分
`カード不可`
`リトル・インディア` ▶MAP 別P.16 C-3

フィッシュカリーパウダー。材料をそろえるだけで手軽に作れる

S$3

エスニック料理で活躍するクミンパウダー

## ✎ Little India 04
# これぞインドの美！ヘナ・アートに挑戦する

本来は結婚式や魔除けのために描かれるヘナ・アート。ヘナという植物由来の染料を使い、筆で細かな絵を描く。絵は1週間ほどで自然に落ちるので、気軽にトライ！

リトル・インディアの思い出に
### セルヴィス Ⓓ
SELVI'S

20分ほどでヘナ・アートを施す。美容室と雑貨店も併設。

🏠48 Serangoon Rd., #01-17（リトル・インディア・アーケード内）☎6970-5975 ⏰9:30〜20:45（日曜は〜18:00）休ディーパバリ 料S$10〜（デザインにより変動）⊗MRTリトル・インディア駅から徒歩4分
`リトル・インディア` ▶MAP 別P.16 C-3

5分もあれば見事な絵柄が描かれる

S$10

バングルは重ねづけが基本

S$10

キュートなピアス

ナリの2階は結婚式用など高額なサリーを販売。1階はショールやパンジャビ・ドレスなど普段使いの服がメイン。　173

TOWN

シティ〜マリーナ

チャイナタウン

チョン・バル

リトル・インディア

アラブ・ストリート

ハジ・レーン＆バリ・レーン

カトン

セントーサ島

# Arab Street
## アラブ・ストリート

スルタン・モスクを中心としたアラブ人街で、エキゾチックな雰囲気が漂う。街なかを飾るイスラムタイル、独特なデザインのトルコ雑貨が並ぶショップなど、シンガポールにいることをつい忘れてしまいそう。

🚶 ぐるっと歩いて 1時間
MAP 別 P.18〜19

🚉 最寄り駅
【EW線・DT線】
ブギス駅

昼：○ 夜：×

ショップの多くは午後からオープン。街歩きも楽しいエリア。

---

📷 **Arab Street 01**

# イスラムタイルを
# カメラでパシャリ☆

幾何学模様や植物文様が美しく描かれたイスラムタイル。アラブ・ストリートでは店の壁や椅子、テーブルなどに多用されており、とても華やか。

チューリップモチーフのタイルと、目玉のようなトルコの魔除け・ナザールボンジュウ

---

タイルのきれいなイスラム寺院

ブルーの外観が美しい

**マラバー・モスク** Ⓐ
Malabar Mosque

外壁が細かなブルーのタイルで飾られたモスク。プレイヤーホールに入れるのは男性のみ。

🏠 471 Victoria St. ☎6294-3862 🕐12:00〜13:00、14:00〜16:00（金曜は14:30〜16:00）
休無休 料無料
🚇MRTブギス駅から徒歩8分
www.malabar.org.sg

アラブ・ストリート ▶ MAP 別 P.19 D-1

プッソーラ・ストリートのレストランで見かけた椅子

---

📷 **Arab Street 02**

# 甘ーいミルクティー
# テ・タリで一服

コンデンスミルクを使うアラブ式ミルクティー、テ・タリ。渇いた喉と体に、甘く濃厚な味が染み渡る。高〜い位置からテ・タリを注ぐ技は必見！

シャッターチャンスだよ

MRTブギス駅

ブギス・ストリート

Victoria

徒歩3分

Ⓘ ブギス・ジャンクション
>>>P.121

---

**ブギス駅前は
ショッピング天国！**

最近改装したばかりのブギス・ジャンクションは要チェック！ MRTブギス駅すぐそばで帰りもラクラク♪
ブギス・ジャンクションⒾ
>>>P.121

---

頭上から紅茶を注ぐ！
**バイ・サラバッ・ストール** Ⓑ
BHAI SARBAT STALL

地元の人々でにぎわうテ・タリの人気店。常にある行列が目印。日本語で話しかけてくるが、怪しくはない。

🏠 21 Bussorah St.
☎8263-4142 🕐6:30〜翌1:00 休ハリ・ラヤ・ハジ、ハリ・ラヤ・プラサ 🚇MRTブギス駅から徒歩8分 カード不可

アラブ・ストリート ▶ MAP 別 P.19 D-2

アイスのテ・タリS$1.80。テイクアウトの容器はポリ袋！

爽やかなブルーのタイルと色鮮やかな花が美しい

マスカット・ストリートから望むスルタン・モスク

## アラブの中心、スルタン・モスク

シンガポールのイスラム教徒にとって、数あるモスクの中心とされるモスク。黄金のドームが目印。スルタン・モスク**J** >>>P.55

🚶 TOWN

シティ〜マリーナ

チャイナタウン

チョン・バル

リトル・インディア

アラブ・ストリート

ハジ・レーン＆バリ・レーン

カトン

セントーサ島

🛒 Arab Street **03**

# アラビアン雑貨で部屋をコーディネート！

アラビアン・ナイトの世界のようなモザイクランプや雑貨がずらりと並ぶ様子は圧巻。キャンドルホルダーなどの小物雑貨を部屋に飾るのはいかが？

ムスリム墓地

Muscat Rd.

Jalan Pinang

マレー・ヘリテージ・センター

**A** マラバー・モスク >>>P.174

**J** スルタン・モスク >>>P.55

**B** バイ・サラバッ・ストール >>>P.174

**H** エスエスエフタプリュ >>>P.177

**G** ユートピア >>>P.177

**D** モモラート >>>P.176

**K** ハジ・レーン＆バリ・レーン >>>P.176

**C** スーフィー・トレーディング >>>P.175

**E** ブルー・ジャズ・カフェ >>>P.176

**F** ピエドラ・ネグラ >>>P.177

Beach Rd.

Arab St.

Haji Ln.

Bali Ln.

**S$10**

陶器でできたコースター。植物文様が描かれている

**S$100**

青色が美しいランプ。電気で点くので気軽に使える

**S$15**

チャイを入れるのにぴったりのカップ

## 裏道にセレクトショップが並ぶ

アラブ・ストリートの1本隣の通りは、おしゃれなショップがそろうと若者に評判。ハジ・レーン＆バリ・レーン**K** >>>P.176

そばの系列店ではカーペットも！

トルコ雑貨が豊富にそろう

### スーフィー・トレーディング **C**
SUFI TRADING

モザイクランプを中心に、食器やトルコ雑貨を扱う店。商品は全てトルコからの直輸入。

🏠 49 Arab St. ☎6396-6489
🕐10:00〜22:00 休無休 ⊗
MRT ブギス駅から徒歩6分

アラブ・ストリート ▶ MAP 別 P.18 C-2

N

🌿 スーフィー・トレーディングの系列店で扱うトルコ絨毯はかなりお高め。店頭の小さい物はお手頃価格でおすすめ。

セレクトショップが並ぶ、シンガポールの裏原

# Haji Lane & Bali Lane
## ハジ・レーン＆バリ・レーン

色とりどりのショップハウス内に、
セレクトショップやカフェが並ぶハジ・レーン。
お隣のバリ・レーンにもおしゃれな店が増殖中。

Ⓜ MRTブギス駅から徒歩5分
アラブ・ストリート ▶MAP 別P.18 C-2

洋服や帽子などがディスプレーされたショップが立ち並ぶ

## 🍴 Arab Street 04

# ローカルに話題の
# ひんやりスイーツ

実はスイーツの店があまり多くないハジ・レーン。ホームメ
イドのジェラートとワッフルを味わえる店は貴重。こぢんま
りした店内は、若い女性でいつも混雑。

ジェラートダブルスクープ S$9.90とワッフル
S$10。フレーバーはレッドウォーターメロン・
サワーソップとココナッツ・パームシュガー

焼きたてワッフルにジェラートオン！
### モモラート D
**Momolato**

定番から変わり種まで10種
類以上のジェラートがずらり。
カップやコーン、ワッフルから
選べる。

🏠34 Haji Lane ☎なし ⏰14:00〜23:00（金・
土曜は12:00〜翌2:00） 🅿無休
Ⓜ MRTブギス駅から徒歩6分 momolato.com

アラブ・ストリート ▶MAP 別P.18 C-2

香ばしい
ワッフル

ジェラートだけの販売もある

ライブは、だいたい21:30から（HPで要確認）

## 🍴 Arab Street 05

# ライブバーで
# 南国ジャズに酔いしれる

アラブ・ストリートの夜は、無料のジャズライブで盛り上がろ
う！開放的な空気の中、ヒッピーなムードのカフェの生演奏に
耳を傾けよう。

ジャズライブは必見！
### ブルー・ジャズ・カフェ E
**Blu Jaz Cafe**

バリ・レーンの端っこにあるカ
フェ。ローカルフードからトルコ
料理まで多彩。

🏠11 Bali Lane ☎9710-6156 ⏰12:00〜翌1:00（金・土曜
は〜翌2:00） 🅿元日、旧正月3〜4日間 Ⓜ MRTブギス駅か
ら徒歩5分 www.blujazcafe.net

アラブ・ストリート ▶MAP 別P.18 C-2

## 🍴 Arab Street **06**

# ウォールアートの
# メキシカンで
# ランチ＆ディナー

鮮やかな壁画がそこかしこにあるハジ・レーンのなかでも、パイオニア的存在がピエドラ・ネグラ。メキシコらしいビビッドな壁画を見るなら、テラス席が特等席。

**S$12.90**

**S$15.90**

アボカドや野菜、香草をすりつぶしたグアカモーレ。トルティーヤチップスにのせて食べる

メキシコ風魚介類のマリネ、セビッチェ・デ・モルカヘーテ

本場のメキシコ料理をぜひ
### ピエドラ・ネグラ **F**
Piedra Negra

本場顔負けのメキシコ料理を提供。オールデイ同じ料理メニューで、タコスからセビッチェまで豊富。

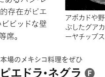

タコス・デ・ペスカード（魚介）

**S$15.90**

テラス席にはひときわ目立つ壁画がある

🏠241 Beach Rd. ☎9199-0610 🕐12:00〜24:00 ㉠無休
🚇MRT ブギス駅から徒歩7分
アラブ・ストリート ▶MAP 別P.18 C-2

---

バティックを使ったオリジナルの洋服がメイン

**S$128**

パネルブロックプリントのキュロット

パッチワークのバティックバッグ

**S$34**

## 🛒 Arab Street **07**

# おしゃれな
# オンリーショップを覗く

かつてハジ・レーンにはハイセンスなセレクトショップが並んだが、ほとんどが姿を消しユニークなオンリーショップに替わった。竹下通りみたいな雑多な店が多いが、中でもキラリと光る店はこちら。

オリジナルデザインのバティック
### ユートピア **G**
Utopia

店主のシェリーさんがデザインした、オリジナルの洋服を扱う店。中国テイストを加え、今風にアレンジしたバティックが魅力。

日本人にも合うサイズ感ですよ

🏠47 Haji Lane ☎6297-6681 🕐11:00〜20:00（金・土曜は〜21:00）
㉠無休 🚇MRT ブギス駅から徒歩5分 utopiaapparels.com
アラブ・ストリート ▶MAP 別P.18 C-2

---

青のワンポイントがかわいいブレスレット

**S$49**

**S$68**

耳元で揺れるシェル素材のピアス

**S$58**

上品なデザインのリング

オールハンドメイドのジュエリー
### エスエスエフダブリュ **H**
ssfw

シンガポール生まれのジュエリーブランドで、店舗があるのはここだけ。半貴石を使ったジュエリーは、値段もお手頃で買いやすい。

🏠75 Haji Lane ☎6293-3068 🕐11:00〜20:00（金・土曜は〜21:00）㉠無休 🚇MRT ブギス駅から徒歩5分 ssfw.com.sg
アラブ・ストリート ▶MAP 別P.18 C-2

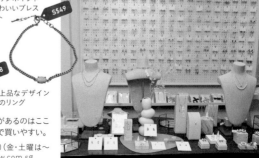

貝などの天然素材をジュエリーに使っている

プラナカンのカラフルな街並み

# Katong
## カトン

南方に移住した中国人男性と現地の女性との子孫が始まりと言われるプラナカン。彼らが古くから定住するエリアの一つがカトンだ。中国やマレーなどの多文化が合わさり発展したプラナカン文化にふれよう。

明るいうちに訪れよう

昼：◎ 夜：×

プラナカン建築を見るなら昼。ローカルフードの食べ歩きも楽しい。

🚶 ぐるっと歩いて
1時間
MAP 別P.24

🚉 最寄り駅
【EW線】
ユーノス駅
※駅からは徒歩20分以上かかるので、中心部からタクシー利用がおすすめ

---

📷 **Katong 01**

# プラナカン建築を
# ゆっくり眺める

繊細な装飾やタイルで装飾が施されたカラフルなプラナカン建築。かつてプラナカンの人々が生活していた華麗な家々を眺めながら、カトン地区を散策してみよう。

A クーン・セン・ロード
>>>P.178

B ジョー・チアット・バインミー・カフェ
>>>P.179

### カラフルな
### プラナカン建築はここで！

とりわけ華やかなプラナカン建築が残るクーン・セン・ロード。細やかな装飾を観察してみよう。
クーン・セン・ロード A >>>P.178

徒歩3分

色とりどりの家が並ぶ
**クーン・セン・ロード** A
Koon Seng Rd.

カトン地区の中でも特に色鮮やかなプラナカン建築が立ち並ぶ通り。いろいろなデザインのタイルも見られる。

⊗中心部からタクシーで20分

カトン ▶ MAP 別 P.24 B-1

### 便利なショッピング
### センター

スーパーや映画館も備えたショッピングセンター、i12カトン。タクシーで向かう場合はここを目印に。
i12カトン G

G i12カトン

---

🏨 **プラナカンデザインのホテル**

カラフルな客室が人気
**ホテル・インディゴ** D
Hotel Indigo

プラナカンモチーフのデザインが随所に光るホテル。プラナカン料理を提供するレストランも併設。

IN 15:00 OUT 12:00
🛏131
💰スタンダード・ルームS
$230〜（サービス料、税金別途）

🏠 86 East Coast Rd.
☎6723-7001 ⊗中心部からタクシーで20分
www.ihg.com

カトン ▶ MAP 別 P.24 B-2

C キム・チュー・クエ・チャン
>>>P.179

スリ・センバガ・ヴィナヤガー寺院

D ホテル・インディゴ
>>>P.178

F マリン・パレード・ラクサ
>>>P.80

中国や西洋、マレーの建築様式が融合したプラナカン建築

クーン・セン・ロードでプラナカン建築を見学

TOWN

シティ〜マリーナ

チャイナタウン

チョン・バル

リトル・インディア

アラブ・ストリート

ハジ・レーン＆
バリ・レーン

カトン

セントーサ島

## 🍴 Katong 02

# ベトナム料理激戦区！
# バインミーをパクリ

かつてベトナム人コミュニティがあったカトンには、今も多くのベトナム料理店がある。なかでも人気が、ベトナム風サンドイッチのバインミーの専門店であるこちらの店。

食事時には店の外にも行列が

バインミーの有名店
### ジョー・チアット・バインミー・カフェ Ⓑ
Joo Chiat Bánh Mì Cà Phê

バインミーとベトナムコーヒーが味わえる店。バインミーの自家製パンはカリッと香ばしい。

🏠 263 Joo Chiat Rd. ☎ 6568-8529
🕘 9:00〜18:30 🈺月曜 🚕中心部からタクシーで20分
joochiatcaphe.com
カトン ▶ MAP 別 P.24 A-1

できあがったらブザーで知らせます

一番人気のレモングラスビーフパティ S$8.50

Ⓔ ファイブ・スター・ハイナニーズ・チキンライス・レストラン >>>P.73

## 🛒 Katong 03

# 伝統のニョニャ
# スイーツを買い食い♪

プラナカンの女性、ニョニャたちが手作りするお菓子（ニョニャ・クエ）。カトンにはニョニャ・クエを販売する店もあるので、ぜひ食べてみて。

聖家族教会

地元客の絶えないニョニャ菓子店
### キム・チュー・クエ・チャン Ⓒ
Kim Choo Kueh Chang

ニョニャ・クエやプラナカン雑貨を扱う店。全13種もあるニョニャちまき S$1.40〜も販売。

🏠 111 East Coast Rd. ☎ 67
41-2125
🕘 9:00〜21:00 🈺旧正月2
日間 🚕中心部からタクシーで20分
www.kimchoo.com
カトン ▶ MAP 別 P.24 B-2

店先に並んだニョニャ・クエやニョニャちまきを求める客でいつもいっぱい！

ココナッツ風味のカラフルな餅を重ねたラピス・サグ S$3.20

ココナッツフレークが入ったクエ・ダダー S$3.20

遊びが詰まったエンタメアイランド

# Sentosa Island
## セントーサ島

シンガポールを代表するリゾート。自然を生かしたアクティビティのほか、大型アミューズメントパークもあり、1日では遊びつくせないほど！南国リゾートで遊ぼう！

www.sentosa.com.sg

🚶 ぐるっと歩いて
1日
MAP 別P.22～23

🚇 最寄り駅
【NE線・CC線】
ハーバーフロント駅
【セントーサ・エクスプレス】
リゾートワールド駅、インビア駅、ビーチ駅

昼と夜で違う楽しみが！

昼：◎ 夜：○

昼から夜まで、迷うほどにさまざまなプレースポットが目白押し！

Ⓐ シンガポール・ケーブルカー >>>P.182
Ⓓ インビア・トレイル >>>P.183
Ⓛ リゾート・ワールド™・セントーサ >>>P.62
Ⓑ マダム・タッソー・シンガポール >>>P.183
Ⓒ スカイヘリックス・セントーサ >>>P.183
Ⓔ シロソ・ビーチ
Ⓗ コースツ >>>P.185
Ⓚ ユニバーサル・スタジオ・シンガポール >>>P.64
Ⓙ ウイングス・オブ・タイム >>>P.185
Ⓕ パラワン・ビーチ

シロソ・ポイント

徒歩5分

### 🧭 Area Info ❶
## アクティビティ＆展望台ならインビア・エリア＆シロソ・ポイントへ

高台のインビア・エリアと島の西端にあたるシロソ・ポイントは、見どころがたくさん！シロソ・ポイントのすぐ目の前が、シロソ・ビーチだ。

セントーサ島のアクティビティ >>>P.66
インビア・エリア＆シロソ・ポイント >>>P.182

スカイヘリックス・セントーサ　シロソ・ポイント駅

### 🧭 Area Info ❷
## まったり楽しむならビーチ・エリアへ

ビーチ・エリアにはそれぞれ雰囲気の異なる3つのビーチがある。ビーチ沿いにあるレストランやバーで食事も楽しみつつ、のんびりと過ごそう。

ビーチ・エリア >>>P.184

タンジョン・ビーチ・クラブ

シロソ・ビーチ

スカイライン・リュージュ・セントーサなどのアクティビティもたくさん！　　リゾート感たっぷりのシロソ・ビーチでのんびり

## 🏊 Area Info ❸

### パワフルに遊ぶなら RWSエリアへ

島の北部にあるリゾート・ワールド™・セントーサ（RWS）は、遊び応え満点のアミューズメントパーク。遊ぶなら余裕を持って丸々1日とりたい。

ユニバーサル・スタジオ・シンガポール **K** >>>P.64
リゾート・ワールド™・セントーサ **L** >>>P.62

USSパーク内（左）とRWS内（右）

### セントーサ島へのアクセス

タクシーのほか、4つのアクセス手段がある。

**ケーブルカー**
マウント・フェーバー駅からハーバーフロント駅を経由し、島内のセントーサ駅までを結ぶマウント・フェーバー・ラインを使用。
シンガポール・ケーブルカー **A**
>>>P.182

**セントーサ・エクスプレス**
ビボ・シティ3階のビボ・シティ駅から、島内の3駅を結ぶ。
⏰7:00〜24:00
💰S$4（乗り放題）
`セントーサ島` ▶MAP 別P.22 C-1

**セントーサ・ボードウォーク**
セントーサ島までつながった遊歩道で、ビボ・シティのセントーサ島側にある。入島料S$1が必要となっている。
`セントーサ島` ▶MAP 別P.22 C-1

**市バス**
ショッピングセンター、ビボ・シティ前のバス停Vivo Cityからリゾート・ワールド™・セントーサまでRWS 8が運行。

Ⓘ タンジョン・ビーチ・クラブ
>>>P.185

Ⓖ タンジョン・ビーチ

### 島内の移動手段

セントーサ・エクスプレスや2種類のバスを活用しよう。島内のバスとシャトルは全て無料。

 **セントーサ・エクスプレス**
ビボ・シティ駅から出発するモノレール。島内の駅はリゾートワールド駅、インビア駅、ビーチ駅の3つ。

 **セントーサ・バス**
島内の東西をそれぞれ巡回しているバス。路線は2つで、RWSやシロソ・ポイント、インビア・エリアへはA線、ビーチ・ステーションやパラワン・ビーチへはB線のバスを利用。
⏰7:00〜24:10 🈑無休 💰無料

 **ビーチ・シャトル**
シロソ・ポイントからタンジョン・ビーチまでの海岸線を運行する小型のバス。>>>P.184

TOWN
シティ〜マリーナ
チャイナタウン
チョン・バル
リトル・インディア
アラブ・ストリート
ハジ・レーン＆バリ・レーン
カトン
セントーサ島

🏊 MRTハーバーフロント駅とケーブルカーのハーバーフロント駅、セントーサ・エクスプレスのビボ・シティ駅は全てビボ・シティに直結。

Area Info ❶ 島で最も高い場所

# Imbiah Area & Siloso Point
## インビア・エリア＆シロソ・ポイント

高台に位置するインビア・エリアでセントーサ島の自然にふれあおう。シロソ・ポイントまでのケーブルカーからの景色も見どころ！

⊗セントーサ・エクスプレスのインビア駅から徒歩1分

セントーサ島 ▶ MAP 別 P.22 B-2

ケーブルカーからセントーサ島を一望！

◎ Sentosa Island **01**

# 絶景見ながら
# ケーブルカーで
# 楽々アクセス

セントーサ島内へと行くケーブルカー。路線は2つあり、島の東西を結ぶセントーサ・ラインは、インビアからシロソへひとっ飛び！ビーチや山々の景色を堪能できる。

乗り込むときは慎重に

セントーサの主要交通手段

## シンガポール・ケーブルカー Ⓐ
Singapore Cable Car

8人乗りのキャビンが運行するセントーサ・ケーブルカー。移動しながら絶景が楽しめる。

☎6361-0088 🕐8:45～21:30 🈲無休
🈹大人S$39.50、子どもS$29.50（マウント・フェーバー・ラインとセントーサ・ライン共通）
⊗MRTハーバーフロント駅から徒歩7分
www.mountfaberleisure.com

セントーサ島 ▶ MAP 別 P.22 B-1・2

森とビーチを一望できる

セントーサ・ラインのキャビンはカラフル

島のランドマークはどこへ…

かつてインビア・エリアにはセントーサ・マーライオンという高さ37mの巨大マーライオンが立っていたが、2019年に閉鎖、解体されてしまった。

在りし日のマーライオン・タワー

## Sentosa Island 02

# 蝋人形館で
# 世界のセレブと記念撮影

世界各地に施設のある蝋人形館。ここシンガポールの施設は世界有数の規模で、唯一となるボートライドを備える。歩いて見るだけではなく、アトラクション感覚で楽しめるのだ。

世界的な蝋人形館
## マダム・タッソー・シンガポール Ⓑ
Madame Tussauds Singapore

俳優やアイドル、スポーツ選手など多くの蝋人形を展示。シンガポールの生活を学ぶイメージス・オブ・シンガポール・ライブを併設。

🏠40 Imbiah Rd. ☎6715-4000 ⏰10:00～18:00 🈺無休 💰大人S$44、子どもS$32 🚇セントーサ・エクスプレスのインビア駅から徒歩5分
www.madametussauds.com/singapore
セントーサ島 ▶MAP 別P.22 B-2

誰もが知る有名人たちが勢揃い！新しい人形も随時追加される

## ♪ Sentosa Island 04

# グリーントレイルで
# 大人のハイキング☆

緑豊かなインビア・マウンテンの中にあるトレイルコース。熱帯に生息する植物を観察しながら、ハイキングを楽しめる。暑いので水分補給には気を付けて。

緑豊かなハイキングトレイル
## インビア・トレイル Ⓓ
Imbiah Trails

🚇セントーサ・エクスプレスのインビア駅から徒歩9分
セントーサ島 ▶MAP 別P.22 B-2

## Sentosa Island 03

# 円盤形の展望台から
# セントーサ島を一望する

円盤形のデッキが360°回転しながら上空へ上がり、海抜79mで一旦ストップ。入場券に付いてくるドリンクを片手にゆっくりできる。昼間はもちろん、夜景も楽しみ。

中央がテーブルになっている

夜はロマンチックな雰囲気

2021年オープンの新アトラクション
## スカイヘリックス・セントーサ Ⓒ
SkyHelix Sentosa

高さ40mの展望タワー。最上部からは360°のパノラマビューが楽しめる。ドリンク付きなので休憩にも最適。

🏠41 Imbiah Rd. ☎6361-0088 ⏰10:00～21:00 🈺無休 💰大人S$20、子どもS$17 🚇セントーサ・エクスプレスのインビア駅から徒歩1分
www.mountfaberleisure.com
セントーサ島 ▶MAP 別P.22 B-2

Imbiah Trails

熱帯雨林の森を歩く

TOWN
シティ～マリーナ
チャイナタウン
チョン・バル
リトル・インディア
アラブストリート
ハジ・レーン＆バリ・レーン
カトン
セントーサ島

🌿 インビア・トレイルは地元の人に大人気。休日には家族連れの姿もちらほら。　183

🧳 Area Info ❷ 一日リラックスして過ごしたい

# Beach Area
## ビーチ・エリア

南国に来たからにはビーチリゾートも満喫しちゃおう！イベントを開催する店舗もあるので、行きたい人は事前に公式ホームページ（www.sentosa.com.sg）を要チェック。
Ⓐセントーサ・エクスプレスのビーチ駅から徒歩1分

セントーサ島 ▶MAP 別P.22 A~C-2・3~23 D-3

### ビーチ・エリアを回る交通手段
シロソ・ポイントからタンジョン・ビーチを東西に結ぶ無料循環バス。ビーチ全てに停留所があり、移動に便利。

**ビーチ・シャトル**
Ⓣ9:00～22:00（土曜は～23:30）Ⓗ無休 Ⓟ無料

ヤシの木が茂るビーチ・エリア

♫Sentosa Island **05**

# 誰と行く？どう過ごす？
# 目的別ビーチ選び

3つのビーチはそれぞれに特徴があるので、一緒に過ごす相手や過ごし方を考えて好みのビーチを探そう。ビーチ・シャトルで各ビーチをめぐってみるのもおすすめ☆

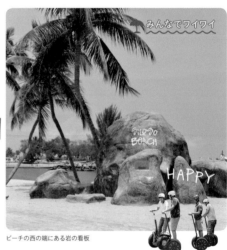
みんなでワイワイ

ビーチの西の端にある岩の看板

セントーサのメインビーチ
### シロソ・ビーチ Ⓔ
Siloso Beach

メガ・アドベンチャー（→P.67）などアクティビティやレストラン、バーがたくさん。

ゆっくり本を読んだり、海水浴したりと、過ごし方は人それぞれ

Ⓐセントーサ・エクスプレスのビーチ駅から徒歩10分

セントーサ島 ▶MAP 別P.22 A-2

🏖ファミリーで遊ぶ

吊り橋を渡った先には展望台もある

ファミリー向けの設備が充実！
### パラワン・ビーチ Ⓕ
Palawan Beach

子ども向けの遊び場が整っており、小さな子どもや家族連れにおすすめ。海面すれすれの吊り橋の先にある小島はアジア最南端の地。

Ⓐセントーサ・エクスプレスのビーチ駅から徒歩8分

セントーサ島 ▶MAP 別P.22 C-2

🏖恋人とまったり

東の端にある大人のビーチ
### タンジョン・ビーチ Ⓖ
Tanjong Beach

3つのビーチの中で南端にあるビーチで、ほかのビーチより比較的静かでのんびりした雰囲気が漂う。ゆっくりと過ごすのにぴったり。

Ⓐビーチ・シャトルのタンジョン・ビーチから徒歩5分

セントーサ島 ▶MAP 別P.23 D-3

まるでハワイみたいなロケーション

大人たちがのんびりと過ごしているのをよく見かける

## 🍴 Sentosa Island 06

# 昼間はビーチクラブで
# のんびりと過ごす

日差しが暑いお昼は、近くのビーチクラブやレストランで
おいしいランチやアルコールをいただきながら過ごすの
がおすすめ。日陰から輝く海を眺める贅沢タイムをぜひ。

店内のほかビーチフロントにも席がある

プールサイドで
ひと休み

サマー・サングリア S\$23（左）と
タンジョン・レモネード S\$10（右）

バラマンディという
魚のソテー S\$36

シロソ・ビーチを眺めてランチ
## コースツ Ⓗ
COASTES

シロソ・ビーチに面しており、席
は全て屋外。ビールやフードなど
リーズナブルな価格がうれしい。
隣接するサンドバーとビキニバー
も同店の経営。

🏠 50 Siloso Beach Walk
☎なし　⏰9:00〜21:30（金・土
曜は〜22:30）　㉻無休　🚌セン
トーサ・エクスプレスのビーチ駅
から徒歩5分
www.coastes.com
現金不可
クリーミーブラウンフェ
ットチーネ S\$28などフ
ードメニューが充実

`セントーサ島` ▶MAP 別P.22 B-2

ビーチもプールも満喫！
## タンジョン・ビーチ・クラブ Ⓘ
Tanjong Beach Club

タンジョン・ビーチ唯一の飲食店。クーラーの利いた室内レス
トランやプール、プールサイドバーも完備。プールサイドとビー
チサイドの席は夕日がきれいに見られると人気。

🏠120 Tanjong Beach Walk　☎9750-5323　⏰10:00〜20:
00（土・日曜、祝日は〜21:00）㉻月曜　🚌ビーチ・シャトルの
タンジョン・ビーチから徒歩2分
www.tanjongbeachclub.com

`セントーサ島` ▶MAP 別P.23 D-3

パイナップルの器
で提供されるピニ
ャコラーダ S\$26

光と映像をリンクさせて物語が進む

## 🎆 Sentosa Island 07

# ビーチが舞台のド派手
# ナイトショーを見る

ビーチリゾートな一日の締めくくりは光のショーへ。ビー
チ沿いで繰り広げられるショーは、ライトやレーザーの
ほか水に炎、花火まで飛び出し、大迫力！

水と光が作る幻想空間
## ウイングス・オブ・タイム Ⓙ
Wings of Time

パラワン・ビーチで行われる約20分のライトショー。2人
の若者が時空を超えて旅するストーリー仕立て。チケッ
トはセントーサ島内のカウンターならどこでもOK。

☎6361-0088　⏰19:40〜、20:40〜　㉻無休（悪天候時
は中止）　㊹S\$19　🚌セントーサ・エクスプレスのビーチ
駅から徒歩5分　www.onefabergroup.com

`セントーサ島` ▶MAP 別P.22 B-2

クライマックスには花火も登場！

火が飛び出すなどの演出がたくさん！

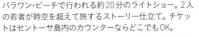
🌴 タンジョン・ビーチ・クラブでは、ビーチタオルのレンタルを行っているほか、更衣室も備えている。　185

TOWN
シティ〜マリーナ
チャイナタウン
チョン・バル
リトル・インディア
アラブ・ストリート
ハジ・レーン＆
バリ・レーン
カトン
セントーサ島

# 絶景ビューが広がる
# 話題のホテルに大興奮

CMや雑誌に登場する話題のホテルがたくさん。せっかく泊まるなら、普通のホテルじゃつまらない。SNSで"いいね"が付く個性派ホテルへ。

スペクトラが毎夜行われるマリーナ湾がプールの真下に位置するためプールに入ったまま眺めることも可能

憧れの景色とリゾートライフを満喫

絶景ビュー

地上200mもの高さにあるインフィニティ・プールから、シンガポールのスカイラインを堪能できる

斬新なデザインの名物ホテル

## マリーナベイ・サンズ
### Marina Bay Sands

3つのタワー型ビルの上に船が載ったような、特徴的なデザインが人気のラグジュアリーホテル。館内の設備は最新のものをそろえており、レストランやスパなど施設も充実している。

🏠 10 Bayfront Ave. ☎ 6688-8868
🕐 6:00～24:00（インフィニティ・プール）
🚃 MRTベイフロント駅から徒歩5分
**IN** 15:00 **OUT** 11:00 💰 1850
🈺 日により異なる　www.marinabaysands.com

`マリーナ` ▶ MAP 別 P.9 E-2

話題のワケ

◆ 建物
ホテル3棟は片面がカーブしたデザイン。その傾斜角度は最大26度！

◆ プール
最上階に位置するインフィニティ・プールでの遊泳は宿泊者のみの特権。

◆ 充実の施設
超大型ショッピングセンター、カジノ、シアターなどエンタメ施設も充実。

①モダンかつシックな内装のサンズ・プレミア・スイート　②見どころの多いマリーナ地区に立つ。ガーデンズ・バイ・ザ・ベイも徒歩圏内　③ロビーにあるアート作品「ドリフト」は高さが23mもある

# What is

## シンガポールのホテル

シンガポールはホテル代が高い。安ホテルだと、部屋が極端に狭いことも。

**予約の仕方**
予約はホテルに直接電話やオンライン、ホテル予約サイトからできる。

**値段の目安**
高級なら1泊S$300〜。エコノミーでS$150程度。ドミトリーはS$40〜。

環境に配慮したエコグリーンホテル

**絶景ビュー**

5階にはインフィニティ・プールがあり、グリーンとシンガポールの高層ビル群が一望できる

プールサイドには鳥カゴの形をしたリラックススペース「カバナ」がある

街なかのオアシスホテル

## パークロイヤル・コレクション・ピッカリング
### PARKROYAL COLLECTION Pickering

「ホテル・イン・ア・ガーデン」がコンセプト。ガラス張りの建物は、人が手を広げたようなデザインで、アーム部分がガーデンになっている。客室は、装飾を極力省いたシンプルで落ち着いた造り。

🏠 3 Upper Pickering St. ☎ 6809-8888
🕐 6:00〜20:00（プール）🚇 MRTクラーク・キー駅から徒歩6分 　IN 15:00　OUT 12:00
🛏 367 💰 アーバンズ・デラックス・ルーム S$400〜（サービス料、税金別途）
www.panpacific.com/en/about/about-pr.html

**チャイナタウン** ▶ MAP 別 P.15 D-1

**話題のワケ**

◆ エコホテル
太陽光発電や雨水の有効利用など、環境面に最大限に配慮している。

◆ 静かな空間
客室やロビーはモダンかつ落ち着いたインテリアで統一されている。

◆ ガーデン
ホテルの至る所に緑が配置されており、森の中に宿泊しているよう。

①棚田を思わせるようなデザインに、色鮮やかな緑が映える　②大きな窓からは陽光が降り注ぐ　③有機的なカーブが連続し、美しい

コロニアル調の建物が美しい

# クラシカルホテルでくつろぐ

① 一度は泊まってみたい 伝説的コロニアルホテル

気品あふれる老舗ホテル

## ラッフルズ・シンガポール
### Raffles Singapore

国賓も宿泊する最高級ホテル。吹き抜けのロビーは円柱やシャンデリアが豪華な雰囲気。客室はオールスイートで、調度品も趣味よくまとめられている。ホテル直結のラッフルズ・アーケード（→P.166）も必見。2年半に及ぶ改装を終え、2019年8月に再オープン。

♠ 1 Beach Rd. ☎ 6337-1886
⊗ MRTエスプラネード駅から徒歩2分
[IN] 15:00 [OUT] 12:00 ⊛ 115
⊛ スタジオスイート S$900〜（サービス料、税金別途）
www.raffles.com/singapore
シティ ▶ MAP 別 P.11 D-1

🏢 **History**
1887年に10室のバンガローとして開業し、改築を重ね現在の建物に。シンガポールを代表するホテルとなった。

①左右対称のコロニアル建築 ②ドアマンがエスコートしてくれる ③④クラシカルな客室はアメニティもおしゃれ

---

静かな公園に佇む

## ホテル・フォート・カニング
### Hotel Fort Canning

フォート・カニング・パーク内に佇む隠れ家ホテル。外観はクラシカルだが、内部はモダンでスタイリッシュな造り。周囲には店などがないので、静かに過ごせる。

♠ 11 Canning Walk
☎ 6559-6770
⊗ MRTドービー・ゴート駅から徒歩10分
[IN] 15:00 [OUT] 12:00 ⊛ 86
⊛ デラックス・ルーム S$285〜（サービス料、税金別途）
www.hfcsingapore.com
シティ ▶ MAP 別 P.10 A-1

大きな窓から陽光が差し込む客室。オープンなバスルームも魅力

外館はクラシカル 中はモダンなデザイン

🏢 **History**
イギリス植民地時代の1926年、当時の英軍司令部が置かれた建物を利用。2011年にホテルとしてオープン。

①ロビーの床にはこの土地から発掘された陶器などが展示されている ②外観は英軍司令部時代のまま ③カルキフリーのガーデンプール

シティホテルとは一線を画す、歴史的ホテル。クラシカルな内装は、異国情緒たっぷり。豪華な雰囲気に包まれるスペシャルな体験をしたいなら、ぜひここへ。

## What is

### クラシカルホテル

イギリス植民地時代の伝統的な建物を利用したホテルのこと。当時からホテルだったところと、改装してホテルとなったところがある。

アーリア様式の円柱が支えるクラシカルな建物

アトリウム・ロビーに位置する「コートヤード」

③
郵便局員スタイル☆

S$22
The Fullerton
Hotel Singapore

マーライオン背後の宮殿風ホテル
### フラトン・ホテル・シンガポール
**The Fullerton Hotel Singapore**

シンガポール川を見下ろす神殿のような重厚な建物。内部も大理石をふんだんに使った優雅な雰囲気で、居心地のよさはピカイチ。レストランも種類豊富。

🏠1 Fullerton Sq. ☎6733-8388
ⓍMRTラッフルズ・プレイス駅から徒歩4分
[IN] 15:00 [OUT] 12:00 ㊟400
㊟ コートヤード・ルーム S$580〜（サービス料、税金込み）
www.fullertonhotels.com 日本語OK
マリーナ ▶MAP 別P.8 B-1

**History**
1928年に建てられた旧中央郵便局を改装し、2001年にオープン。2015年には国指定の史跡として認定された。

①シティビューとリバービューの客室は全て外側に窓が付いている ②マリーナを望めるインフィニティ・プール ③ギフトショップではホテル限定のベアなどが買える

---

赤い尖塔が目印の優雅なホテル
### グッドウッド・パーク・ホテル
**Goodwood Park Hotel**

オーチャード・エリアに立つ、1900年築の5つ星ホテル。シンガポールで初めて導入されたというスイミングプールや、フィットネスセンターなどの施設もそろう。

🏠22 Scotts Rd. ☎6737-7411
ⓍMRTオーチャード駅から徒歩12分
[IN] 15:00 [OUT] 12:00 ㊟233
㊟ デラックス・メイフェア S$300〜（サービス料、税金別途）
www.goodwoodparkhotel.com
オーチャード・ロード ▶MAP 別P.21 D-1

**History**
1900年にドイツ人の社交クラブとして創業。その後ユダヤ人兄弟により、レストランとしての経営を経てホテルに。

お城のような外観をした伝統あるホテル

37〜44㎡と広めのデラックス・メイフェア。ミニバーやコーヒーメーカーなどの最新アメニティは全室に完備

①南国らしさたっぷりのメイフェア・プール ②すぐ外がプールのプール・サイド・スイート ③グレーに白の縁取りがされたクラシカルな外観

# いるだけで気分がアガる！
# おしゃれデザインルームを満喫

アーティスティックなホテルがブーム。斬新なデザインの部屋はいるだけで楽しい
気分になる。リゾートからシティホテルまで、3つのおすすめホテルをご紹介。

モダンアートが飾るコンテンポラリーな空間

### セントーサ島のリゾートホテル
## ダブリュ・シンガポール・セントーサ・コーブ
### W Singapore-Sentosa Cove

セントーサ島にある、リゾートタイプのラグジュアリーホテル。館内に配された個性的なアート作品の数々に注目して。

♠ 21 Ocean Way　☎ 6808-7288　⊗ セントーサ・バスのW Hotel/Quayside Isleから徒歩1分　IN 15:00　OUT 12:00　⊛ 240　㉖ ワンダフルルーム S$510〜（サービス料、税金別途）
www.marriott.com/hotels/travel/sinwh-wsingapore-sentosa-cove

`セントーサ島`　▶ MAP 別P.23 F-3

①大きな「W」のオブジェが配された屋外プール ②受付もモダンなデザイン ③客室によりデザインが異なる

おしゃれ☆Point

ロビーにはロダンの彫刻が置かれている

---

専用のパティオを備えたパティオ・ルーム

### 立地も抜群にいい
## ノーミ・ホテル
### naumi Hotel

スタイリッシュなデザインホテル。客室はデザインやテーマが異なる4種類。ホテル全体がノーミさんの家というコンセプトのため、友だちの家のようにくつろげる雰囲気。

♠ 41 Seah St.　☎ 6403-6000　⊗ MRTシティ・ホール駅から徒歩4分　IN 15:00　OUT 11:00　⊛ 73　㉖ ハビタット・ルーム S$280〜（サービス料、税金別途）
naumihotels.com/singapore

`シティ`　▶ MAP 別P.11 D-1

おしゃれ☆Point

屋上には宿泊者専用の見晴らしのよいインフィニティ・プールがある。

---

フロアにより異なるテーマが設けられている

### 古いショップハウスを改装
## スカーレット・シンガポール
### The Scarlet Singapore

チャイナタウンにあるブティックホテル。外観はクラシカルだが、中はゴージャスでモダンな雰囲気。上層にはチャイナタウンを見渡すジェットバスもある。

♠ 33 Erskine Rd.　☎ 6511-3333　⊗ MRTマックスウェル駅から徒歩2分　IN 14:00　OUT 12:00　⊛ 80　㉖ デラックスルーム S$208〜（サービス料、税金別途）
thescarletsingapore.com

`チャイナタウン`　▶ MAP 別P.15 D-2

おしゃれ☆Point

アールデコ調の建物とショップハウスが連結。どちらも築100年を超える

STAY
04

## 旅費を抑えるなら
# S$100台以下で泊まって節約

安くておしゃれなホテルが続々オープン。中心部からは少し離れているけれど、
タクシーなら移動も楽々！ コスパ重視派に送るホテルはこちら。

①

優秀デザインが目を引く
### ホテル・ヤン
**Hotel YAN**

リトル・インディアからほど近く、おしゃれなカフェなどが増えている注目地区にある。客室はやや狭いながら、空間を有効利用する工夫がたくさん。

🏠 162 Tyrwhitt Rd. ☎ 6805-1955
Ⓜ MRTベンデメール駅から徒歩6分
[IN] 15:00 [OUT] 11:00 🛏 69
www.hotel-yan.com

`リトル・インディア` ▶ MAP 別 P.17 F-1・2

| TYPE | スーペリア・ツイン |
|------|------|
| PRICE | S$160〜（サービス料、税金別途）|

①金銀銅板を組み合わせた個性的なデザイン　②ロビーでは世界中の若者が行き交う。女性の利用者が多い　③デラックス・ダブル・ウィズ・バルコニーの客室

ロビーでは近所のレストランやカフェの情報を教えてくれる

ファミリーに人気があるプール

リーズナブルだけど設備充実！
### メルキュール・シンガポール・ティアウィット
**Mercure Singapore Tyrwhitt**

近年人気のリーズナブルなホテルチェーン。2015年にオープンしたこちらは客室も比較的広く、コスパよし。小さいながらもプールもあり、居心地がいい。

🏠 165 Tyrwhitt Rd.
☎ 6340-1188
Ⓜ MRTベンデメール駅から徒歩5分
[IN] 15:00 [OUT] 12:00 🛏 270
mercuretyrwhitt.sg-singapore.com

`リトル・インディア` ▶ MAP 別 P.17 F-1

| TYPE | クラシック・ダブル |
|------|------|
| PRICE | S$170〜（サービス料別、税金込み）|

客室はスタンダードでも十分な広さ

シンガポール随一の大型ホテル
### ホテル・ボス
**Hotel Boss**

マラバー・モスクの向かいにある大型ホテル。客室数1500だけあって、ロビーは広々。レストランやプール、フィットネスセンター、ランドリーなど設備も充実している。

🏠 500 Jalan Sultan
☎ 6809-0000
Ⓜ MRTラベンダー駅から徒歩6分
[IN] 15:00 [OUT] 11:00 🛏 1500
www.wwhotels.com/hotel-boss

`アラブ・ストリート` ▶ MAP 別 P.19 D-1

| TYPE | スタンダード・ダブル |
|------|------|
| PRICE | S$130〜（サービス料、税金込み）|

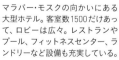

ハレ旅
Info

# 5ステップで
# あわてず出国！あわてず帰国！

時間ギリギリになってあわてて出国・帰国しないよう、あらかじめ全体の流れを把握しておこう。
交通機関の乱れに備えて、時間に余裕を持って空港に到着しておけば、もしもの場合も一安心。

## 日本 ⇒ シンガポール

 **STEP1** 日本で

紙の出入国カードにかわりオンラインで
SGアライバルカードと健康申告書の登録
が必須に。出発までに済ませておくこと。

 **STEP2** 到着

空港に到着したら、案内板に従い入国審
査へ向かう。外国人専用のカウンターに
並び、順番を待つ。

 **STEP3** 入国審査

入国審査でパスポートとSGアライバルカー
ドのダウンロード画面または書面を提出、顔
と指紋を撮影。自動化ゲートの場合もある。

 **STEP4** 荷物受け取り

搭乗した便名が表示されたターンテーブ
ルで、預けた荷物を受け取る。荷物の取
り間違えに要注意。

> 荷物に目印を
> つけておこう！

 **STEP5** 税関審査

申告するものがある場合は、税関申告書
に記入し赤の通関路へ進む。ない場合は、
緑の通関路を通り出口へ。

**入国必須 POINT**

**パスポート：滞在日数＋6カ月以上**
パスポートの有効期限は、滞在日数分も含める
のでくれぐれも注意しよう！

**ビザ：不要**
滞在日数が30日以内であれば不要。ただし、入
国時に帰国用の航空券を所持する必要がある。

## シンガポール ⇒ 日本

 **STEP1** 免税手続き

> 書類を忘れずに

1回の買い物でS$100以上を使った人は、
免税手続きをしよう。条件を満たしてい
れば、税金の還付が受けられる。

 **STEP2** チェックイン

搭乗手続きは、日本とほぼ同じ。カウン
ターでパスポートとeチケットを提示し、
搭乗券を受け取る。

 **STEP3** 出国審査

カウンターでパスポートと搭乗券を提示
する。今後パスポート不要で自動ゲート
化の予定。

 **STEP4** 手荷物検査

手荷物検査とボディチェックを受ける。
液体類などは、出国時と同様に制限があ
るので注意しよう。

**STEP5** 搭乗

> 乗り遅れないように
> 気を付けて

搭乗30分前までに、搭乗ゲートへ。出国
エリアには多種多様な店がそろっており、
買い物が楽しめる。

**帰国必須 POINT**

**税金の払い戻し**
加盟店でS$100以上の買い物をした場合、申
告すれば還付される。

**おみやげの持ち込み**
果物や肉製品、植物は日本へ持ち帰ることがで
きない。

---

**シンガポール 持ち込み NG**
- ✕チューインガム　✕噛みたばこ類、電子たばこ
- ✕わいせつな雑誌・ビデオ
- ✕麻薬　✕ピストル型のライター　✕花火・爆竹

**機内 持ち込み NG**
- ✕100mℓ以上の液体類（ジェル、エアゾール類含む）
- ✕高圧ガス　✕引火性液体　✕火薬類
- ✕可燃性物質　✕刃物類　✕工具類

---

### 出国・免税範囲

| | |
|---|---|
| 酒 | 計2ℓまで。（蒸留酒1ℓ＋ワイン1ℓ、蒸留酒1ℓ＋ビール1ℓ、ワイン1ℓ＋ビール1ℓ、またはワイン2ℓ、ビール2ℓの5通りの組み合わせ以内の量なら免税） |
| 物品 | 身の回りの物で総額S$600未満 |
| たばこ | 日本国内で販売されているたばこはすべて持ち込み不可 |
| 通貨 | S$2万以上は要申告 |

### 帰国・免税範囲

| | |
|---|---|
| 酒 | 1本760mℓのもの3本 |
| 香水 | 2オンス（約56mℓ） |
| たばこ | 紙巻きたばこ200本、加熱式たばこ個包装10個、葉巻たばこ50本、またはその他のたばこ250g |
| その他の品物 | 海外市価の合計額20万円以内 |

# 【SGアライバルカードについて】

シンガポールでは2020年に紙の出入国カードが廃止され、オンラインのSGアライバルカードに変更された。シンガポール到着の3日前からオンラインで登録できる。

## SGアライバルカードの登録

シンガポールの入国管理局（ICA）のウェブサイトから登録できる。下記ウェブサイトのトップ画面からプルダウンで日本語も選択可能。登録にはパスポート番号や生年月日、現地滞在ホテル、到着便の便名やコードが必要となるので用意しておくとスムーズ。登録が完了するとメールで登録番号の記された書類（Electronic Visit Pass）が送られてくるので、スマートフォンにダウンロードするかプリントアウトして持参する。

## 【日本帰国後】

日本帰国後は入国手続きを済ませ、ターンテーブルで機内預け荷物を受け取り税関へ。税関では「携帯品・別送品申告書」の提出が必要だが、入国手続オンラインサービス「Visit Japan Web」に事前登録すれば不要となる。

SGアライバルカード
申請はこちら

# 免税手続き方法

シンガポールのホテルやレストラン、ショップは9%の消費税（GST）が課される。買い物のみ、一定条件を満たせば還付してもらえる。

 **STEP1**
## 買い物の際に
店頭に「TAX FREE」の表示がある店で1回につきS$100以上の買い物をしたら、クレジットカードを提示し購入履歴を記録してもらう。現在はeTRC（旅行者払い戻しの電子認証システム）が導入されているので、書面の免税書類をもらう必要はない。ただし現金で支払う場合、パスポートを提示し免税書類（eTRSチケット）を受け取る。

**STEP2**
## 空港で書類を提出
出国時に購入履歴を記録してもらったカードを持って、eTRSセルフサービス・キオスクで手続きを行う。手続きを完了すると受付通知票が発行されるので、それを見て税関検査カウンターへ立ち寄る必要があるか確認すること。必要な場合は税関検査カウンターで購入品の検査を受ける。

**STEP3**
## 還付金を受け取る
還付金は、チャンギ国際空港なら現金、クレジットカード口座への振り込みのいずれかを選択。現金での払い戻しは、出国審査のあとにあるセントラル・リファンド・カウンターで受付通知票を提示して受け取る。

### 消費税（GST）還付の条件

- 店に「TAX FREE」の表示があること
- 商品を購入した日の年齢が16歳以上
- シンガポール国民、または永住者ではないこと
- 購入した日から2カ月以内に、チャンギ国際空港またはセレター空港から、購入品を国外に持ち出すこと

チャンギ国際空港の払い戻しカウンター

# 空港をマスターしてベストな
# 移動手段で市内へ繰り出そう！

世界一の空港と称されるシンガポールの玄関口、チャンギ国際空港。
ターミナルが4つあり、施設やサービスも充実。
かなりの広さなので事前に空港内を知っておきスムーズな旅のスタートを切ろう。

## チャンギ国際空港

東南アジアのハブ空港として知られるチャンギ国際空港。シンガポールの東部沿岸に位置し、4つのターミナルから成る。空港内は飲食店やショップなどが充実。各ターミナル間はモノレール、スカイトレインも運行しており、簡単に行き来できる。

☎6595-6868　www.changiairport.com
郊外 ▶MAP 別P.5 F-2

空港内は緑がたくさん。

### ✈ 主な航空会社

| ターミナル1 | 日本航空、スクート航空、カタール航空 |
|---|---|
| ターミナル2 | 全日空、シンガポール航空、ユナイテッド航空 |
| ターミナル3 | シンガポール航空、チャイナエアライン、アシアナ航空 |
| ターミナル4 | エア・アジア、ジェットスター航空、セブ・パシフィック航空 |

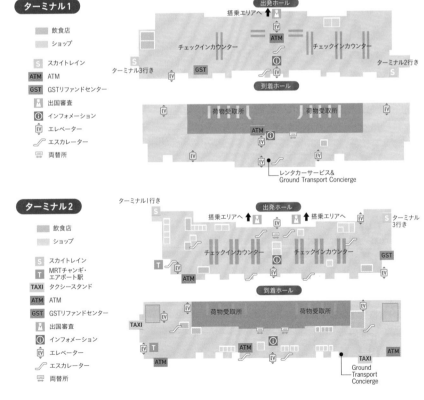

### ターミナル1

- 🟫 飲食店
- 🟨 ショップ
- **S** スカイトレイン
- **ATM** ATM
- **GST** GSTリファンドセンター
- 🛂 出国審査
- ⓘ インフォメーション
- 🛗 エレベーター
- 🛗 エスカレーター
- 💱 両替所

出発ホール
搭乗エリアへ
ATM
チェックインカウンター　　チェックインカウンター
ターミナル3行き　　GST　　ターミナル2行き
到着ホール
荷物受取所　　荷物受取所
ATM
レンタカーサービス&
Ground Transport Concierge

### ターミナル2

- 🟫 飲食店
- 🟨 ショップ
- **S** スカイトレイン
- **T** MRTチャンギ・エアポート駅
- **TAXI** タクシースタンド
- **ATM** ATM
- **GST** GSTリファンドセンター
- 🛂 出国審査
- ⓘ インフォメーション
- 🛗 エレベーター
- 🛗 エスカレーター
- 💱 両替所

ターミナル1行き
出発ホール
搭乗エリアへ　　搭乗エリアへ　　ターミナル3行き
チェックインカウンター　　チェックインカウンター
ATM　　GST
到着ホール
荷物受取所　　荷物受取所
TAXI
ATM　　ATM
TAXI
Ground Transport Concierge

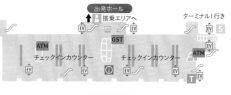

## ターミナル3

- 飲食店
- ショップ

| | |
|---|---|
| **S** | スカイトレイン |
| **T** | MRTチャンギ・エアポート駅 |
| TAXI | タクシースタンド |
| ATM | ATM |
| GST | GSTリファンドセンター |
| | 出国審査 |
| | インフォメーション |
| EV | エレベーター |
| | エスカレーター |
| | 両替所 |

出発ホール
搭乗エリアへ

チェックインカウンター　　チェックインカウンター

ターミナル1行き

到着ホール

荷物受取所

## ターミナル4

2017年にオープンした新ターミナル。有人カウンターを少なくしてチェックイン用のキオスクをたくさん設置したり、自動手荷物預け機や自動出国審査ゲートを採用するなど、無人化を図った近未来的なターミナルだ。2024年2月現在、日本発着の便は就航していない。

# 【市内へのアクセス】

空港から市内への交通手段は主に4つ。
到着時刻に合ったベストな移動手段を事前に確認しておこう。

## 🚆 MRT｜地下鉄

**約30分**

MRTチャンギ・エアポート駅は空港のターミナル2と3の中間あたりの地下にある。中心部へはタナ・メラ駅でイーストウエスト線に乗り換える。

| | |
|---|---|
| 運行時間 | 5:31～23:18（日曜、祝日は5:59～） |
| 基本料金 | シティ・ホール駅までS$2.04、オーチャード駅までS$2.10 |
| 所要時間 | 約30分 |

## 🚌 BUS｜市バス

**約60分**

各ターミナルの地下にバスターミナルがある。お釣りが出ないので、空港の両替所などで小銭を用意してから乗車しよう。36の市バスに乗ると市内へ行ける。

| | |
|---|---|
| 運行時間 | 6:00～23:00頃（路線により異なる） |
| 基本料金 | S$2.10～ |
| 所要時間 | 約60分 |

## 🚗 TAXI｜タクシー

**約30分**

到着ロビーにタクシースタンドがある。料金はタクシー会社により異なる。また、空港特別料金のS$6（17:00～24:00はS$8）が加算される。タクシー配車アプリ（→P.199）を使用しての移動もできる。

| | |
|---|---|
| 基本料金 | S$30～35（ピークアワー・深夜S$35～45） |
| 所要時間 | 約30分 |

## 🚌 BUS｜エアポート・シャトル・サービス

**約30分**

市内の主要ホテルやビジネス街まで運行する乗り合いシャトルバス。各ターミナルの到着ロビーにあるGround Transport Conciergeで申し込みを行う。

| | |
|---|---|
| 運行時間 | 7:00～23:00の1時間に1便 |
| 基本料金 | S$10 |
| 所要時間 | 約30分 |

# 空港直結のS.C.でかけ込みショッピング！

チャンギ国際空港は、ジュエルという大型のショッピングセンターを併設している。
早めに空港に到着したら、最後のショッピングを楽しもう！

ターミナル1～3に連結！
## ジュエル・チャンギ・エアポート
Jewel Changi Airport

世界一という屋内滝を中心に、約280の店舗が入る
ショッピングセンター。買い物やグルメが楽しめるほ
か、中央の滝を利用したライトショー（→P.35）やアト
ラクション、マッサージなども楽しめる。

フライト時間に余裕を持って訪れよう

滝を取り囲んで
ショップが並ぶ

🏠78 Airport Blvd. ☎6956-9898
🕙10:00～22:00（店舗により異なる）
㊡無休 ⊕チャンギ国際空港に直結
www.jewelchangiairport.com
郊外 ▶MAP 別P.5 F-2

## ジュエル内のおすすめショップ＆グルメ

ショッピングセンター内にある店舗のうち、本書で紹介のある店をピックアップして紹介。

### 🛍 ブンガワン・ソロ
Bengawan Solo

オリジナルクッキーが人気の菓
子店。シンガポールのテッパン
みやげとして有名で、パッケー
ジもキュート。

🏠#01-228/229
🕙10:00～22:00
>>>P.140

### 🛒 フェア・プライス
Fair Price

シンガポールのローカルスー
パーマーケット。リーズナブル
な食品みやげを探しているなら
ここは外せない。

🏠#B2-205～208
🕙10:00～23:00
>>>P.145

### 🛒 ユー・ヤン・サン
Eu Yan Sang

漢方グッズを扱っている。オリ
ジナルのスープパックはS$10
前後とおみやげに最適。ツバメ
の巣など高級系も。

🏠#B2-219
🕙10:00～22:00
>>>P.157

### 🍴 ヤ・クン・カヤトースト
Ya Kun Kaya Toast

シンガポールの朝食の定番であ
る、カヤトーストが食べられる。
オリジナルのカヤジャムもおす
すめ。

🏠#01-K206/207
🕙7:30～22:00
>>>P.99

### 🍴 PS.カフェ
PS. Cafe

おしゃれカフェの代名詞的存
在。スイーツのほかフードメ
ニューも充実している。一部テ
イクアウトも可能。

🏠 #02-244-245 🕙11:00～
22:00（土・日曜は9:30～）
>>>P.106

### 🍴 バード・オブ・パラダイス・ジェラート
Birds of Paradise Gelato

ナチュラル系ジェラートの火
付け役。シンガポールらしいフ
ルーツ系のフレーバーも豊富に
揃っている。

🏠#01-254 🕙10:00～22:00
>>>P.111

ハレ旅
**Info**

INFORMATION
出入国
空港
市内への移動
交通
お金
Q&A

# シンガポールで スマートフォンを使うには

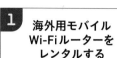

今や海外旅行でも、スマートフォンは手放せない時代。
コロナ後はさらにその傾向が強まり、快適に旅をするには必須アイテムとなっている。
日本のスマートフォンを海外で使うハウツーと便利なアプリを紹介。

## 1 海外用モバイル Wi-Fiルーターを レンタルする

最もポピュラーな方法。ローミングサービスは使用せず、小型のモバイルルーターからWi-Fiを利用してインターネットに接続する。ネットは問題なく見られるが、電話はできない。グローバルWi-Fiなど数社がサービスを提供。日本でネット申し込みをし、出発空港で受け取る。

## 2 現地で プリペイド式の SIMを購入する

現地到着後、プリペイドSIMを購入し入れ替える方法。ネットのほか電話も利用できる。チャンギ国際空港内の両替所で購入できるほか、町中のコンビニなどでも扱っている。入れ替えたあとは設定が必要となる。料金はサービス、データ通信量により異なるがS$15くらいが目安。

## 3 日本キャリアの サービスを使う

日本で特に事前手続きをせずにスマホをシンガポールで使うと、国際ローミングサービスを海外パケット定額で利用することになる。料金はキャリアやサービスにより異なるので、事前に調べておくとよい。事前に申し込める格安プランなどもある。

\ シンガポールで使える! /

## おすすめ無料アプリ

現地で必須のタクシー配車や地図アプリのほか、便利なフード&トラベルサービスまで、シンガポール旅行をスムーズにする無料アプリを厳選!

タクシー配車ならこれ!

### Grab (グラブ)

公共&個人タクシーの配車アプリ。利用は出発地点と到着地点を入力するだけと簡単。クレジットカードを登録すれば支払いもアプリ上でやってくれる。

レストランを予約できる

### Chope (チョップ)

シンガポール発祥のレストラン予約アプリ。電話をせずアプリ上で予約ができるので、英語で話すのが苦手という人でも安心。お得なクーポンもある。

ローカルフード
デリバリー

### foodpanda (フードパンダ)

シンガポールではUber Eatsなどよりもこちらが一般的。ピンクのかわいいロゴが目印。ネットで注文すればホテルの部屋まで料理を届けてくれる。

現地の地図アプリ

### Singapore Map (シンガポール・マップ)

シンガポール国内の地図アプリ。現在地からの行き方や所要時間が検索できる。あらかじめ地図データをダウンロードしておけばオフラインでも使える。

観光情報が
盛りだくさん!

### Visit Singapore (ビジット・シンガポール)

シンガポール観光局の公式アプリ。見どころやアクティビティ、イベントなどの観光情報からレストラン、ショッピング、交通情報が紹介されている。

ツアー&体験を
予約できる

### Klook (クルック)

現地ツアーやアクティビティ、スポーツ観戦やコンサート鑑賞などのチケットを予約できる。リゾート・ワールド・セントーサや博物館チケットも予約可能。

海外でもやっぱりこれ!

### Google Maps (グーグルマップ)

言わずもがなの有名アプリ。シンガポールでも存分に活躍できる。特に市バスでは行き先検索でバスの番号や所要時間が分かるので非常に便利。

コミュニケーション
ツール

### WhatsApp (ワッツアップ)

シンガポールでは、LINEよりもこちらが主流。現地で仲良くなった人とコンタクトを取るなら入れておきたい。最近ではアプリで予約できる店も多い。

現地のSIMを使う場合、日本で使うSIMは取り外すことになる。絶対になくさないこと!

# 市内めぐりに便利な交通手段
# 公共交通機関とタクシーをチェック!

交通機関はどれも安くて便利! 計画的に移動するならMRT、
初心者には確実に目的地へ行けるタクシー、道を把握している上級者なら市バスがおすすめ。
乗り方のコツを押さえて、賢く移動しよう!

\ 安くて速くて便利! /

地下鉄
MRT

中心部だけでなく郊外をも網羅するMRTは、安くで簡単に乗れるので便利。路線は、イーストウエスト、ノースサウス、ノースイースト、サークル、ダウンタウン、トムソンイーストコーストラインの6つ。

| 基本料金 | S\$1.10〜 |
|---|---|
| 運行時間 | 5:30〜24:00(線により異なる) |

## カードの種類

**イージー・リンク・カード**

MRTと市バス兼用のプリペイド式カード。料金はS\$10で、利用可能額はS\$5(S\$5はカード代)。主要なMRTの駅やセブン-イレブンで購入できる(残額はチケットオフィスで払い戻し可)。購入場所は改札横の有人カウンターまたはチケットオフィスで。カードは表面と裏面があり、表面は日本のアニメや映画などのかわいい絵柄がプリントされ、裏面にはカード番号などが記載されている。

コンビニなどでの支払いにも使える!

**シンガポール・
ツーリスト・パス**

MRTと市バスが乗り放題になるカード。1日券S\$22(デポジットS\$10を含む)。カードは主要なMRTの駅窓口で購入でき、5日以内に返却するとデポジットが返金される。

**スタンダード・
チケットは廃止**

2022年3月にスタンダード・チケットが廃止され、ICチャージ式のイージー・リンク・カードやシンガポール・ツーリスト・パスなどのプリペイド式カードが必須となった。非接触タイプのクレジットカードでも利用可。

## MRTの乗り方

① **駅を見つける**

MRTの各駅には看板があるので目印にしよう。なお駅の出口は1つではなく、いくつかある。

② **カードを用意**

利用できるカードを用意する。チャージ金額がS\$3以下だと利用できないのでチャージすること。

③ **改札機を通る**

カードを改札機のセンサーにタッチするとゲートが開く。ピッと音がしっかり鳴るまでかざしておこう。

④ **乗車する**

路線は5色に色分けされており、ホームが異なる。掲示板の案内に従えば、迷うことなくホームへたどり着ける。

**チャージ方法**

自動券売機のカードリーダーにカードを置き、チャージしたい金額を選択。S\$10単位でチャージできる。

**MRTの禁止事項**

CHECK!

MRT内にも厳しい罰則事項がある。ついうっかりしていると違反してしまうこともあるので、乗車するときはよく注意しておこう!

✗ ホーム内・電車内は飲食禁止
✗ 禁煙
✗ ドリアン持ち込み禁止
✗ 可燃物性物の持ち込み禁止

\ 移動がラクチン！ /

# タクシー
## TAXI

シンガポールのタクシーは日本と比べてかなり安い。現金のほかカード支払いもでき、気軽に利用できる。タクシー会社により初乗り料金が異なるので、乗車前に確認しよう。

| 基本料金 | 初乗りS$4.10～ |
|---|---|
| 運行時間 | 24時間 |

## 乗り方

**① タクシーをつかまえる**
手を挙げてTAXIと表示されたタクシーをつかまえよう。HIREDは乗車中、ON CALLは迎えに行く途中なので停まらない。

**② 行き先を伝える**
乗車したら、ドライバーに行き先を伝える。住所を見せたほうが確実。ときどき、片言の日本語を話せる運転手もいる。

**③ 支払い**
目的地に到着したら、メーターに表示された金額を支払い降車。現金のほか、カードを利用できるタクシーもある。

### CHECK!

**料金について**

**初乗りの料金**
タクシー会社によって初乗り料金が異なる。料金は、タクシーの後部座席の窓に表示されているので、乗る前にチェックしよう。

**追加料金**
朝や夕方のラッシュ時や深夜、ERPゲートを通ると曜日や時間によって、通行料金を課される。ほか乗車する場所によるロケーションチャージ（→P.22）もある。
深夜（24:00～翌5:59）:**50%増し**
ピーク時（月～金曜6:00～9:30、月～日曜、祝日18:00～24:00）:**25%増し**
ERPゲート通過:**S$0.5～6**

**タクシーの停め方**

**道路で停める**
車の通りが少ない道路であればタクシーを停められるが、交通量の多い大通りで停めるのはNG。

**タクシースタンド**
タクシースタンドは、ショッピングセンターやホテル、MRTの駅や大通りなどに設けられている。

**タクシーの呼び方**

**配車アプリを利用**
タクシーを呼ぶなら、Grabなどのタクシー配車アプリが便利。スマホがオンラインなら目的地を入力するだけ。

---

\ 上級者向け /

# 市バス
## BUS

市内から郊外まで路線が複雑に張りめぐらされている。シンガポールの公共交通機関の中で最も安いが、車内アナウンスやバス停の名前がないため、乗りこなすのは難しい。

| 基本料金 | S$1.10～ |
|---|---|
| 運行時間 | 5:00～翌1:00（路線により異なる） |

## 乗り方

**① バスを停める**
バス停を見つけて待つ。バスが来たら、手を挙げて停める。乗る前に、行き先や路線を確認しよう！

**② 支払い**
前のドアから乗車し、乗車時に端末にカードをタッチ。降車時にも忘れずにタッチすること。

**③ 降車**
目的地が近付いてきたら、STOPと書かれた赤いボタンを押して知らせる。到着したら後方のドアから出る。

### CHECK!

**目的地を知らせてくれる**
バス停には名前がなく、分かりづらい。場所がよく分からないときは、運転手に目的地に到着したら知らせてくれるようにお願いしよう。

**イージー・リンク・カードが便利！**
MRTと同様、バスでもイージー・リンク・カードが使える。乗車時と降車時に設置された機械にタッチするだけなので簡単！

---

タクシーの運転手は、気さくで親切な人が多く観光情報が聞ける場合も。普通車タイプの個人タクシーもある。　199

# 知って得する！
# シンガポールのお金事情

ハレ旅 Info

使い慣れないシンガポールドルに、戸惑うこともしばしば。
スムーズに会計できるようにお金のことを知っておこう。
両替やクレジットカード、税金も使い方次第で節約できる、お得な情報もチェックして！

## シンガポールの お金とレート

通貨単位はシンガポールドル（S$）、補助単位はセント（C）。一般的に、「ドル」や「セント」と発音する。

### S$1≒112円

（2024年2月現在）

### 硬貨

シンガポールの観光地がデザインされている。

C 5　　C 10　　C 20

C 50　　S$1

### 紙幣

高額なS$100はほとんど流通していない。

 S$2

 S$5

 S$10

 S$50

 S$100

---

## RULE 1 シーンに合わせて賢く両替！

日本円を現地通貨に替えるなら、レートがいいシンガポールで行おう。両替所は、空港や街なか、ショッピングセンター内など至る所にある。どこもほとんどレートが変わらないが、週末はレートが悪くなるので平日に両替するのがおすすめ。

### 空港
チャンギ国際空港の各ターミナルの到着ロビーにある。24時間営業なので、いつでも両替ができて便利。

到着して
すぐ両替できる！

### 両替商
ほとんどの両替商は、ショッピングセンターの中にある。買い物中に現金がなくなったときに利用したい。

現金がなくなっても
安心！

### 銀行
街なかにある銀行でも両替できる。ただし、土・日曜、祝日は閉まってしまうので平日に利用しよう。

場所や銀行によっては
土曜も営業している

### ホテル
現金がすぐに必要なときは、ホテルのレセプションで両替してもらうといい。レートはよくない。

緊急で
両替したいときに

### 日本円が使える店

店によりレートの差があるが、日本円の現金を利用できる店もある。日本円で会計した場合、お釣りはシンガポールドルで返ってくる。レートは前もって調べておこう。

## POINT

**イージー・リンク・カードはここでも使える！**

MRTやバスで使うプリペイドカードは、電子マネーとして利用可能。セブン-イレブンなどのコンビニエンスストアや、コールド・ストレージなどのスーパーマーケットで使える優れもの。一部の店では、チャージもできる。

---

---

事前にPIN（暗証番号）の確認を！

## RULE 2　ATMを使う

Visaなどの国際ブランドのカード（クレジット・デビット・トラベルプリペイド）なら、現地ATMで現地通貨が引き出せる。PINのほか限度額、クレジットカードは海外キャッシングの可否を確認。

**① カードを挿入**
利用できるカードの種類を確認し、ATMにカードを挿入する。

**② 言語を選択する**
画面に、言語選択の画面が表示される。英語と中国語があるので、希望の言語を選択。

**③ PIN（暗証番号）を入力する**
カード決済の際の、4桁の暗証番号を入力。

**④ 取引と口座を選択**
取引はWITHDRAWAL（引き出し）を選択する。そのあとは口座選択で、クレジットカードはCREDIT CARD、ほかはSAVINGS ACCOUNT。

**⑤ 引き出し金額を選択**
表示された金額を選び、お金を引き出す。金額を入力するならOTHER CASH AMOUNTSを押す。

### ● 海外ATM単語帳

| | | | |
|---|---|---|---|
| 口座 | ACCOUNT | 預金 | SAVINGS |
| 金額 | AMOUNT | 取引 | TRANSACTION |
| 訂正 | CLEAR | 振り込み | TRANSFER |
| 支払い | DISPENSE | 引き出し | WITHDRAWAL |

---

## RULE 3　カードを活用

シンガポールでの支払いはカードが主流。ホテルやレストラン、ショッピングセンターのほか小売店や飲食店、一部のタクシーでもカードを使える。持ち歩く現金を最小限にできるので、安心して観光を楽しめる。

## RULE 4　現金が使用できない店も

コロナ以降、シンガポールでは非接触型の店が増え、一部では現金が使用できないという場合も。またクレジットカードはPINコード入力よりも非接触型決済が主流となっている。

## RULE 5　シンガポールドルは使い切ろう

余った現金はカードと合わせて支払い、使い切るのがおすすめ。再両替すると二重に手数料がかかるので、現地通貨は使い切れる分だけ用意しよう。

## RULE 6　税金を返してもらう

商品やホテル料金に9％の消費税が加算されている。1回の買い物につき、税込みでS$100以上の商品を購入したなどの条件がある。所定の手続き（→P.193）をとり申請すれば、税金が戻ってくる。

**シンガポールはチップの習慣なし！**
日本と同様、チップの習慣はない。レストランやホテルの宿泊料にはサービス料が加算されているため、別途で支払う必要はない。

---

# 困った！ どうする？ の
# ベストアンサー総集編

シンガポールは同じアジアでも、習慣はまるっきり違う。
慣れない土地で、トラブルに巻き込まれたらせっかくの旅行も台無しに！
出国する前に、分からないことを予習しておけば、もしものときも安心。

## ネットに接続したい！

### 使う頻度で方法を選ぼう

ショッピングセンターや主要なエリアでは無料
Wi-Fiが利用できる。場所を気にせずネットに
接続したいなら、ルーターをレンタルしよう。

---

**手段1** **公共の無料Wi-fi**

チャイナタウンなどの主要エリアやショッピングセンター
では、無料でネットに接続可。レストランでも無料で使える
ところもあるので、スタッフに尋ねてみよう！

**手段2** **ルーターをレンタル**

場所や時間を気にせずネットを使いたいなら、ルーターを
レンタルするのがおすすめ。1日単位でも借りられる。羽田
空港や成田空港、ネットからも申し込みできる。

**手段3** **ホテルの無線LAN**

ほとんどのホテルは、ロビーや客室から無料でネットが使
える。フロントでもらったパスワードを入力し、ログインす
る。有料の場合もあるので、事前に確認を。

## 水が飲みたい！

### 水道水も飲めるが
### 買ったほうがベター

シンガポールの水道水は、マ
リーナ湾に貯まった水を浄化
している。衛生面は心配ない
が、気になる人は市販の水を
買おう。シンガポールのご当
地ドリンク、微炭酸飲料水の
100PLUSもおすすめ。

## 電話をかけたい！

### ホテルの電話か
### 携帯電話を使おう

電話をかけたいときは、ホテルの客室か携帯電
話を利用する。街なかにあるカードタイプの公
衆電話からも国際電話がかけられる。

---

### ☎ シンガポール→日本の場合

| 001 | + | 81 | + | 0をとった相手の番号 |

国際電話　　　　日本の
識別番号　　　　国番号

### ☎ 日本→シンガポールの場合

| 010 | + | 65 | + | 0をとった相手の番号 |

国際電話　　　シンガポールの
識別番号　　　　国番号

＊ホテルからかける場合は別途手数料がかかるので注意。
＊マイラインに登録していない場合、国際電話識別番号の前に、各
電話会社の識別番号が必要なこともある。

### 📱 携帯電話なら

ローミングサービスに加入していれば日本と同じように使
うことができる。ただし、料金が高額になることがあるので
注意が必要だ。詳細は各社に問い合わせよう。

## 日本から持ってきた
## 電化製品を使いたい！

### 電源プラグを持参しよう

シンガポールの電圧は230V。コンセントは四
角いピンのBFタイプが一
般的だが、丸いピンのB3
タイプもある。日本製品
を使うなら変圧器が必要。

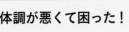

## 体調が悪くて困った!

### BEST ANSWER 保険加入の有無で流れが変わる!

体調を崩したら、まずはホテルフロントに相談しよう。病院にかかる必要がある場合は、保険加入の有無により対処の流れが異なる。

---

### 保険加入済みなら…

事前に旅行保険に加入しておけば、帰国後に治療費を請求できる。ネットからも簡単に申し込めるので、加入をしておこう。

**① 保険会社に連絡**
保険会社のアシストケアセンターなどに連絡。提携の病院を紹介してもらい、該当の病院に向かう。日本語が可能な病院を紹介してもらえることも。

**② 病院で治療**
病院で治療を受けたら、帰国後の海外旅行保険の請求に必要となる診断書を忘れずに書いてもらう。治療請求書や領収書も大切に保管しておこう。

**③ 支払い**
海外旅行保険証やキャッシュレスサービスの用紙を病院に提出すれば自己負担は不要。立て替えの際は忘れずに診断書、治療請求書、領収書をもらっておく。

**④ 保険会社に連絡**
事故にあった日、または病気になった日から30日以内に保険会社に連絡を。事故や病気の状況説明、必要書類の提出などをして、保険請求の手続きをとる。

### 保険未加入なら…

保険に加入していないと治療費の請求が高額になる場合も。万が一に備え、日本から常備薬を持参しておくと安心だ。

**① フロントに相談**
急を要するほどでなければ、まずフロントに相談を。高級ホテルは医師が常駐している場合もある。コンシェルジュに現地調達できる薬について尋ねるのもいい。

**② 病院で治療**
旅行保険に加入していないと治療費を全額負担することになるが、国民健康保険に加入していれば日本に帰ってから国保負担分は還付を受けることができる。

### ✚ 日本語が通じる病院

**ラッフルズ・ジャパニーズ・クリニック**
☎6311-1190
🏠 585 North Bridge Rd.,
Raffles Hospital
🕐9:00 ~ 18:30(土曜は ~
13:00) 🅟日曜、祝日

**ジャパン・グリーン・クリニック**
☎6734-8871
🏠 290 Orchard Rd., #10-01(パラゴン内) 🕐9:00
~ 12:00、14:00 ~ 17:30
(土曜は ~ 12:00) 🅟日曜、祝日

---

## 失くしものに困った!

### BEST ANSWER 各連絡先にすみやかに連絡を

失くした物によって対処法が異なるので落ち着いて行動しよう。盗難は一部保険がきく場合もあるので、保険会社に確認を。

---

### パスポート

警察で証明書を発行後、日本領事館で紛失の失効手続きを行う。パスポートの新規発行と帰国のための渡航書の手続きをする。

### クレジットカード

早急にクレジットカード会社に連絡をし、利用停止の手続きをしよう。万が一のときのために、カード番号や有効期限などを控えておくとスムーズ。

| Visaグローバル・カスタマー・アシスタンス・サービス | 800-4481-293 |
|---|---|
| JCB | 001-800-00090009 |
| アメリカン・エキスプレス | 1800-535-2209 |
| マスター | 800-1100-113 |
| ダイナース | 81-3-6770-2796 |

### 航空券

航空券の場合は基本的に買い直しだが、eチケットならカウンターでパスポートを提示すればチェックインや搭乗は問題ない。まず航空会社に連絡を。

### 現金、貴重品

まずは警察に連絡しよう。海外旅行傷害保険に加入している場合は保険会社にも必ず連絡すること。忘れ物をした場合は遺失物集中管理事務所(FUPO)へ。

---

### ● 知っておきたい緊急時TEL ●

**救急車 995 警察 999**
**在シンガポール日本国大使館**
**6235-8855**

`オーチャード・ロード` ▶ MAP 別P.20 A-1

**遺失物集中管理事務所(FUPO)**
**6842-9645**

**チャンギ国際空港**
**6595-6868**

# ハレ旅INDEX

SHOPPING

## STAFF

**編集制作**
グルーポ・ピコ

**取材・執筆**
グルーポ・ピコ

**撮影・写真協力**
グルーポ・ピコ　遠藤麻美　田尻陽子　HIKARU
Mandai Wildlife Group　Marina Bay Sands　Resorts World Sentosa
各関係施設　Shutterstock.com

**現地コーディネート**
Clozette Group (小林ジュリ、嶺岸歩、桑島千春)
Jason Koh

**表紙デザイン**　菅谷真理子＋髙橋朱里 (マルサンカク)

**本文デザイン**　菅谷真理子＋髙橋朱里 (マルサンカク)
　　　　　　　今井千恵子、大田幸奈 (Róndine)
　　　　　　　三並あかね

**表紙イラスト**　大川久志　サタケシュンスケ

**本文イラスト**　サタケシュンスケ　細田すみか

**マンガ**　おたぐち

**図版制作**　岡本倫幸

**地図制作**　s-map

**組版・印刷**　大日本印刷株式会社

**企画・編集**　清永愛、安田彩華、白方美樹 (朝日新聞出版)

# ハレ旅　シンガポール

2024年 4月30日　改訂2版第1刷発行

編　著　朝日新聞出版

発行者　片桐圭子

発行所　朝日新聞出版
　　　　〒104-8011　東京都中央区築地5-3-2
　　　　(お問い合わせ) infojitsuyo@asahi.com

印刷所　大日本印刷株式会社